MÉMOIRES

DE LUTHER

IMPRIMERIE DE DUCESSOIS,
Quai des Augustins, 55.

MÉMOIRES

DE LUTHER

ÉCRITS PAR LUI-MÊME,

TRADUITS ET MIS EN ORDRE

PAR M. MICHELET,

PROFESSEUR A L'ÉCOLE NORMALE, CHEF DE LA SECTION HISTORIQUE
AUX ARCHIVES DU ROYAUME,

suivis d'un

Essai sur l'Histoire de la Religion,

ET DES BIOGRAPHIES

DE WICLEFF, JEAN HUSS, ÉRASME, MÉLANCHTON, HUTTEN,
ET AUTRES
PRÉDÉCESSEURS ET CONTEMPORAINS
DE LUTHER.

TOME DEUXIÈME.

PARIS.

CHEZ L. HACHETTE,

Libraire de l'Université de France,

RUE PIERRE-SARRAZIN, 12.

1837

MÉMOIRES
DE LUTHER

LIVRE III.

1529-1546.

CHAPITRE PREMIER.

1529-1532.

Les Turcs. Danger de l'Allemagne. — Augsbourg, Smalkalde. Danger du protestantisme.

Luther fut tiré de son abattement et ramené à la vie active par les dangers qui menaçaient la Réforme et l'Allemagne. Lorsque ce *fléau de Dieu*, qu'il attendait avec résignation comme le signe du Jugement, fondit en effet sur l'Allemagne, lorsque les Turcs vinrent camper devant Vienne,

Luther se ravisa, appela le peuple aux armes, et fit un livre contre les Turcs, qu'il dédia au landgrave de Hesse. Le 9 octobre 1528 il écrivit à ce prince, pour lui exposer les motifs qui l'avaient décidé à composer ce livre. « Je ne puis me taire, dit-il; il est malheureusement parmi nous des prédicateurs qui font croire au peuple qu'on ne doit point s'occuper de la guerre des Turcs; il y en a même d'assez extravagans pour prétendre, qu'en toutes circonstances, il est défendu aux chrétiens d'avoir recours aux armes temporelles. D'autres encore, qui regardent le peuple allemand comme un peuple de brutes incorrigibles, vont jusqu'à désirer qu'il tombe au pouvoir des Turcs. Ces folies, ces horribles malices, sont imputées à Luther et à l'Évangile, comme, il y a trois ans, la révolte des paysans, et en général tout le mal qui arrive dans le monde. Il est donc urgent que j'écrive à ce sujet, tant pour confondre les calomniateurs, que pour éclairer les consciences innocentes sur ce qu'il faut faire contre le Turc... »

« Nous avons appris hier que le Turc est parti de Vienne pour la Hongrie, par un grand miracle de Dieu. Car après avoir livré inutilement le vingtième assaut, il a ouvert la brèche par une mine en trois endroits. Mais rien n'a pu ramener son armée à l'attaque, Dieu l'avait frappée de terreur ; ils aimaient mieux se laisser égorger par leurs chefs que de tenter ce dernier assaut. On croit qu'il s'est retiré ainsi de peur des bombardes et de notre future armée ; d'autres en jugent autrement. Dieu a manifestement combattu pour nous cette année. Le Turc a perdu vingt-six mille hommes, et il a péri trois mille des nôtres dans les sorties. J'ai voulu te communiquer ces nouvelles, afin que nous rendions grâces et que nous priions ensemble. Car le Turc, devenu notre voisin, ne nous laissera pas éternellement la paix. » (27 octobre 1529.)

L'Allemagne était sauvée, mais le protestantisme allemand n'en était que plus en péril. L'irritation des deux partis avait été portée au comble par un événement antérieur à l'invasion de Soliman. Si l'on en croit le biographe catholique de Luther, Cochlœus, que nous avons déjà cité, le chancelier du duc George, Otto Pack, supposa une ligue des princes catholiques contre l'électeur de Saxe et le landgrave de Hesse ; il apposa à ce prétendu projet le sceau du duc George, puis livra ces fausses lettres au Landgrave qui, se croyant menacé, leva une armée et s'unit étroitement à l'Électeur.

Les catholiques et surtout le duc George se défendirent vivement d'avoir jamais songé à menacer l'indépendance religieuse des princes luthériens ; ils rejetèrent tout sur le chancelier qui n'avait fait peut-être que divulguer les secrets desseins de son maître. « Le docteur Pack, captif volontaire du Landgrave, à ce que je pense, est jusqu'à présent accusé d'avoir formé cette alliance des princes. Il prétend se tirer d'affaire à son honneur, et fasse Dieu que cette trame retombe sur la tête du rustre qui en est, je crois, l'auteur, sur celle de notre grand adversaire, tu sais de qui je parle (le duc George de Saxe). » (14 juillet 1528.)

« Cette ligue des princes impies, qu'ils nient cependant, tu vois quels troubles elle a excités ; pour moi, je prends la froide excuse du duc George pour un aveu. Dieu confondra ce fou enragé, ce Moab qui dresse sa superbe au-dessus de ses forces. Nous prierons contre ces homicides ; assez d'indulgence. S'ils ourdissent encore quelque projet, nous invoquerons Dieu, puis nous appellerons les princes pour qu'ils soient perdus sans miséricorde. »

Bien que tous les princes eussent déclaré ces lettres fausses, les évêques de Mayence, Bamberg, etc., furent tenus de payer cent mille écus d'or, comme indemnité des armemens qu'avaient faits les princes luthériens. Ceux-ci ne demandaient pas mieux que de commencer la guerre. Ils se comptaient et sentaient leurs forces. Le grand-maître de l'ordre Teutonique avait sécularisé la Prusse, les ducs de Mecklembourg et de Brunswick, encouragés par ce grand événement, avaient appelé des prédicateurs luthériens (1525). La Réforme dominait dans le nord de l'Allemagne. En Suisse et sur le Rhin, les Zwingliens, chaque jour plus nombreux, cherchaient à se rapprocher de Luther. Enfin au sud et à l'est, les Turcs, maîtres de Bude et de la Hongrie, menaçaient toujours l'Autriche et tenaient en échec l'Empereur. A son défaut le duc George de Saxe, et les puissans évêques du nord, s'étaient constitués les adversaires de la Réforme. Une violente polémique s'était engagée depuis long-temps entre ce prince et Luther. Le duc écrivait à celui-ci : « Tu crains que nous n'ayons commerce avec les hypocrites, la présente te fera voir ce qui en est. Si nous dissimulons dans cette lettre, tu pourras dire de nous tout ce que tu voudras; sinon, il faudra chercher les hypocrites là où l'on t'appelle un prophète, un Daniel, l'apôtre de l'Allemagne, l'évangéliste... Tu t'imagines peut-être que tu es envoyé de Dieu vers nous, comme ces prophètes à qui Dieu donna mission de convertir les princes et les puissans. Moïse fut envoyé à Pharaon, Samuel à Saül, Nathan à David, Isaïe à Ezéchias, saint Jean-Baptiste à Hérode, nous le savons. Mais parmi tous ces prophètes nous ne trouvons pas un seul apostat. Ils ont tous été gens constans dans leur doctrine, hommes sincères et pieux, sans orgueil, sans avarice, amis de la chasteté...

» Nous ne faisons pas non plus grand cas de tes prières ni de celles des tiens; nous savons que Dieu hait l'assemblée de tes apostats... Dieu a puni par nous Münzer de sa perversité; il pourra bien en faire autant de Luther, et nous ne refuserons pas d'être encore en ceci, son indigne instrument...

» Non, reviens plutôt, Luther, ne te laisse pas mener plus long-temps par l'esprit qui séduisit l'apostat Sergius : l'Église chrétienne ne ferme pas son sein au pécheur repentant... Si c'est l'orgueil qui t'a perdu, regarde ce fier manichéen, saint Augustin, ton maître, dont tu as juré d'observer la règle : reviens comme lui, reviens à ta fidélité et à tes sermens, sois comme lui une lumière de la Chrétienté... Voilà les conseils que nous avons à te donner pour le nouvel an. Si tu t'y conformes, tu en seras éternellement récompensé de Dieu et nous ferons tout ce qui est en notre pouvoir pour obtenir ta grâce de l'Empereur. » (28 décembre 1525.)

Mémoire de Luther contre le duc George qui avait intercepté une de ses lettres, 1529... « Quant aux belles dénominations que le duc George me donne, misérable, scélérat, parjure et sans honneur, je n'ai qu'à l'en remercier; ce sont là les émeraudes, les rubis et les diamans dont les princes doivent m'orner en retour de l'honneur et de la puissance que l'autorité temporelle tire de la restauration de l'Évangile... »

« ... Ne dirait-on pas que le duc George ne connaît pas de supérieur? Moi, hobereau des hobereaux, dit-il, je suis seul maître et prince, je suis au-dessus de tous les princes de l'Allemagne, au-dessus de l'Empire, de ses lois et de ses usages. C'est moi que l'on doit craindre, à moi seul que l'on doit obéir; ma volonté doit faire loi en dépit de quiconque pensera et parlera autrement. — Amis, où s'arrêtera la superbe de ce Moab? Il ne lui reste plus qu'à escalader le ciel, à espionner, punir les lettres et les pensées jusque dans le sanctuaire de Dieu même. Voilà notre petit prince, et avec cela il veut être glorifié, respecté, adoré! à la bonne heure, grand merci! »

En 1529, l'année même du traité de Cambrai et du siége de Vienne par Soliman, l'Empereur avait convoqué une diète à Spire. (15 mars.) On y décida que les états de l'Empire devaient continuer d'obéir au décret lancé contre Luther en 1524, et que toute innovation demeurerait interdite jusqu'à la convocation d'un concile général. C'est alors que le parti de la Réforme éclata. L'électeur de Saxe, le margrave de Brandebourg, le landgrave de Hesse, les ducs de Lunebourg, le prince d'Anhalt, et avec eux les députés de quatorze villes impériales, firent contre le décret de la diète une protestation solennelle, le déclarant injuste et impie. Ils en gardèrent le nom de *protestans*.

Le landgrave de Hesse sentait la nécessité de réunir toutes les sectes dissidentes pour en former un parti redoutable aux catholiques de l'Allemagne; il essaya de réconcilier Luther avec les sacramentaires. Luther prévoyait bien l'inutilité de cette tentative.

« Le landgrave de Hesse nous a convoqués à Marbourg pour la Saint-Michel, afin de tenter un accord entre nous et les sacramentaires... Je n'en attendais rien de bon; tout est plein d'embûches, je le vois bien. Je crains que la victoire ne leur reste, comme au siècle d'Arius. On a toujours vu de pareilles assemblées être plus nuisibles qu'utiles... Ce jeune homme de Hesse est inquiet et plein de pensées qui fermentent. Le Seigneur nous a sauvés, dans ces deux dernières années, de deux grands incendies qui auraient embrasé toute l'Allemagne. » (2 août 1529.)

Nous avons reçu du landgrave une magnifique et splendide hospitalité. Il y avait là Œcolampade, Zwingli, Bucer, etc. Tous demandaient la paix avec une humilité extraordinaire. La conférence a duré deux jours ; j'ai répondu à Œcolampade et à Zwingli en leur opposant ce passage : *Hoc est corpus meum;* j'ai réfuté toutes leurs objections. En somme, ce sont des gens ignorans et incapables de soutenir une discussion. » (12 octobre 1529.)

« Je me réjouis, mon cher Amsdorf, de te voir te réjouir de notre synode de Marbourg ; la chose est petite en apparence, mais au fond très importante. Les prières des gens pieux ont fait que nous les voyons confondus, morfondus, humiliés. »

« Toute l'argumentation de Zwingli se réduisait à ceci : que le corps ne peut être sans lieu ni dimension. Œcolampade soutenait que les Pères appelaient le pain un signe, que ce n'était donc pas le corps même... Ils nous suppliaient de leur donner le nom de frères. Zwingli le demandait au Landgrave en pleurant. Il n'y a aucun lieu sur la terre, disait-il, où j'aimerais le mieux passer ma vie qu'à Wittemberg... Nous ne leur avons pas accordé ce nom de frères, mais seulement ce que la charité nous oblige à donner même à nos ennemis... Ils se sont en tout point conduits avec une incroyable humilité et douceur. C'était, comme il est visible aujourd'hui, pour nous amener à une feinte concorde, pour nous faire les partisans, les patrons de leurs erreurs... O rusé Satan! mais Christ qui nous a sauvés est plus habile que toi. Je ne m'étonne plus maintenant de leurs impudens mensonges. Je vois qu'ils ne peuvent faire autrement, et je me glorifie de leur chute. » (1er juin 1530.)

Cette guerre théologique de l'Allemagne remplit les intermèdes de la grande guerre européenne que Charles-Quint soutenait contre François Ier et contre les Turcs. Mais dans les crises les plus violentes de celle-ci, l'autre se ralentit à peine. C'est un imposant spectacle que celui de l'Allemagne absorbée dans la pensée religieuse, et près d'oublier la ruine prochaine dont semblaient la menacer les plus formidables ennemis. Pendant que les Turcs franchissaient toutes les anciennes barrières et que Soliman répandait ses Tartares au-delà de Vienne, l'Allemagne disputait sur la transsubstantiation et sur le libre arbitre. Ses guerriers les plus illustres siégeaient dans les diètes et interrogeaient les docteurs. Tel était le flegme intrépide de cette grande nation, telle sa confiance dans sa force et dans sa masse.

La guerre des Turcs et celle des Français, la prise de Rome et la défense de Vienne, occupaient tellement Charles-Quint et Ferdinand, que les protestans avaient obtenu la tolérance jusqu'au prochain concile. Mais en 1530, Charles-Quint, voyant la France abattue, l'Italie asservie, Soliman repoussé, entreprit de juger le grand procès de la Réforme. Les deux partis comparurent à Augsbourg. Les sectateurs de Luther, désignés par le nom général de *protestans*, voulurent se distinguer de tous les autres ennemis de Rome, dont les excès auraient calomnié leur cause, des zwingliens républicains de la Suisse, odieux aux princes et à la noblesse, des anabaptistes surtout, proscrits comme ennemis de l'ordre et de la société. Luther, sur qui pesait encore la sentence prononcée à Worms, qui le déclarait hérétique, ne put s'y rendre; il fut remplacé par le savant et pacifique Mélanchton, esprit doux et timide comme Érasme, dont il restait l'ami malgré Luther.

L'Électeur amena du moins celui-ci le plus près possible d'Augsbourg, dans la forteresse de Cobourg. De là Luther pouvait entretenir avec les ministres protestans, une active et facile correspondance. Le 22 avril il écrit à Mélanchton: « Je suis enfin arrivé à mon Sinaï, cher Philippe, mais de ce Sinaï je ferai une Sion, et j'y élèverai trois tabernacles, l'un au psalmiste, l'autre aux prophètes, l'autre enfin à Ésope (dont il traduisait alors les fables). Rien ne manque pour que ma solitude soit complète. J'ai une vaste maison, qui domine le château, et les clés de toutes les chambres. A peine y a-t-il trente personnes dans toute la forteresse, encore douze sont des veilleurs de nuit, et deux autres des sentinelles toujours postées sur les tours. » (22 avril.)

A Spalatin (9 mai) : « Vous allez à Augsbourg, sans avoir pris les auspices, et ne sachant quand ils vous permettront de commencer. Moi, je suis déjà au milieu des comices, en présence de magnanimes souverains, devant des rois, des ducs, des grands, des nobles, qui confèrent avec gravité sur les affaires de l'état, et d'une voix infatigable remplissent l'air de leurs décrets et de leurs prédications. Ils ne siégent point enfermés dans ces antres et ces royales cavernes que vous appelez des palais, mais sous le soleil; ils ont le ciel pour tente, pour tapis riche et varié, la verdure des arbres sous lesquels ils sont en liberté, pour enceinte, la terre jusqu'à ses dernières limites. Ce luxe stupide de l'or et de la soie leur fait horreur; tous, ils ont mêmes couleurs, même visage. Ils sont tous également noirs, tous font la même musique, et dans ce chant sur une seule note, l'on n'entend que l'agréable dissonnance de la voix des jeunes se mêlant à celle des vieux. Nulle part je n'ai vu ni entendu parler de leur Empereur; ils méprisent souverainement ce quadrupède qui sert à nos chevaliers ; ils ont quelque chose de meilleur, avec quoi ils peuvent se moquer de la furie des canons. Autant que j'ai pu comprendre leurs décrets, grâce à un interprète, ils ont décidé, à l'unanimité, de faire la guerre, pendant toute cette année, à l'orge, au blé et à la farine, enfin à ce qu'il y a de mieux parmi les fruits et les graines. Et il est à craindre qu'ils ne soient presque partout vainqueurs, car c'est une race de guerriers adroits et rusés, également habiles à butiner par force ou surprise. Moi, oisif spectateur, j'ai assisté avec grande satisfaction à leurs comices. L'espoir où je suis des victoires que leur courage leur donnera sur le blé et l'orge, ou sur tout autre ennemi, m'a rendu le fidèle et sincère ami de ces *patres patriæ*, de ces sauveurs de la république. Et si par des vœux je puis les servir, je demande au ciel que délivrés de l'odieux nom de corbeaux, etc. Tout cela n'est qu'une plaisanterie, mais une plaisanterie sérieuse et nécessaire pour repousser les pensées qui m'accablent, si toutefois elle les repousse. » (9 mai.)

« Les nobles seigneurs qui forment nos comices courent ou plutôt naviguent à travers les airs. Le matin, de bonne heure, ils s'en vont en guerre, armés de leurs becs invincibles, et tandis qu'ils pillent, ravagent et dévorent, je suis délivré pour quelque temps de leurs éternels chants de victoire. Le soir, ils reviennent triomphans ; la fatigue ferme leurs yeux, mais leur sommeil est doux et léger comme celui d'un vainqueur. Il y a quelques jours j'ai pénétré dans leur palais pour voir la pompe de leur empire. Les malheureux eurent grand'peur ; ils s'imaginaient que je venais détruire leur industrie. Ce fut un bruit, une frayeur, des visages consternés ! ! ! Quand je vis que moi seul je faisais trembler tant d'Achilles et d'Hectors, je battis des mains, je jetai mon chapeau en l'air, pensant que j'étais bien assez vengé si je pouvais me moquer d'eux. Tout ceci n'est point un simple jeu, c'est une allégorie, un présage de ce qui arrivera. Ainsi devant la parole de Dieu l'on verra trembler toutes ces harpies qui sont maintenant à Augsbourg, criant et romanisant. » (19 juin.)

Mélanchton transformé à Augsbourg en chef de parti, ayant à batailler chaque jour avec les légats, les princes, l'Empereur, se trouvait fort mal de cette vie active qu'on lui avait imposée. Plusieurs fois il fit part de ses peines à Luther, qui, pour toute consolation, le tançait rudement :

« Vous me parlez de vos travaux, de vos périls, de vos larmes, et moi, suis-je donc assis sur des roses ? est-ce que je ne porte pas une part de votre fardeau ? Ah ! plût au ciel que ma cause fût telle qu'elle permît les larmes! » (29 juin 1530.)

« Dieu récompense selon ses œuvres le tyran de Salzbourg qui te fait tant de mal ! Il méritait de toi une autre réponse, telle que je la lui aurais faite peut-être, telle qu'il n'en a jamais entendu de semblable. Il faudra qu'ils entendent, je le crains, cette parole de Jules César : *Ils l'ont voulu*...

» Tout ce que j'écris est inutile, parce que tu veux, selon ta philosophie, gouverner toutes ces choses avec ta raison, c'est-à-dire déraisonner avec la raison. Va, continue de te tuer à cette chose, sans voir que ta main ni ton esprit ne peuvent la saisir, qu'elle ne veut pas de tes soins. » (30 juin 1530.)

« Dieu a mis cette cause dans un certain lieu que ne connaissait point ta rhétorique ni ta philosophie. Ce lieu, on l'appelle la foi ; là toutes choses sont inaccessibles à la vue ; quiconque veut les rendre visibles, apparentes et compréhensibles, celui-là ne gagne pour prix de son travail que des peines et des larmes, comme tu en as gagné. Dieu a dit qu'il habitait dans les nues, qu'il était assis dans les ténèbres. Si Moïse avait cherché un moyen d'éviter l'armée de Pharaon, Israël serait peut-être encore en Égypte... Si nous n'avons pas la foi, pourquoi ne pas chercher consolation dans la foi d'autrui ; car il y en a nécessairement qui croient, si nous ne croyons pas ? Ou bien, faut-il dire que le Christ nous a abandonnés, avant la consommation des siècles ? S'il n'est pas avec nous, où est-il en ce monde, je vous le demande ? Si nous ne sommes point l'Église ou une partie de l'Église, où est l'Église ? Est-ce Ferdinand, le duc de Bavière, le pape, le Turc et leurs semblables ? Si nous n'avons la parole de Dieu, qui donc l'aura ? Toi, tu ne comprends point toutes ces choses ; car Satan te travaille et te rend faible. Puisse le Christ te guérir ! c'est ma sincère et continuelle prière. » (29 juin.)

« Ma santé est faible... Mais je méprise cet ange de Satan qui vient souffleter ma chair. Si je ne puis lire ni écrire, au moins je puis penser et prier, et même me quereller avec le diable ; ensuite dormir, paresser, jouer et chanter. Quant à toi, mon cher Philippe, ne te macère point pour cette affaire qui n'est point en ta main, mais en celle d'Un plus puissant à qui personne ne pourra l'enlever. » (31 juillet.)

Mélanchton croyait qu'il était possible de rapprocher les deux partis ; Luther comprit de bonne heure qu'ils étaient irréconciliables. Dans le commencement de la Réforme, il avait souvent réclamé les conférences et les disputes publiques ; il lui fallait alors tout tenter, avant d'abandonner l'espérance de conserver l'unité chrétienne; mais sur la fin de sa vie, dès le temps même de la diète d'Augsbourg, il se prononçait contre tous ces combats de parole, où le vaincu ne veut jamais avouer sa défaite.

(26 août 1530.) « Je suis contre toute tentative faite pour accorder les deux doctrines; car c'est chose impossible, à moins que le pape ne veuille abolir sa papauté. C'est assez pour nous d'avoir rendu raison de notre croyance et de demander la paix. Pourquoi espérer de les convertir à la vérité? »

A Spalatin. (26 août 1530.) « J'apprends que vous avez entrepris une œuvre admirable, de mettre d'accord Luther et le pape. Mais le pape ne le veut pas, et Luther s'y refuse; prenez garde d'y perdre votre temps et vos peines. Si vous en venez à bout, pour suivre votre exemple, je vous promets de réconcilier Christ et Bélial. »

Dans une lettre du 21 juillet il écrivait à Mélanchton: « Vous verrez si j'étais un vrai prophète quand je répétais sans cesse qu'il n'y avait point d'accord possible entre les deux doctrines, et que ce serait assez pour nous d'obtenir la paix publique. »

Ces prophéties ne furent pas écoutées; les conférences eurent lieu, et l'on demanda aux protestans une profession de foi. Mélanchton la rédigea, en prenant l'avis de Luther sur les points les plus importans.

A Mélanchton. « J'ai reçu votre apologie, et je m'étonne que vous me demandiez ce qu'il faut céder aux papistes. Pour ce qui est du prince, et de ce qu'il faut lui accorder si quelque danger le menace, c'est une autre question. Quant à moi, il a été fait dans cette apologie plus de concessions qu'il n'était convenable; et s'ils les rejettent, je ne vois pas que je puisse aller plus loin, à moins que leurs raisons et leurs livres ne me paraissent meilleurs qu'ils ne m'ont semblé jusqu'à cette heure. J'emploie les jours et les nuits à cette affaire, réfléchissant, interprétant, discutant, parcourant toute l'Écriture; chaque jour augmente ma certitude et me confirme dans ma doctrine. »

(20 septembre 1530.) « Nos adversaires ne nous cèdent pas un poil; et nous, il ne faut pas seulement que nous leur cédions le canon, les messes, la communion sous une espèce, la juridiction accoutumée; mais encore il faudrait avouer que leurs doctrines, leurs persécutions, tout ce qu'ils ont fait ou pensé, a été juste et légitime, et que c'est à tort que nous les avons accusés. C'est-à-dire qu'ils veulent que notre propre témoignage les justifie et nous condamne.

Ce n'est pas là simplement nous rétracter, mais nous maudire trois fois nous-mêmes. »

« ... Je n'aime pas que dans cette cause vous vous appuyiez de mes opinions. Je ne veux être ni paraître votre chef; quand même l'on interprèterait cela à bien, je ne veux pas de ce nom. Si ce n'est point votre propre cause, je ne veux pas qu'on dise que c'est la mienne, et que je vous l'ai imposée. Je la défendrai moi-même, s'il n'y a que moi qui la soutienne. »

Deux jours avant, il avait écrit à Mélanchton : « Si j'apprends que les choses vont mal de votre côté, j'aurai peine à m'empêcher d'aller voir cette formidable rangée des dents de Satan. » Et quelque temps après : « J'aurais voulu être la victime sacrifiée par ce dernier concile, comme Jean Huss a été à Constance celle du dernier jour de la fortune papale. » (21 juillet 1530.)

La profession de foi des protestans fut présentée à la diète et « lue par ordre de César devant tout l'Empire, c'est-à-dire devant tous les princes et les états de l'Empire. C'est une grande joie pour moi d'avoir vécu jusqu'à cette heure, que je voie Christ prêché par ses confesseurs devant une telle assemblée, et dans une si belle confession. » (6 juillet.)

Cette confession était signée de cinq électeurs, trente princes ecclésiastiques, vingt-trois princes séculiers, vingt-deux abbés, trente-deux comtes et barons, trente-neuf villes libres et impériales. « Le prince électeur de Saxe, le margrave George de Brandebourg, Jean Frédéric-le-Jeune, landgrave de Hesse; Ernest et François, ducs de Lunebourg; le prince Wolfgang de Anhalt; les villes de Nuremberg et de Reutlingen, ont signé la confession..... Beaucoup d'évêques inclinent à la paix, sans s'inquiéter des sophismes d'Eck et de Faber. L'archevêque de Mayence est très porté pour la paix; de même le duc Henri de Brunswick, qui a invité familièrement Mélanchton à dîner, l'assurant qu'il ne pouvait nier les articles touchant les deux espèces, le mariage des prêtres, et l'inutilité d'établir des différences entre les choses qui servent à la nourriture. Les nôtres avouent que personne ne s'est montré plus conciliant dans toutes les conférences que l'Empereur. Il a reçu notre prince non-seulement avec bonté, mais avec respect. » (6 juillet.)

L'évêque d'Augsbourg, le confesseur même de Charles-Quint, étaient favorablement disposés pour les luthériens. L'Espagnol disait à Mélanchton qu'il s'étonnait qu'en Allemagne on contestât la doctrine de Luther sur la foi, que lui il avait toujours pensé de même sur ce point (relation de Spalatin sur la diète d'Augsbourg).

Quoi qu'en dise ici Luther des douces dispositions de Charles-Quint, il termina les discussions en sommant les réformés de renoncer à leurs erreurs sous peine d'être mis au ban de l'Empire. Il sembla même prêt à employer la violence et fit un instant fermer les portes d'Augsbourg.

« Si l'Empereur veut faire un édit, qu'il le fasse ; après Worms aussi il en fit un. Ecoutons l'Empereur puisqu'il est l'Empereur, rien de plus. Que nous importe ce rustre qui veut se poser comme Empereur (il parle du duc George)? » (15 juillet 1530.)

« Notre cause se défendra mieux de la violence et des menaces, que de ces ruses sataniques que j'ai craintes, surtout jusqu'à ce jour... Qu'ils nous rendent Léonard, Keiser et tant d'autres, qu'ils ont si injustement fait mourir. Qu'ils nous rendent tant d'âmes perdues par leur doctrine impie ; qu'ils rendent toutes ces richesses qu'ils ont prises avec leurs trompeuses indulgences et leurs fraudes de toute espèce. Qu'ils rendent à Dieu sa gloire violée par tant de blasphèmes ; qu'ils rétablissent dans les personnes et dans les mœurs, la pureté ecclésiastique, si honteusement souillée. Que dirais-je encore? Alors nous aussi nous pourrons parler *de possessorio*. » (13 juillet.)

« L'Empereur va ordonner simplement que toutes choses soient rétablies en leur état ; que le règne du pape recommence, ce qui excitera, je le crains, de grands troubles pour la ruine des prêtres et des clercs. Les villes les plus puissantes, Nuremberg, Ulm, Augsbourg, Francfort, Strasbourg et douze autres, rejettent ouvertement le décret impérial, et font cause commune avec nos princes. Tu as entendu parler de l'inondation de Rome, de celle de Flandre et de Brabant. Ce sont des signes envoyés de Dieu, mais les impies ne peuvent les comprendre. Tu sais encore la vision des moines de Spire. Brentius m'écrit qu'à Bade on a vu dans les airs une armée nombreuse, et sur le flanc de cette armée un soldat qui brandissait une lance d'un air triomphant, et qui passa la montagne voisine et le Rhin. » (5 décembre.)

La diète fut à peine dissoute, que les princes protestans se rassemblèrent à Smalkalde et y conclurent une ligue défensive, par laquelle ils devaient former un même corps (31 décembre). Ils protestèrent contre l'élection de Ferdinand au titre de roi des Romains. On se prépara à combattre; les contingens furent fixés : on s'adressa aux rois de France, d'Angleterre et de Danemark. Luther fut accusé d'avoir poussé les protestans à prendre cette attitude hostile.

« Je n'ai point conseillé, comme on l'a dit, la résistance à l'Empereur. Voici mon avis comme théologien : Si les juristes montrent par leurs lois que cela est permis, moi je leur permettrai de suivre leurs lois. Si l'Empereur a établi dans ses lois, qu'en pareil cas on peut lui résister, qu'il souffre de la loi que lui-même a faite... Le prince est une personne politique; s'il agit comme prince, il n'agit pas comme chrétien, car le chrétien n'est ni prince, ni homme, ni femme, ni aucune personne de ce monde. Si donc il est permis au prince, comme prince, de résister à César, qu'il le fasse selon son jugement et sa conscience. Quant au chrétien, rien ne lui est permis; il est mort au monde. » (15 janvier 1531.)

En 1531, Luther écrit un mémoire contre un petit livre anonyme imprimé à Dresde, dans lequel on reprochait aux protestans de s'armer en secret et de vouloir surprendre les catholiques, pendant que ceux-ci ne songeaient, disait-on, qu'à la paix et à la concorde.

« ... On cache soigneusement d'où ce livre vient, personne ne doit le savoir. Eh bien! je le veux donc ignorer aussi. Je veux avoir le rhume pour cette fois et ne pas *sentir* le maladroit pédant. Cependant j'essaierai toujours mon savoir-faire et je frapperai hardiment sur le sac : si les coups tombent sur l'âne qui s'y trouve, ce ne sera pas ma faute; ce n'est pas à lui, c'est au sac, que j'en voulais.

» Qu'il soit vrai ou non que les luthériens se préparent et se rassemblent, cela ne me regarde pas, ce n'est pas moi qui le leur ai ordonné ni conseillé; je ne sais pas ce qu'ils font ou ce qu'ils ne font pas; mais puisque les papistes annoncent par ce livre qu'ils croient à ces armemens, j'accueille ce bruit avec plaisir et je me réjouis de leurs illusions et de leurs alarmes; j'augmenterais même volontiers ces illusions, si je le pouvais, rien que pour les faire mourir de peur. Si Caïn tue Abel, si Anne et Caïphe persécutent Jésus, il est juste qu'ils en soient punis. Qu'ils vivent dans les transes, qu'ils tremblent au bruit d'une feuille, qu'ils voient partout le fantôme de l'insurrection et de la mort, rien de plus équitable.

»... N'est-il pas vrai, imposteurs, que lorsqu'à Augsbourg les nôtres présentèrent leur confession de foi, un papiste a dit : Ils nous donnent là un livre écrit avec de l'encre; je voudrais, moi, qu'on leur répondît avec du sang?

» N'est-il pas vrai que l'électeur de Brandebourg et le duc George de Saxe, ont promis à l'Empereur de fournir cinq mille chevaux contre les luthériens?

» N'est-il pas vrai qu'un grand nombre de prêtres et de seigneurs ont parié qu'avant la Saint-Michel, c'en serait fait de tous les luthériens?

» N'est-il pas vrai que l'électeur de Brandebourg a déclaré publiquement que l'Empereur et tout l'Empire s'emploieraient corps et biens pour arriver à ce but?...

» Croyez-vous que l'on ne connaisse pas votre édit? que l'on ignore que par cet édit toutes les épées de l'Empire sont aiguisées et dégaînées, toutes les arquebuses chargées, toute la cavalerie lancée, pour fondre sur l'électeur de Saxe et son parti, pour tout mettre à feu et à sang, tout remplir de pleurs et de désolation? voilà votre édit, voilà vos entreprises meurtrières scellées de votre sceau et de vos armes, et vous voulez que l'on appelle cela de la paix, vous osez accuser les luthériens de troubler le bon accord? O impudence, ô hypocrisie sans bornes!... Mais je vous entends : vous voudriez que les nôtres ne s'apprêtassent point à la guerre dont leurs ennemis mortels les menacent depuis si longtemps, mais qu'ils se laissassent égorger sans crier ni se défendre, comme des brebis à l'abattoir. Grand merci, mes bonnes gens! Moi, prédicateur, je dois endurer cela, je le sais bien, et ceux à qui cette grâce est donnée doivent l'endurer également. Mais que tous les autres en feront de même, je ne puis le garantir aux tyrans. Si je donnais publiquement ce conseil aux nôtres, les tyrans s'en prévaudraient, et je ne veux point leur ôter la peur qu'ils ont de notre résistance. Ont-ils envie de gagner leurs éperons en nous massacrant? qu'ils les gagnent donc avec péril comme il convient à de braves chevaliers. Égorgeurs de leur métier, qu'ils s'attendent du moins à être reçus comme des égorgeurs...

» .... Que l'on m'accuse, ou non, d'être trop violent, je ne m'en soucie plus. Je veux que ce soit ma gloire et mon honneur désormais, que l'on dise de moi comme je tempête et sévis contre les papistes. Voilà plus de dix ans que je m'humilie et que je donne de bonnes paroles. A quoi tant de supplications ont-elles servi? A empirer le mal. Ces rustres n'en sont que plus fiers. — Eh bien! puisqu'ils sont incorrigibles, puisqu'il n'y a plus espoir d'ébranler leurs infernales résolutions par la bonté, je romps avec eux, je les poursuivrai de mes imprécations, sans fin ni repos, jusqu'à ma tombe. Ils n'auront plus jamais une bonne parole de moi; je veux qu'on les enterre au bruit de mes foudres et de mes éclairs.

» Je ne puis plus prier sans maudire. Si je dis, *Que ton nom soit sanctifié*, il faut que j'ajoute : Maudit soit le nom des papistes et de tous ceux qui te blasphèment! Si je dis, *Que ton royaume arrive*, je dois ajouter : Maudits soient la papauté et tous les royaumes qui sont opposés au tien! Si je dis, *Que ta volonté soit faite*, je dis encore : Maudits soient et périssent les desseins des papistes et de tous ceux qui te combattent!... Ainsi je prie ardemment tous les jours, et avec moi tous les vrais fidèles de Jésus-Christ... Cependant je garde encore à tout le monde un cœur bon et aimant, et mes plus grands ennemis eux-mêmes le savent bien.

» Souvent la nuit, quand je ne puis dormir, je cherche dans mon lit, avec douleur et anxiété, comment on pourrait encore déterminer les papistes à la pénitence avant le jugement terrible qui les menace. Mais il semble que cela ne doit pas être. Ils repoussent toute pénitence et demandent à grands cris notre sang. L'évêque de Saltzbourg a dit à maître Philippe, à la diète d'Augsbourg : « Pourquoi disputer si longtemps? Nous savons bien que vous avez raison. » Et un autre jour : « Vous ne voulez pas céder, nous non plus, il faut donc qu'un parti extermine l'autre. Vous êtes le petit et nous le grand : nous verrons qui aura le dessus. » Jamais je n'aurais cru qu'on pût dire de telles paroles. »

CHAPITRE II.

1534-1536.

Anabaptistes de Munster.

Pendant que les deux grandes ligues des princes sont en présence, et semblent se défier, un tiers s'élève entre deux, pour l'effroi commun des deux partis. Cette fois, c'est encore le peuple, comme dans la guerre des paysans, mais un peuple organisé, maître d'une riche cité. La *jacquerie* du Nord, plus systématique que celle du Midi, produit l'idéal de la démagogie allemande du seizième siècle, une royauté biblique, un David populaire, un messie artisan. Le mystique compagnonage allemand intronise un tailleur.

L'entreprise du tailleur fut hardie, mais non absurde. L'anabaptisme avait de grandes forces. Il n'éclata que dans Munster; mais il était répandu dans la Westphalie, dans le Brabant, la Gueldre, la Hollande, la Frise, et tout le littoral de la Baltique jusqu'en Livonie.

Les Anabaptistes formulèrent la malédiction que les paysans vaincus avaient jetée sur Luther. Ils détestèrent en lui l'ami de la noblesse, le soutien de l'autorité civile, le *remora* de la Réforme. « Quatre prophètes, deux vrais et deux faux; les vrais sont David et Jean de Leyde; les faux, le pape et Luther, mais Luther est pire que le pape. »

Comment l'Évangile a d'abord pris naissance à Munster, et comment il y a fini après la destruction des anabaptistes. Histoire véritable et bien digne d'être lue et conservée dans la mémoire (car l'esprit des anabaptistes de Munster vit encore), décrite par Henricus Dorpius de cette ville. Nous nous contenterons de donner un extrait de ce prolixe récit :

La réforme commença à Munster en 1532, par Rothmann, prédicateur luthérien ou zwinglien. Elle y eut un si grand succès, que l'évêque cédant à l'intercession du landgrave de Hesse, accorda aux évangéliques six de ses églises. Plus tard, un garçon tailleur, Jean de Leyde, y apporta la doctrine des anabaptistes, et la propagea dans quelques familles. Il fut aidé dans son œuvre par un prédicateur nommé Hermann Stapraeda, de Moersa, anabaptiste comme lui. Bientôt leurs assemblées secrètes devinrent si nombreuses, que les catholiques et les réformés en furent également alarmés, et chassèrent les anabaptistes de la ville. Mais ceux-ci revinrent plus hardis; ils intimidèrent le conseil, et l'obligèrent de fixer un jour où il y aurait discussion publique dans la maison commune, sur le baptême des enfans. Dans cette discussion, le pasteur Rothmann passa du côté des anabaptistes, et devint lui-même un de leurs chefs... Un jour, un autre de leurs prédicateurs se met à courir dans les rues, en criant : « Faites pénitence, faites pénitence, amendez-vous, faites-vous baptiser, ou Dieu va vous *punir* ! » Soit crainte, soit zèle religieux, beaucoup de gens qui entendirent ces cris, se hâtèrent de demander le baptême. Alors les anabaptistes remplissent le marché en criant : « Sus aux païens qui ne veulent pas du baptême ! » Ils s'emparent des canons, des munitions, de la maison de ville, et maltraitent les catholiques et les luthériens qu'ils rencontrent. Ceux-ci se forment en nombre et attaquent les anabaptistes à leur tour. Après divers combats sans résultat, les deux partis éprouvèrent le besoin de se rapprocher, et convinrent que chacun serait libre de professer sa croyance. Mais les anabaptistes n'observèrent point ce traité ; ils écrivirent sous main à tous ceux de leur secte qui étaient dans les villes voisines pour les faire venir à Munster. « Quittez ce que vous avez, écrivaient-ils; maisons, femmes, enfans, laissez tout pour venir à nous. Tout ce que vous aurez abandonné, vous sera rendu au décuple... » Quand les riches s'aperçurent que la ville se remplissait d'étrangers, ils en sortirent comme ils purent, n'y laissant de leur parti que les gens du bas peuple. (carême de l'année 1534.)

Les anabaptistes, enhardis par leur départ et par les renforts qui leur étaient arrivés, déposèrent aussitôt le conseil de ville qui était luthérien, et en composèrent un d'hommes de leur parti.

Quelques jours plus tard, ils pillèrent les églises et les couvens, et coururent la ville en tumulte, armés de hallebardes, d'arquebuses et de bâtons, criant comme des furieux : « Faites pénitence, faites pénitence ! » et après : « Hors la ville, impies! hors la ville, ou l'on vous assomme ! » Ainsi ils chassèrent sans pitié tout ce qui n'était pas des leurs. Ni vieillard ni femme enceinte, ne fut excepté. Un grand nombre de ces pauvres fugitifs tombèrent entre les mains de l'évêque, qui se préparait à assiéger la ville. Sans avoir égard à ce qu'ils n'étaient point du parti des anabaptistes, il les fit emprisonner; beaucoup d'entre eux furent même cruellement mis à mort.

Les anabaptistes étant maîtres de la ville, leur prophète suprême, Jean de Matthiesen, ordonna que tout le monde mît son avoir en commun, sans rien céler, sous peine de la vie. Le peuple eut peur et obéit. Les biens des fugitifs furent saisis de même. Ce prophète décida encore que l'on ne garderait aucun autre livre que la Bible et le Nouveau Testament. Tous les autres qu'on put trouver furent brûlés dans la cour de la cathédrale. Ainsi le voulait le Père du ciel, disait le prophète. On en brûla au moins pour vingt mille florins.

Un maréchal ferrant ayant parlé injurieusement des prophètes, toute la commune est assemblée sur le marché, et Jean Matthiesen le tue d'un coup de feu. Peu après, ce prophète court tout seul hors la ville, une hallebarde à la main, criant que le Père lui a ordonné de repousser les ennemis. Il avait à peine passé la porte qu'il fut tué.

Jean de Leyde lui succéda comme prophète suprême, et il épousa sa veuve. Il releva le courage du peuple abattu par la mort de son prédécesseur. A la Pentecôte, l'évêque fit donner l'assaut, mais il fut repoussé avec grande perte. Jean de Leyde nomma douze fidèles (parmi lesquels se trouvaient trois nobles) pour être les anciens dans Israël... Il déclara aussi que Dieu lui avait révélé des doctrines nouvelles sur le mariage; il discuta avec les prédicateurs, qui, enfin, se rangèrent à son avis et prêchèrent trois jours de suite sur la pluralité des femmes. Un assez grand nombre d'habitans se déclarèrent contre la nouvelle doctrine, et firent même prisonniers les prédicateurs avec l'un des prophètes; mais bientôt ils furent obligés de les relâcher, et quarante-neuf d'entre eux périrent.

A la Saint-Jean de l'année 1534, un nouveau prophète, auparavant orfèvre à Warendorff, assembla le peuple, et lui annonça qu'il avait eu une révélation d'après laquelle Jean de Leyde devait régner sur toute la terre, et occuper le trône de David jusqu'au temps où Dieu le Père viendrait lui redemander le gouvernement... Les douze anciens furent déposés et Jean de Leyde proclamé roi. . . . .

Plus les anabaptistes prenaient de femmes, plus l'esprit de libertinage augmentait parmi eux; ils commirent d'horribles excès sur des jeunes filles de dix, douze et quatorze ans. Ces violences barbares, et les maux du siége irritèrent une partie du peuple. Plusieurs soupçonnaient Jean de Leyde d'imposture et songeaient à le livrer à l'évêque. Le roi redoubla de vigilance et nomma douze ducs chargés de maintenir la ville dans la soumission (jour des Rois 1535). Il promit à ces douze chefs qu'ils règneraient à la place de tous les princes de la terre, et il leur distribua d'avance des électorats et des principautés. Le « noble landgrave de Hesse » est seul excepté de la proscription; ils espèrent, disent-ils, qu'il deviendra leur frère... Le roi désigna le jour de Pâques comme l'époque où la ville serait délivrée.

... L'une des reines ayant dit à ses compagnes qu'elle ne croyait pas conforme à la volonté de Dieu qu'on laissât ainsi le pauvre peuple mourir de misère et de faim, le roi la conduisit au marché avec ses autres femmes, lui ordonna de s'agenouiller au milieu de ses compagnes prosternées comme elle, et lui trancha la tête. Les autres reines chantèrent : *Gloire à Dieu au haut des cieux!* et tout le peuple se mit à danser autour. Cependant il n'avait plus à manger que du pain et du sel! Vers la fin du siége, la famine fut si grande que l'on y distribuait régulièrement la chair des morts; on n'exceptait que ceux qui avaient eu des maladies contagieuses. A la

Saint-Jean de l'année 1535, l'évêque apprit d'un transfuge, le moyen d'attaquer la ville avec avantage. Elle fut prise le jour même de la Saint-Jean, et, après une résistance opiniâtre, les anabaptistes furent massacrés. Le roi, ainsi que son vicaire et son lieutenant, fut emmené entre deux chevaux, une chaîne double au cou, la tête et les pieds nus... L'évêque l'interpella durement sur l'horrible désastre dont il était cause; il lui répondit : « François de Waldeck (c'était son nom), si les choses avaient été à mon gré, ils seraient tous morts de faim, avant que je t'eusse livré la ville. »

Nous trouvons beaucoup d'autres détails intéressans dans une pièce insérée au second volume des œuvres allemandes de Luther (édition de Witt.) sous le titre suivant : *Nouvelle sur les anabaptistes de Munster*.

« ... Huit jours après que l'assaut a été repoussé par les anabaptistes, le roi a commencé son règne en s'entourant d'une cour complète, à l'égal d'un prince séculier. Il a institué des maîtres de cérémonies, des maréchaux, des huissiers, des maîtres de cuisine, des fourriers, des chanceliers, des orateurs (*redner*), des serviteurs pour la table, des échansons, etc.

» Une de ses femmes a été élevée au rang de reine, et elle a également sa cour à elle. C'est une belle et noble femme de Hollande, mariée auparavant à un autre prophète qui a été tué devant Munster et de qui elle est encore enceinte.

» Le roi a en outre trente et un chevaux couverts de draps dor. Il s'est fait faire des habits précieux en or et en argent avec les ornemens de l'église. Son écuyer est paré comme lui de vêtemens superbes pris de ces ornemens, et il porte en outre des bagues d'or ; de même la reine avec ses vierges et ses femmes.

» Lorsque le roi, dans sa majesté, traverse la ville à cheval, des pages l'accompagnent : l'un porte à son côté droit la couronne et la Bible, l'autre une épée nue. L'un d'eux est le fils de l'évêque de Munster. Il est prisonnier et il sert le roi dans sa chambre.

» Le roi a de même dans sa triple couronne surmontée d'une chaîne d'or et de pierreries, la figure du monde percée d'une épée d'or et d'une épée d'argent. Au milieu du pommeau des deux épées se trouve une petite croix sur laquelle est écrit : *Un roi de la justice sur le monde.* La reine porte les mêmes ornemens.

» En cet appareil le roi se rend trois fois par semaine au marché, où il monte sur un siége élevé qu'on a fait exprès. Le lieutenant du roi, nommé Knipperdolling, se tient une marche plus bas, puis viennent les conseillers. Celui qui a affaire au roi s'incline deux fois, se laisse tomber à terre à la troisième, et expose ensuite ce qu'il a à dire.

» Un mardi ils ont célébré la sainte Cène dans la *cour du dôme*; ils étaient à table au nombre de près de quatre mille deux cent. Trois plats furent servis : à savoir du bouilli, du jambon et du rôti; le roi et ses femmes et tous leurs domestiques servirent les convives.

» Après le repas, le roi et la reine prirent du gâteau de froment, le rompirent et en donnèrent aux autres, disant : « Prenez, mangez et annoncez la mort du Seigneur. » De même ils prirent une cruche de vin, disant : « Prenez, buvez-en tous et annoncez la mort du Seigneur. »

» Les convives rompirent de même des gâteaux, et se les présentèrent les uns aux autres en prononçant ces paroles : « Frère et sœur, prends et mange. De même que Jésus-Christ s'est dévoué pour moi, de même je veux me dévouer pour toi; et de même que dans ce gâteau les grains de froment sont joints, et que les raisins ont été unis pour former ce vin, de même nous aussi nous sommes unis. » Ils s'exhortaient en même temps à ne rien dire de frivole, ni qui fût contraire à la loi du Seigneur. Ensuite ils remercièrent Dieu, d'abord par des prières, et puis par des cantiques, surtout par le cantique : *Gloire à Dieu au haut des cieux!* Le roi et ses femmes, avec leurs serviteurs, se mirent à table également, ainsi que ceux qui revenaient de la garde.

» Quand tout fut fini, le roi demanda à l'assemblée s'ils étaient tous disposés à faire et à souffrir la volonté du Père. Ils répondirent tous : *Oui*. Puis le prophète Jean de Warendorff se leva, et dit : « Que Dieu lui avait ordonné d'envoyer quelques-uns d'entre eux pour annoncer les miracles dont ils avaient été témoins. » Le même prophète ajouta que, selon l'ordre de Dieu, ceux qu'il nommerait devaient se rendre dans quatre villes de l'Empire, et y prêcher... On donna à chacun un fenin d'or de la valeur de neuf florins avec de la monnaie ordinaire pour le voyage, et ils partirent le soir même.

» La veille de Saint-Gall, ils parurent dans les villes désignées, faisant grand bruit, et criant : « Convertissez-vous et faites pénitence, car la » miséricorde du Père est à sa fin. La cognée » frappe déjà la racine de l'arbre. Que votre ville » accepte la paix, ou elle va périr. » Arrivés devant le conseil des quatre villes, ils étendirent leurs manteaux par terre, et y jetèrent les susdites pièces d'or, en disant : « Nous sommes en» voyés par le Père pour vous annoncer la paix. » Si vous l'acceptez, mettez tout votre bien en » commun; si vous ne voulez pas faire cela,

» nous protesterons devant Dieu avec cette
» pièce d'or, et nous prouverons par elle que
» vous avez rejeté la paix qu'il vous envoyait.
» Il est arrivé maintenant, le temps annoncé
» par tous les prophètes, ce temps où Dieu ne
» voudra plus souffrir sur la terre que la justice;
» et quand le roi aura fait régner la justice sur
» toute la face de la terre, alors Jésus-Christ
» remettra le gouvernement entre les mains du
» Père. »

» Alors ils furent mis en prison et questionnés sur leur croyance, leur vie, etc.... (Suit l'interrogatoire.)... Ils disaient qu'il y avait quatre prophètes, deux vrais, et deux faux; que les vrais, c'étaient David et Jean de Leyde, et les faux, le pape et Luther. « Luther, disaient-ils, est pire encore que le pape. » Ils tiennent aussi pour damnés tous les autres anabaptistes, quelque part qu'ils se trouvent.

» ... Dans Munster, disaient-ils, des hommes ont communément cinq, six, sept ou huit femmes, selon leur bon plaisir[1]. Mais chacun est obligé d'habiter d'abord avec l'une d'entre elles, jusqu'à ce qu'elle soit enceinte. Ensuite, il peut

[1] L'un des interrogés dit que le roi en avait cinq. D'après une autre relation, le nombre en serait monté à la fin jusqu'à dix-sept.

faire comme il lui plaît. Toutes les jeunes filles qui ont passé douze ans doivent se marier...

»... Ils détruisent les églises et toutes maisons consacrées à Dieu...

»... Ils attendent à Munster des gens de Groningue et d'autres contrées de la Hollande. Eux venus, le roi se lèvera avec toutes ses forces, et subjuguera la terre entière.

» Ils tiennent aussi qu'il est impossible de bien comprendre l'Écriture sans que des prophètes l'aient expliquée. Quand on discute avec eux et qu'ils en viennent à ne pouvoir justifier leur entreprise par l'Écriture, ils disent que le Père ne leur donne pas de s'expliquer là-dessus. D'autres répondent : Le prophète l'a dit par l'ordre de Dieu.

» Il ne s'en trouva aucun qui voulût se rétracter, ni qui acceptât sa grâce à ce prix. Ils chantaient et remerciaient Dieu qui les avait jugés dignes de souffrir pour son nom.

Les anabaptistes sommés par le landgrave de Hesse de se justifier relativement au roi qu'ils s'étaient donné, lui répondirent (janvier 1535) : « Que les temps de la restitution annoncés par les livres saints étaient arrivés, que l'Évangile leur avait ouvert la prison de Babylone, et qu'il fallait à présent rendre aux Babyloniens selon leurs œuvres ; qu'une lecture attentive des prophètes, de l'Apocalypse, etc., montrerait évidemment au Landgrave si c'était d'eux-mêmes qu'ils avaient institué un roi, ou bien par l'ordre de Dieu, etc. »

Suit la convention qui fut arrêtée l'an 1533, entre l'évêque de Munster et cette ville par l'entremise des conseillers du Landgrave :... Les anabaptistes envoyèrent au landgrave de Hesse leur livre *De restitutione*. Il le lut avec indignation et ordonna à ses théologiens d'y répondre et d'opposer particulièrement aux anabaptistes neuf articles qu'il désigna. Dans ces articles il leur reproche entre autres choses : 1° de faire consister la justice non pas dans la foi seule, mais dans la foi et les œuvres ensemble; 2° d'accuser injustement Luther de n'avoir jamais enseigné les bonnes œuvres; 3° de défendre le libre arbitre...

Dans le livre *De restitutione*, les anabaptistes divisaient toute l'histoire du monde en trois parties principales. « Le premier monde, disent-ils, celui qui exista jusqu'à Noé, fut submergé par les eaux. Le second, celui dans lequel nous-mêmes nous vivons encore, sera fondu et purifié par le feu. Le troisième sera un nouveau ciel et une nouvelle terre, habités par la justice. C'est ce que Dieu a désigné par l'arche sainte dans laquelle il y avait le vestibule, le sanctuaire et le saint des saints... La venue du troisième monde sera précédée d'une restitution et d'un châtiment universels. Les méchans seront tués, le règne de la justice préparé, les ennemis du Christ jetés à bas, et toutes choses restituées. C'est ce temps qui commence maintenant. »

Entretien ou discussion qu'Antoine Corvinus et Jean Kymeus ont eue à Béverger avec Jean de Leyde, le roi de Munster. — « Quand le roi entra dans notre chambre avec l'escorte qui l'avait tiré de sa prison, nous le saluâmes d'une manière amicale et l'invitâmes à s'asseoir près du feu. Nous lui demandâmes comment il se portait et s'il souffrait dans sa prison. Il répondit qu'il souffrait du froid et se sentait mal au cœur, mais qu'il devait tout endurer avec patience, puisque Dieu avait ainsi disposé de lui. Peu-à-peu, toujours en lui parlant amicalement, car on ne pouvait rien obtenir de lui d'une autre manière, nous arrivâmes à parler de son royaume et de sa doctrine, de la manière qu'il suit :

PREMIER POINT DE L'INTERROGATOIRE. — *Les ministres.* « Cher Jean, nous entendons dire de votre gouvernement des choses extraordinaires et horribles. Si elles sont telles qu'on le dit, et malheureusement cela n'est que trop vrai, nous ne pouvons concevoir comment il vous est possible de justifier une semblable entreprise par la sainte Écriture... »

Le roi. « Ce que nous avons fait et enseigné,

nous l'avons fait et enseigné avec bon droit, et nous pouvons justifier toute notre entreprise, nos actions et notre doctrine devant Dieu et à qui il appartient. »

Les ministres lui objectent que dans l'Écriture il n'était question que d'un règne spirituel de Jésus-Christ : « Mon royaume n'est pas de ce monde, » a-t-il dit lui-même.

Le roi. « J'entends très bien ce que vous dites du royaume spirituel de Jésus-Christ et je n'attaque nullement les passages que vous citez. Mais vous devez savoir distinguer le royaume spirituel de Jésus-Christ, lequel se rapporte aux temps de la souffrance et duquel après tout ni vous ni Luther vous n'avez une juste idée, et l'autre royaume, celui qui, après la résurrection, sera établi dans ce monde pendant mille ans. Tous les versets qui traitent du royaume spirituel de Jésus-Christ ont rapport au temps de la souffrance, mais ceux qui se trouvent dans les prophètes et dans l'Apocalypse et qui traitent du royaume temporel, doivent être rapportés au temps de la gloire et de la puissance que Jésus-Christ aura dans le monde avec les siens.

» Notre royaume de Munster a été une image de ce royaume temporel du Christ; vous savez que Dieu annonce et désigne beaucoup de choses par des figures. Nous avions cru que notre royaume durerait jusqu'à la venue du Seigneur, mais nous voyons à présent qu'en ce point notre entendement a failli et que nos prophètes ne l'ont pas bien compris eux-mêmes. Dieu nous en a, dans la prison, ouvert et révélé la véritable intelligence...

» Je n'ignore pas que vous rapportez communément au royaume spirituel du Christ ces passages et d'autres semblables, qui pourtant doivent, sans aucun doute, être entendus du royaume temporel. Mais qu'est-ce que ces interprétations spirituelles, et à quoi servent-elles, si rien ne doit se réaliser un jour ?... Dieu a créé le monde principalement pour se complaire dans les hommes auxquels il a donné un reflet de sa force et de sa puissance. »

Les ministres « ...Et comment vous justifierez-vous quand Dieu vous dira au jugement dernier : Qui t'a fait roi ? Qui t'a ordonné de répandre dans le monde de si effroyables erreurs, au grand détriment de ma parole ? »

Le roi. « Je répondrai : Les prophètes de Munster me l'ont ordonné comme étant votre volonté divine, en preuve de quoi ils m'ont donné en gage leur corps et leur âme. »

Les ministres lui demandent ce qu'il en est des révélations divines qu'il aurait eues, dit-on, au sujet de son élévation à la royauté.

Le roi. « Je n'ai pas eu de révélation à ce sujet, seulement il m'est venu des pensées, comme s'il devait y avoir un roi à Munster, et que moi je dusse être ce roi. Ces pensées m'ébranlèrent et m'affligèrent profondément. Je priais Dieu de vouloir bien prendre en considération mon inhabileté, et de ne point me charger d'un tel fardeau. Au cas où il ne voudrait pas m'épargner cette peine, je le priais de me faire désigner par des prophètes dignes de foi et en possession de sa parole. Je m'en tins là et n'en dis rien à personne. Mais quinze jours après un prophète se leva au milieu de la commune et s'écria que Dieu lui avait signifié que Jean de Leyde devait être roi. Il annonça la même chose au conseil, qui aussitôt se conforma à ce qu'il disait, se démit de son pouvoir et me proclama roi avec toute la commune. Il me remit aussi le glaive de la justice. C'est ainsi que je suis devenu roi. »

Deuxième article. — *Le roi.* « ... Nous ne nous sommes opposés à l'autorité que parce qu'elle voulait nous interdire notre baptême et la parole de Dieu. Nous avons résisté à la violence. Vous prétendez que nous avons agi injustement en cela, mais saint Pierre ne dit-il pas qu'on doit obéir à Dieu plutôt qu'aux hommes ?... Vous ne réprouveriez pas tout ce que nous avons fait, si vous saviez comment les choses se sont passées... »

Les ministres. « Parez et justifiez vos actes,

comme vous voudrez, vous n'en serez pas moins éternellement des rebelles, coupables du crime de lèse-majesté. Le chrétien doit souffrir et ne point résister au méchant. Quand même tout le conseil se fût rangé de votre parti (ce qui n'a pas eu lieu), vous auriez dû supporter la violence plutôt que de commencer un schisme, une sédition, une tyrannie pareils, contrairement à la parole de Dieu, à la majesté de l'Empereur, à la dignité royale, à celle de l'électorat et des princes et états de l'Empire. »

Le roi. « Nous savons ce que nous avons fait : Que Dieu soit notre juge. »

Les ministres. « Nous aussi, nous savons sur quoi est fondé ce que nous disons. Que Dieu soit notre juge aussi. »

TROISIÈME ARTICLE. — *Le roi.* « ... Nous avons été assiégés et détruits à cause de la parole divine; c'est pour elle que nous avons souffert la faim et tous les maux, que nous avons perdu les nôtres, et que nous sommes tombés dans une si lamentable calamité! Ceux d'entre nous qui sont encore en vie, mourront sans résistance et sans plainte, comme l'agneau qu'on immole... »

CINQUIÈME ARTICLE. — Le roi dit qu'il a longtemps été de l'avis de Zwingli, mais qu'il est revenu à croire en la transsubstantiation. Seulement il n'accorde pas à ses interlocuteurs que celle-ci s'opère aussi dans celui qui n'a pas la foi.

Sixième article. — *Les ministres.* « ... Que voulez-vous donc faire de Jésus-Christ, s'il n'a pas reçu chair et sang de sa mère Marie? Voulez-vous qu'il soit un fantôme, un spectre? Il serait besoin que notre Urbanus Regius fît imprimer un second livre pour vous faire comprendre votre langue natale [1], sans cela vos têtes d'ânes résisteront toujours à l'instruction. »

Le roi. « Si vous saviez quelle consolation infinie est renfermée dans cette connaissance que Jésus-Christ, Dieu et fils du Dieu vivant, s'est fait homme et a versé son sang, non pas celui de Marie, pour racheter nos péchés (lui qui est pur de toute faute), vous ne parleriez pas comme vous faites et vous ne trouveriez pas notre opinion si mauvaise. »

Septième article sur la polygamie. — Le roi oppose aux ministres l'exemple des patriarches. Les ministres se retranchent derrière l'usage généralement établi dans les temps modernes, et déclarent que le mariage est *res politica*. Le roi dit qu'il vaut mieux avoir beaucoup d'épouses, que beaucoup de prostituées, et termine cet entretien, comme le second, par ces mots : « Que Dieu soit notre juge. »

[1] Ceci se rapporte à l'interprétation du mot : né, *geboren*.

Quoique rédigé par les prédicateurs, l'effet de cette discussion ne leur est pas favorable. On ne peut s'empêcher d'admirer la fermeté, le bon sens, et la modeste simplicité du roi de Munster, qui ressort encore par la dureté pédantesque de ses interlocuteurs.

Corvinus et Kymeus au lecteur chrétien : — « Nous avons représenté notre entretien avec le roi à-peu-près mot pour mot, sans passer un seul de ses argumens ; seulement nous les avons mis en notre langage et posés plus convenablement qu'il ne le faisait... Environ huit jours après, il envoya vers nous pour nous prier de venir encore une fois traiter avec lui... Nous discutâmes de nouveau pendant deux jours ; il se trouva plus docile que la première fois, mais nous n'avons vu en cela que le désir de sauver sa vie. Il déclara de son propre mouvement que si on le prenait en grâce, il voulait avec le secours de Melchior Hoffmann et de ses reines, exhorter tous les anabaptistes, qui sont très nombreux, selon lui, dans la Hollande, le Brabant, l'Angleterre et la Frise, à se taire désormais, à obéir, et même à faire baptiser leurs enfans, jusqu'à ce que l'autorité s'arrangeât avec eux sur les affaires de religion. » ... Suit la nouvelle confession de foi de Jean de Leyde, par laquelle il modifie quelques points de la première. En exhortant les anabaptistes à l'obéissance, il n'entend qu'une obéissance extérieure. Il ne cède point sur le fond des doctrines, et veut qu'on laisse les consciences libres. Quant à l'eucharistie, il déclare que tous ses confrères sont zwingliens sur ce point, et que lui-même il l'avait toujours été, mais que dans sa prison Dieu lui a fait connaître ses erreurs. Cette confession est signée en hollandais : *Moi, Jean de Leyde, signé de ma propre main.*

Le 19 janvier 1536, Jean de Leyde, ainsi que Knipperdolling et Krechting, son vicaire et son lieutenant, furent tirés de leurs cachots. Le lendemain, l'évêque leur envoya son chapelain pour conférer avec chacun d'eux séparément, sur leurs croyances et sur les actes qu'ils avaient commis. Le roi témoigna du repentir et se rétracta, mais les deux autres persistèrent et ne s'avouèrent coupables en rien... Le 22 au matin, toutes les portes de Munster furent fermées; on ne laissa plus entrer ni sortir, et vers les huit heures, le roi, dépouillé jusqu'à la ceinture, fut conduit sur un échafaud dressé dans le marché. Deux cents fantassins et trois cents cavaliers se tenaient auprès. L'affluence du peuple était extrême. Il fut attaché à un poteau, et deux bourreaux le déchirèrent tour-à-tour avec des tenailles ardentes. Enfin l'un d'eux lui plongea un couteau dans la poitrine, et termina ainsi l'exécution qui durait depuis une heure.

« Aux trois premiers coups de tenailles le roi ne laissa entendre aucun cri, mais après il s'écria sans cesse, les yeux tournés au ciel : *O mon Père, ayez pitié de moi!* et il pria Dieu avec ardeur, pour la rémission de ses péchés. Quand il se sentit défaillir, il dit : *O mon Père, je remets mon esprit entre tes mains!* et il expira. »

« Le cadavre fut jeté sur une claie et traîné devant la tour de Saint-Lambert, où étaient préparés trois paniers de fer. Arrivé là, on l'attacha avec des chaînes dans l'un de ces paniers, et les paysans le hissèrent au haut de la tour, où il fut suspendu à un crochet. » — Le supplice de Knipperdolling et de Krechting fut le même que celui du roi. Ils persistèrent jusqu'à la fin dans tout ce qu'ils avaient dit. « Pendant l'exécution ils n'invoquèrent que le Père, sans faire mention du Christ, comme c'était l'usage de leur secte. Ni l'un ni l'autre ne dit rien de remarquable : peut-être leur silence était-il la suite des tourmens qu'ils avaient endurés dans la prison, car ils semblaient déjà plus morts que vifs. Leurs corps furent mis dans les deux autres paniers de fer, et hissés par les paysans, l'un à la droite, l'autre à la gauche du roi, mais plus bas de la hauteur d'un homme. Alors on rouvrit les portes de la ville, et il y entra une grande foule de gens venus trop tard pour voir l'exécution. »

Préface de Luther aux Nouvelles, sur les affaires de Munster. « Ah! que dois-je, et comment dois-je écrire contre ou sur ces pauvres gens de Munster! N'est-il pas visible que le diable y règne en personne, ou plutôt qu'il y a là toute une bande de diables?

» Reconnaissons pourtant ici la grâce et la miséricorde infinies de Dieu. Après que l'Allemagne, par tant de blasphèmes, par le sang de tant d'innocens, a mérité une si rude férule, le père de toute miséricorde ne permet pas encore au diable de frapper son vrai coup, il nous avertit d'abord paternellement par ce jeu grossier que Satan fait à Munster. La puissance de Dieu contraint l'esprit aux cent ruses à s'y prendre d'abord avec gaucherie et maladresse, afin de nous laisser le temps d'échapper par la pénitence, aux coups mieux calculés qu'il nous réservait.

» En effet, l'esprit qui veut tromper le monde ne doit pas commencer par prendre des femmes, par étendre la main vers les honneurs et le glaive royal, ou bien par égorger les gens; ceci est trop grossier. Chacun s'aperçoit que cet esprit ne veut autre chose que s'élever lui-même et opprimer les autres. Ce qu'il faut pour tromper, c'est de mettre un habit gris, de prendre un air triste et piteux, de pencher la tête, de refuser l'argent, de ne pas manger de viande; de fuir les femmes à l'égal du poison, de repousser comme damnable tout pouvoir temporel, de rejeter le glaive; puis de se baisser tout doucement vers la couronne, le glaive et les clés, pour les ramasser et s'en saisir furtivement. Voilà qui pourrait réussir, voilà qui tromperait même les sages, les hommes tournés au spirituel. Ce serait là un beau diable, à plumes plus belles que plumes de paon et de faisan.

» Mais saisir la couronne si impudemment, prendre non-seulement une femme, mais autant de femmes que dit le caprice et le plaisir. Ah! c'est le fait d'un diablotin écolier, d'un diable à l'A B C; ou bien c'est le véritable Satan, le Satan docte et habile, mais garrotté par la main de Dieu de chaînes si puissantes qu'il n'a pu agir plus adroitement. C'est pour nous menacer tous et nous exhorter à craindre ses châtimens, avant qu'il ne laisse le champ libre à un diable savant qui nous attaquerait, non plus avec l'A B C, mais avec le véritable texte, le texte difficile. S'il fait de telles choses comme diablotin à l'école, que ne pourrait-il faire comme diable raisonnable, sage, savant, légiste, théologien?

» ... Lorsque Dieu est en colère et qu'il nous prive de sa parole, nulle tromperie du diable n'est trop grossière. Les commencemens de Mahomet aussi furent grossiers ; cependant, Dieu n'y mettant obstacle, il en est sorti un empire damnable et infâme, comme tout le monde sait. Si Dieu ne nous eût pas été en aide contre Münzer, il se fût élevé par lui un empire turc, comme celui de Mahomet. En somme : nulle étincelle n'est si petite, que Dieu y laissant souffler le diable, il n'en puisse sortir un feu qui dévore le monde, et que personne n'éteigne. La meilleure arme contre le diable c'est le glaive de l'esprit, la parole de Dieu ; le diable est un esprit et il se moque des cuirasses, des chevaux et des cavaliers.

» Mais nos seigneurs évêques et princes, ne veulent pas souffrir que l'on prêche l'Évangile, et que, par la parole divine, l'on arrache les âmes au diable ; ils pensent qu'il suffit d'égorger. De cette manière ils prennent au diable les corps, ils lui laissent les âmes ; ils réussiront comme les Juifs, qui croyaient exterminer Christ en le crucifiant.....

» ..... Ceux de Munster, entre autres blasphèmes, parlent de la naissance de Jésus-Christ, comme s'il ne venait pas (c'est leur langage) de la semence de Marie et que cependant il fût de la semence de David. Mais ils ne s'expliquent pas clairement. Le diable garde la bouillie ardente dans la bouche et ne fait que grommeler : *mum*, *mum*, voulant probablement dire pis. Toutefois ce que l'on comprend, c'est que, d'après eux, la semence ou la chair de Marie ne pourrait pas nous racheter. Eh bien ! diable, grommèle et crache tant que tu voudras, le seul petit mot : *né*, renverse tout cela. Dans toutes les langues, sur toute la terre, on appelle *né* l'enfant de chair et de sang qui sort des entrailles de la femme, et non autre chose. Or l'Écriture dit partout que Jésus-Christ est *né* de sa mère Marie, qu'il est son fils premier né : ainsi Isaïe, Gabriel, et ailleurs : « Tu seras enceinte en ton corps, » etc. Mon cher, *être enceinte* ne signifie pas : être un tuyau par lequel il coule de l'eau (selon les blasphèmes de Manichée) ; mais cela veut dire qu'un enfant est pris de la chair et du sang de sa mère, qu'il est nourri en elle, qu'il y prend croissance, qu'il est à la fin mis au monde.

» L'autre proposition de ces gens, celle par laquelle ils condamnent le baptême des enfans et en font une chose païenne, est de même assez grossière. Ils regardent comme mauvais tout ce que les impies ont et donnent. Pourquoi donc alors ne tiennent-ils pas pour mauvais l'or, l'argent et les autres biens qu'ils ont pris aux impies dans Munster. Ils devraient faire de l'or et de l'argent tout neuf.....

» Leur méchant royaume est si visiblement un royaume de grossière imposture et de révolte qu'il n'est pas besoin d'en parler. J'en ai déjà trop dit : Je m'arrête. »

CHAPITRE III.

1536-1545.

Dernières années de la vie de Luther. — Polygamie du landgrave de Hesse, etc.

Les catholiques et les protestans réunis un instant contre les anabaptistes, n'en furent ensuite que plus ennemis. On parlait toujours d'un concile général ; personne n'en voulait sérieusement. Le pape le redoutait, les protestans le récusaient d'avance.

« On m'écrit de la diète, que l'Empereur presse les nôtres de consentir à un concile, et qu'il se courrouce de leur refus. Je ne comprends pas ces monstruosités. Le pape nie que des hérétiques comme nous puissent avoir place à un concile : l'Empereur veut que nous consentions au concile et à ses décrets. C'est peut-être Dieu qui les rend fous... Mais voici sans doute leur folle combinaison. Comme jusqu'à présent ils n'ont pu, sous le nom du pape, de l'Église, de l'Empereur, des diètes, rendre redoutable leur mauvaise cause, ils pensent maintenant à se couvrir du nom de concile afin de pouvoir crier contre nous : que nous sommes des gens tellement perdus et désespérés que nous ne voulons écouter ni le pape, ni l'Église, ni l'Empereur, ni l'Empire, ni le concile même que nous avons tant de fois demandé. Voyez l'habileté de Satan contre ce pauvre sot de Dieu, qui aura sans doute de la peine à se tirer de piéges si bien dressés?... Non, c'est le Seigneur, qui se jouera de ceux qui se jouent de lui. S'il nous faut consentir à un concile ainsi disposé pour nous, pourquoi, il y a vingt-cinq ans, ne nous sommes-nous pas soumis au pape, seigneur des conciles, et à toutes ses bulles? » (9 juillet 1545.)

Ce concile aurait pu resserrer l'unité de la hiérarchie catholique, mais non rétablir celle de l'Église. Les armes devaient seules décider. Déjà les protestans avaient chassé les Autrichiens du Wurtemberg. Ils dépouillaient Henri de Brunswick, qui exécutait à son profit les arrêts de la chambre impériale. Ils encourageaient l'archevêque de Cologne à imiter l'exemple d'Albert de Brandebourg, en sécularisant son archevêché, ce qui leur eût donné la majorité dans le conseil électoral. Cependant il y eut encore quelques tentatives de conciliation. Des conférences s'ouvrirent à Worms et à Ratisbonne (1540—1541). Elles furent aussi inutiles que celles qui les avaient précédées. Luther ne s'y trouva point et donna même peu d'attention à ces disputes qui de jour en jour prenaient un caractère plus politique que religieux.

« Il ne m'est rien venu de Worms, si ce n'est ce que m'écrit Mélanchton, qu'il s'y est réuni une telle multitude de doctes personnages de France, d'Italie, d'Espagne et d'Allemagne, que dans aucun synode pontifical on n'en pourra jamais voir un aussi grand nombre. » (27 novembre 1540.)

« J'ai reçu des nouvelles de Worms. Les nôtres procèdent avec force et sagesse, nos adversaires, comme gens sots et ineptes, n'usent que de ruses et de mensonges. On croirait voir Satan lui-même, quand se lève l'aurore, courir çà et là cherchant, sans pouvoir trouver, quelque sombre repaire pour échapper à cette lumière qui le poursuit. » (9 janvier 1541.)

Après une nouvelle conférence de théologien

des deux partis, on voulut avoir l'opinion de Luther sur dix articles dont on était convenu. « Notre prince apprenant que l'on venait directement à moi sans s'adresser à lui, accourut avec Pontanus, et tous deux arrangèrent la réponse à leur façon. »

Quelques années auparavant, cette intervention du prince aurait soulevé l'indignation de Luther. Ici il en parle sans colère, le dégoût et la lassitude commencent à s'emparer de lui. Il voit bien qu'en travaillant à rétablir l'Évangile dans sa pureté primitive, il n'a fait que fournir aux puissans du siècle les moyens de satisfaire leurs ambitions terrestres, et qu'ils font chaque jour bon marché de son Christ.

« Notre excellent prince m'a donné à lire les conditions qu'il veut proposer pour avoir la paix avec l'Empereur et nos adversaires. Je vois qu'ils regardent toute cette affaire comme une comédie qui se joue entre eux, tandis que c'est une tragédie entre Dieu et Satan, où Satan triomphe et où Dieu est humilié. Mais viendra la catastrophe où le Tout-Puissant, auteur de cette tragédie, nous donnera la victoire. Je suis indigné qu'on se joue ainsi de si grandes choses. » (4 avril 1541.)

Nous avons vu de bonne heure dans quelle triste dépendance la Réforme s'était trouvée à l'égard des princes qui la protégeaient ; Luther eut le temps de voir les conséquences où cette dépendance devait aboutir. Ces princes, c'étaient des hommes ; il fallut les servir, non-seulement comme princes, mais comme hommes, dans leurs caprices, dans les besoins de leur humanité. De là, des concessions qui sans être contraires aux principes de la Réforme, semblèrent peu honorables aux réformateurs.

Le chef le plus belliqueux du parti protestant, l'impétueux et colérique landgrave de Hesse, fit représenter à Luther et aux ministres que sa santé ne lui permettait pas de se contenter d'une femme. Les instructions qu'il donna à Bucer pour négocier cette affaire avec les théologiens de Wittemberg, sont un curieux mélange de sensualité, de craintes religieuses et de naïveté hardie.

« Depuis mon mariage, écrit-il, je vis dans l'adultère et la fornication ; et comme je ne veux point abandonner cette vie, je ne puis m'approcher de la Sainte-Table ; car saint Paul a dit que l'adultère ne possèdera pas le royaume des cieux. » Il énumère ensuite les raisons qui le forçent à vivre ainsi. « Ma femme, dit-il, n'est ni belle, ni aimable ; elle sent mauvais, elle boit, et mes chambellans savent bien comment elle se comporte alors, etc. » — Je suis d'une forte complexion, les médecins peuvent le témoigner, souvent je vais aux diètes impériales. « *Ubi lautè vivitur et corpus curatur; quomodo me ibi gerere queam absque uxore, cùm non semper magnum gynæceum mecum ducere possim?...* » Comment puis-je punir la fornication et les autres crimes, lorsque moi-même je m'en rends coupable, lorsque tous pourraient me dire : Maître, commence par toi... Si nous prenions les armes pour la cause de l'Évangile, je ne le ferais qu'avec une conscience troublée, car je me dirais : Si tu meurs en cette guerre, tu vas au démon... J'ai lu avec soin l'Ancien et le Nouveau Testament, et je n'y ai trouvé d'autre remède que de prendre une seconde femme, car je ne puis, ni ne veux changer la vie que je mène. Je l'atteste par-devant Dieu, ce qu'Abraham, Jacob, David, Lamech et Salomon ont fait, pourquoi ne le puis-je faire? » Cette question de la polygamie avait été agitée déjà dans les premières années du protestantisme ; on la trouvait partout dans l'Écriture à laquelle la Réforme disait vouloir ramener le monde. Les réformateurs considéraient d'ailleurs le mariage *ut res politica*, et sujette aux réglemens du prince. En présence de cette question, Luther recula d'abord ; la chose lui répugnait, mais il n'osait condamner l'Ancien Testament. D'ailleurs la doctrine que le Landgrave invoquait, était précisément celle que Luther avait adoptée en principe dès les commencemens de la Réforme, quoiqu'il ne conseillât pas de la pratiquer; il avait écrit en 1524 : « Il faut que le mari soit certain par sa propre conscience et par la parole de Dieu, que la polygamie lui est permise...... Pour moi, j'avoue que je ne puis mettre d'opposition à ce qu'on épouse plusieurs femmes, et que cela ne répugne pas à l'Écriture sainte. Cependant je ne voudrais pas que cet exemple s'introduisît parmi les chrétiens, à qui il convient de s'abstenir même de ce qui est permis, pour éviter le scandale et pour maintenir l'*honestas* que saint Paul exige en toute occasion. Il est tout-à-fait indigne d'un chrétien de courir avec tant d'ardeur pour son propre avantage jusqu'aux dernières limites de la liberté, et de négliger pourtant les choses les plus vulgaires et les plus nécessaires de la charité. Aussi je n'ai point voulu, dans mon sermon, ouvrir cette fenêtre. » (13 janvier 1524.)

« La polygamie permise autrefois aux Juifs et aux gentils, ne peut, d'après la foi, exister chez les chrétiens si ce n'est dans un cas d'absolue nécessité, comme quand on est obligé de se séparer de sa femme lépreuse, etc. Tu diras donc à ces hommes de chair que s'ils veulent être chrétiens, il leur faut maîtriser la chair et ne point lui lâcher la bride. S'ils veulent être gentils, qu'ils le soient, mais à leurs risques et périls.» (21 mars 1527.)

Un jour Luther demanda au docteur Basilius si, d'après les lois, le mari dont la femme aurait quelque maladie incurable, et serait, pour ainsi dire, plus morte que vivante, pourrait être autorisé à prendre une concubine. Le docteur Basilius ayant répondu que dans certains cas, cette permission serait probablement accordée, Luther dit : « C'est là une chose dangereuse, car si l'on admet les cas de maladie, l'on pourrait venir chaque jour inventer de nouvelles raisons de dissoudre les mariages. » (1539).

Le message du Landgrave jeta Luther dans un grand embarras. Tout ce qu'il y avait de théologiens protestans à Wittemberg, se réunit pour dresser une réponse; on résolut de composer avec ce prince. On lui accorda le double mariage, mais à condition que sa seconde femme ne serait point reconnue publiquement. « Votre Altesse comprend assez d'elle-même la différence qu'il y a d'établir une loi universelle ou d'user de dispense en un cas particulier pour de pressantes raisons. Nous ne pouvons introduire publiquement et sanctionner comme par une loi la permission d'épouser plusieurs femmes... Nous prions Votre Altesse de considérer dans quel danger serait un homme convaincu d'avoir introduit en Allemagne une telle loi, qui diviserait les familles et les engagerait en des procès éternels..... Votre Altesse est d'une complexion faible, elle dort peu; de grands ménagemens lui sont nécessaires... Le grand Scanderbeg exhortait souvent ses soldats à la chasteté, disant qu'il n'y avait rien de si nuisible à leur profession que le plaisir de l'amour... Qu'il plaise donc à Votre Altesse d'examiner sérieusement les considérations du scandale, des travaux, des soins, des chagrins et des infirmités qui lui ont été représentées... Si cependant Votre Altesse est entièrement résolue d'épouser une seconde femme, nous jugeons qu'elle doit le faire secrètement... Fait à Wittemberg, après la fête de saint Nicolas, de l'an 1539. Martin LUTHER, Philippe MELANCHTON, Martin BUCER, Antoine CORVIN, ADAM, Jean LENING, Justin WINTFERT, Dyonisius MELANTHER. »

C'était une chose dure que de forcer Luther qui, comme théologien et père de famille, tenait à la sainteté du mariage, de déclarer qu'en vertu de l'Ancien Testament, deux femmes pouvaient s'asseoir avec leurs jalousies et leurs haines au même foyer domestique. Cette croix, il la sentit douloureusement. « Quant à l'affaire *macédonique*, ne t'en afflige pas trop, puisque les choses en sont venues au point que ni joie ni tristesse n'y peuvent rien. Pourquoi nous tuer nous-mêmes?

pourquoi souffrir que la tristesse nous ôte la pensée de celui qui a vaincu toutes les morts et toutes les tristesses? Celui qui a vaincu le diable et jugé le prince de ce monde, n'a-t-il pas en même temps jugé et vaincu ce scandale?... A leurs yeux, nos vertus sont des vices quand nous n'adorons point Satan avec eux. Que Satan triomphe donc, et n'en concevons ni chagrin, ni tristesse; mais réjouissons-nous en Christ, qui brisera les efforts de tous nos ennemis. » (18 juin 1540).

Il semble qu'il ait espéré, pour éviter ce scandale, l'intervention de l'Empereur.

« Si César et l'Empire le voulaient, comme ils seront forcés de le vouloir, ils feraient bientôt cesser par un édit ce scandale, afin que cela ne puisse devenir pour l'avenir un droit ou un exemple. »

Depuis cette époque, les lettres de Luther, comme celles de Mélanchton, sont pleines de dégoût et de tristesse.

Quelqu'un demandant à Luther de l'appuyer par une lettre près de la cour de Dresde, Luther lui répond qu'il a perdu tout crédit, toute influence. Dans les lettres précédentes, il se trouve parfois des expressions amères contre cette cour. *Mundana illa caula.*

« J'assisterai à tes noces, mon cher Lauterbach, mais en esprit et par la prière. Car que j'y aille de corps, ce n'est pas seulement la multitude des affaires qui m'en empêche, mais le danger d'offenser ces mamelucks et la reine de ce royaume (la duchesse Catherine de Saxe?); car qui n'est offensé de la folie de Luther? »

« Tu me demandes, mon cher Jonas, de t'écrire de temps à autre quelques mots de consolation. Mais c'est moi plus que personne qui ai besoin que tes lettres viennent rendre quelque vie à mon esprit, moi qui comme Loth ai tant à souffrir au milieu de cette infâme et satanique ingratitude, de cet horrible mépris de la parole du Seigneur. Il faut que je voie Satan posséder les cœurs de ceux qui croient qu'à eux seuls sont réservées les premières places dans le royaume de Christ! »

Les protestans commençaient déjà à se relâcher de leur sévérité. On rouvrait les maisons de débauches. Il vaudrait mieux, dit Luther, ne pas avoir chassé Satan que de le ramener en plus grande force. (13 septembre 1540.)

« Le pape, l'Empereur, le Français, Ferdinand, ont envoyé auprès du Turc, pour demander la paix, une ambassade magnifique chargée de riches présens. Et ce qu'il y a de plus beau, c'est que pour ne pas blesser les yeux des Turcs, ils ont tous quitté le costume de leur pays, et se sont parés de longues robes à la mode turque... J'espère que ce sont les signes bienheureux de la fin imminente de toutes choses. » (17 juillet 1745.)

A Jonas. « Je te dis à l'oreille que j'ai de grands soupçons qu'on nous enverra seuls, nous autres luthériens, à la guerre contre le Turc. Le roi Ferdinand a enlevé de Bohême l'argent de la guerre, et a défendu qu'on fît partir un seul soldat. L'Empereur ne fait rien. Et si c'était leur dessein que nous fussions exterminés par le Turc? » (29 décembre 1542.)

« Rien de nouveau ici, sinon que le margrave de Brandebourg se fait une mauvaise réputation par tout le monde au sujet de la guerre de Hongrie. Ferdinand n'en a pas une meilleure. Je vois un concours de tant de motifs et de très vraisemblables, que je ne puis m'empêcher de croire que tout cela indique une horrible et funeste trahison. » (26 janvier 1542.)

« Je le demande, qu'arrivera-t-il enfin de cette horrible trahison des princes et des rois? » (16 décembre 1543.)

« Puisse Dieu nous venger des incendiaires (presque tous les mois il parle d'incendies qui ont lieu à Wittemberg)! Satan a trouvé un nouveau moyen de nous tuer. On jette du poison dans le vin, du plâtre dans le lait. A Iéna, douze personnes ont été empoisonnées dans du vin. Peut-être sont-elles mortes seulement pour avoir trop bu. Cependant on assure qu'à Magdebourg et à Northuse, on a trouvé des marchands vendant du lait empoisonné. » (avril 1541.) Dans une des lettres suivantes, il fait mention d'une histoire d'hosties empoisonnées. — A Amsdorf, à l'occasion de la peste de Magdebourg. « Ce que tu me mandes de la frayeur que l'on a aujourd'hui de la peste, j'en ai fait aussi l'épreuve il y a quelques années; et je m'étonne de voir que, plus se répand la prédication de la vie en Jésus-Christ, plus augmente dans le peuple la peur de la mort, soit qu'auparavant, sous le règne du pape, un faux espoir de vie diminuât pour eux la crainte de la mort, et que maintenant la véritable espérance de vie étant mise devant leurs yeux, ils sentent combien la nature est faible pour croire au vainqueur de la mort, soit que Dieu nous tente par ces faiblesses et laisse prendre à Satan, au milieu de cette frayeur, plus de hardiesse et de force. Tant que nous avons vécu dans la foi du pape, nous étions comme des gens ivres, endormis ou fous, prenant la mort pour la vie, c'est-à-dire ignorant ce que c'est que la mort et la colère de Dieu. Maintenant que la lumière a brillé et que la colère de Dieu nous est mieux connue, la nature est sortie du sommeil et de la folie. De là vient qu'ils ont plus de peur qu'autrefois... J'ajoute et j'applique ici ce passage du psaume LXXI:

Ne me rejetez pas dans le temps de ma vieillesse ; lorsque ma force succombera, ne m'abandonnez pas. Car je pense que ce temps suprême est la vieillesse du Christ et le temps de l'abattement, c'est-à-dire que c'est le grand et dernier assaut du diable, comme David, dans ses derniers jours, affaibli par l'âge, eût été tué par le géant, si Abisaï ne fût venu à son aide... J'ai appris presque toute cette année à chanter avec saint Paul : *Quasi mortui et ecce vivimus.* Et ailleurs : *Per gloriam vestram quotidiè morior.* Et quand il dit aux Corinthiens, *In mortibus frequenter*, ce n'a pas été chez lui spéculation ou méditation sur la mort, mais sentiment de la mort elle-même, comme s'il n'y avait plus d'espérance de vie. » (20 novembre 1538.)

« J'espère qu'au milieu du déchirement du monde, le Christ va hâter son jour et fera écrouler l'univers, *Ut fractus illabatur orbis.* » (12 février 1538.)

LIVRE IV.

1530-1546.

CHAPITRE PREMIER.

Conversations de Luther. — La famille, la femme, les enfans. La nature.

Arrêtons-nous dans cette triste histoire des dernières années de la vie publique. Réfugions-nous, comme Luther, dans la vie privée; asseyons-nous à sa table, à côté de sa femme, au milieu de ses enfans et de ses amis; écoutons les paroles graves du pieux et tendre père de famille.

« Celui qui insulte les prédicateurs et les femmes ne réussira pas bien. C'est des femmes que viennent les enfans par quoi se maintient le gouvernement de la famille et de l'état. Qui les méprise, méprise Dieu et les hommes.

» Le droit saxon est trop dur, lorsqu'il donne seulement à la veuve un siége et une quenouille. Par le premier mot, il faut entendre la maison; par le second, l'entretien, la subsistance. On paie bien un valet. Que dis-je? on donne plus à un mendiant.

» Il n'y a point de doute que les femmes en mal d'enfant, qui meurent dans la foi, sont sauvées, parce qu'elles meurent dans la charge et la fonction pour laquelle Dieu les a créées.

» C'est l'usage dans les Pays-Bas, que chaque nouveau et jeune prêtre se choisisse une petite fille qu'il tient pour sa fiancée, et cela, pour honorer le saint état du mariage. »

On disait à Luther : Si un prédicateur chrétien doit souffrir la prison et la persécution pour l'amour de la parole, ne doit-il pas, à plus forte raison, se passer du mariage? Il répondit à cela : « Il est plus facile de supporter la prison que de brûler : je l'ai éprouvé moi-même. Plus je macérais mon corps, plus je tâchais de le dompter, et plus je brûlais. Quand on aurait le don de rester chaste dans le célibat, on doit encore se marier pour faire dépit au pape... Si j'étais mort à l'improviste, j'aurais voulu pour honorer le mariage, faire venir à mon lit de mort une pieuse fille que j'aurais prise comme épouse, et à laquelle j'aurais donné deux gobelets d'argent pour don de noces et présent de lendemain (morgengabe). »

Lettre à un ami qui lui demande conseil pour se marier : « Si tu brûles, il faut prendre femme... Tu voudrais bien en avoir une, belle, pieuse et riche. Très bien, mon cher; on t'en donnera une en peinture, avec des joues roses et des jambes blanches. Ce sont aussi les plus pieuses ; mais elles ne valent rien pour la cuisine ni pour le lit... Se lever de bonne heure et se marier jeune, personne ne s'en repentira.

» Il n'est guère plus possible de se passer de femme que de boire ou de manger. Conçu, nourri, porté dans le corps des femmes, notre chair est à elles dans sa plus grande partie, et il nous est impossible de nous en séparer tout-à-fait.

» Si j'avais voulu faire l'amour, il y a treize ans, j'aurais pris Ave Schonfeldin, qui est aujourd'hui au docteur Basilius, le médecin de Prusse. Je n'aimais pas alors ma Catherine; je la soupçonnais d'être fière et hautaine; mais il a plu ainsi à Dieu; il a voulu que j'eusse pitié d'elle, et cela m'a fort bien tourné; Dieu soit loué!

» La plus grande grâce de Dieu est d'avoir un bon et pieux époux, avec qui vous viviez en paix, à qui vous puissiez confier tout ce que vous avez, même votre corps et votre vie, et avec qui vous ayez de petits enfans. Catherine, tu as un homme pieux qui t'aime, tu es une impératrice. Grâce soit rendue à Dieu! »

Quelqu'un excusait ceux qui courent après les filles, le docteur Luther répondit: « Qu'ils sachent que c'est mépriser le sexe féminin. Ils abusent des femmes qui n'ont pas été créées pour cela. C'est une grande chose qu'une jeune fille puisse toujours être aimée; le diable le permet rarement... Elle disait bien, mon hôtesse d'Eisenach, quand j'y étais aux écoles: *Il n'est sur terre chose plus douce que d'être aimé d'une femme*. »

« Au jour de la Saint-Martin, anniversaire de la naissance du docteur Martin Luther, maître Ambrosius Brend vint lui demander sa nièce... Un jour qu'il les surprit dans un entretien secret, il se mit à rire, et dit: « Je ne m'étonne pas qu'un fiancé ait tant à dire à sa fiancée; pourraient-ils se lasser jamais? Mais on ne doit point les gêner; ils ont privilége par dessus Droit et Coutume. » — En la lui accordant, il dit ces paroles : « Monsieur et cher ami, je vous présente cette jeune fille telle que Dieu me l'a donnée dans sa bonté. Je la remets entre vos mains ; Dieu vous bénisse, de sorte que votre union soit sainte et heureuse ! »

Le docteur Martin Luther était à la noce de la fille de Jean Lufft. Après le souper, il conduisit la mariée au lit, et dit à l'époux, que d'après le commun usage il devait être le maître dans la maison... quand la femme n'y était pas ; et pour signe, il ôta un soulier à l'époux et le mit sur le ciel du lit, afin qu'il prît ainsi la domination et le gouvernement.

« Fais comme moi, cher compagnon, quand je voulus prendre ma Catherine, je priai notre Seigneur, mais je priai sérieusement. Fais-en autant, tu n'as pas encore sérieusement prié. »

En 1541, Luther fut un jour extrêmement gai et enjoué à table. « Ne vous scandalisez pas de de me voir de si bonne humeur, dit-il à ses amis, j'ai reçu aujourd'hui beaucoup de mauvaises nouvelles et je viens de lire une lettre très violente contre moi. Nos affaires vont bien, puisque le diable tempête si fort. »

Il riait du bavardage de sa femme, et lui demandait si, avant de prêcher si bien, elle avait dit un *Pater*. Si elle l'eût fait, Dieu lui aurait sans doute défendu de prêcher.

« Si je devais encore faire l'amour, je voudrais me tailler dans la pierre une femme obéissante; sans cela je désespère d'en trouver.

» La première année du mariage, on a d'étranges pensées. Si on est à table, on se dit : Auparavant tu étais seul; aujourd'hui tu es à deux (*Selbander*). Au lit, si l'on s'éveille, on voit une autre tête à côté de soi. Dans la première année, ma Catherine se tenait assise à côté de moi quand j'étudiais, et comme elle ne savait que dire, elle me demandait : « Seigneur docteur, en Prusse, le maître-d'hôtel n'est-il pas frère du margrave ? »

» Il ne faut pas mettre d'intervalle entre les fiançailles et les noces... Les amis mettent des obstacles, comme il m'est arrivé avec maître Philippe et pour le mariage d'Eisleben (Agricola), Tous mes meilleurs amis criaient : Point celle-là, mais une autre. »

Lucas Cranach l'aîné avait fait le portrait de la femme de Luther. Lorsque le tableau fut suspendu à la muraille et que le docteur le vit. « Je veux, dit-il, faire peindre aussi un homme, envoyer à Mantoue les deux portraits pour le concile, et demander aux saints pères s'ils n'aimeraient pas mieux l'état du mariage, que le célibat des ecclésiastiques. »

«... Un signe certain que Dieu est ennemi de la

papauté, c'est qu'il lui a refusé cette bénédiction du fruit corporel (la génération des enfans...).

« Quand Ève fut amenée devant Adam, il devint plein du Saint-Esprit et lui donna le plus beau, le plus glorieux des noms; il l'appela *Eva*, c'est-à-dire la mère de tous les vivans; il ne l'appela point sa femme, mais la mère, la mère de tous les vivans. C'est là la gloire et l'ornement le plus précieux de la femme: elle est *Fons omnium viventium*, la source de toute vie humaine. Cette parole est brève, mais ni Démosthènes ni Cicéron n'aurait pu dire ainsi. C'est le Saint-Esprit lui-même qui parle ici par notre premier père, et comme il a fait un si noble éloge du mariage, il est juste que nous couvrions et cachions ce qu'il y a de fragile dans la femme. Jésus-Christ, le fils de Dieu, n'a pas non plus méprisé le mariage; il est lui-même né d'une femme, ce qui est un grand éloge du mariage. »

« On trouve l'image du mariage dans toutes les créatures, non-seulement dans les animaux de la terre, de l'air et des eaux, mais encore dans les arbres et les pierres. Tout le monde sait qu'il est des arbres, tels que le pommier et le poirier, qui sont comme mari et femme, qui se demandent réciproquement, et qui prospèrent mieux quand ils sont plantés ensemble. Parmi les pierres on remarque la même chose, surtout dans les pierres précieuses, le corail, l'émeraude et autres. Le ciel est aussi le mari de la terre. Il la vivifie par la chaleur du soleil, la pluie et le vent, et lui fait ainsi porter toutes sortes de plantes et de fruits. »

Les petits enfans du docteur se tenaient debout devant la table, en regardant avec bien de l'attention les pêches qui étaient servies; le docteur se mit à dire : « Qui veut voir l'image d'une âme qui jouit dans l'espérance, la trouvera bien ici. Ah! si nous pouvions attendre avec autant de joie la vie à venir! »

On amena au docteur sa petite fille Magdalena, pour qu'elle chantât à son cousin le chant qui commence ainsi : *Le pape invoque l'Empereur et les rois*, *etc*. Mais elle ne le voulut point, quoique sa mère l'en priât fort. Le docteur dit à ce sujet : « Rien de bien par force. Sans la grâce, il ne résulte rien de bon des œuvres de la loi. »

« *Servez le Seigneur avec crainte et réjouissez-vous avec tremblement*. Il n'y a pas là, pour moi, de contradiction. C'est ce que mon petit Jean fait à l'égard de son père. Mais je ne puis en faire autant à l'égard de Dieu. Si je suis à ma table, et que j'écrive ou que je fasse autre chose, Jean me chante une petite chanson; s'il chante trop haut et que je l'avertisse, il continue, mais en lui-même et avec quelque crainte. Dieu veut aussi que nous soyons toujours gais, mais d'une gaîté mêlée de crainte et de réserve. »

Au premier jour de l'an, un petit enfant du docteur pleurait et criait, au point que personne ne pouvait le calmer : le docteur avec sa femme en fut triste et chagriné une grande heure, ensuite il dit : « Tels sont les désagrémens et les charges du mariage... C'est pour cela qu'aucun des Pères n'a rien écrit de remarquablement bon à ce sujet. Jérôme a parlé assez salement, je dirais presque anti-chrétiennement, du mariage, etc. Au contraire saint Augustin... »

Après qu'il eut joué avec sa petite Magdalena, sa femme lui donna le plus jeune de ses enfans, et il dit : « Je voudrais être mort à l'âge de cet enfant; j'aurais bien renoncé à tout l'honneur que j'ai et que je puis obtenir encore en ce monde. » Et comme l'enfant l'eut sali, il dit : « Oh! combien notre Seigneur doit en souffrir de nous plus qu'une mère de son enfant! »

Il disait à son petit enfant : « Tu es l'innocent petit fou de notre Seigneur, sous la grâce et non sous la loi. Tu es sans crainte, sans inquiétude; tout ce que tu fais est bien fait. »

» Les enfans sont les plus heureux. Nous autres vieux fous nous nous tourmentons et nous affligeons par nos éternelles disputes sur la parole. « Est-ce vrai? Est-ce possible? Comment est-ce possible? » nous demandons-nous sans cesse... Les enfans, dans la simplicité et la pureté de leur foi, ont la certitude et ne doutent en rien de ce qui fait leur salut... Pour être sauvés, nous devons, à leur exemple, nous en remettre à la simple parole. Mais le diable, pour nous empêcher, nous jette sans cesse quelque chose en travers. C'est pourquoi le mieux c'est de mourir sans différer et de nous en aller vite sous terre.

Une autre fois que son petit enfant Martin prenait le sein de sa mère, le docteur dit : « Cet enfant, et tout ce qui m'appartient, est haï du pape et du duc George, haï de leurs partisans, haï des diables. Cependant tous ces ennemis n'inquiètent guère le cher enfant, il ne s'inquiète pas de ce que tant et de si puissans seigneurs lui en veulent, il suce gaîment la mamelle, regarde autour de lui en riant tout haut, et les laisse gronder tant qu'ils veulent.

Comme maître Spalatin et maître Lenhart Beier, pasteur de Zwickaw, étaient chez le docteur Martin Luther, il jouait bonnement avec son petit enfant Martin, qui babillait et caressait tendrement sa poupée. Le docteur dit : « Telles étaient nos pensées dans le Paradis, simples et naïves ; innocentes, sans méchanceté ni hypocrisie ; nous eussions été véritablement comme cet enfant quand il parle de Dieu et qu'il en est si sûr. »

« Quels ont dû être les sentimens d'Abraham, lorsqu'il a consenti à sacrifier et égorger son fils unique? Il n'en aura rien dit à Sara. La chose lui eût trop coûté. Vraiment, je disputerais avec Dieu, s'il m'imposait et m'ordonnait une telle chose. » Alors la femme du docteur prit la parole et dit : « Je ne puis croire que Dieu demande à personne qu'il égorge son enfant. »

« Ah, combien mon cœur soupirait après les miens, lorsque j'étais malade à la mort dans mon séjour à Smalkalde. Je croyais que je ne reverrais plus ma femme ni mes petits enfans; que cette séparation me faisait de mal!... Il n'est personne assez dégagé de la chair pour ne pas sentir ce penchant de la nature. C'est une grande chose que le lien et la société qui unissent l'homme et la femme! »

Il est touchant de voir comme tout ramenait Luther à des réflexions pieuses sur la bonté de Dieu, sur l'état de l'homme avant sa chute, sur la vie à venir. Ainsi une belle branche chargée de cerises que le docteur Jonas met sur table, la joie de sa femme qui sert des poissons du petit étang de leur jardin, la simple vue d'une rose, etc. « Le 9 avril 1539, le docteur se trouvait dans son jardin et regardait attentivement les arbres tout brillans de fleurs et de verdure. Il dit avec admiration : « Gloire à Dieu qui de la créature morte fait ainsi sortir la vie au printemps. Voyez ces rameaux, comme ils sont forts et gracieux ; ils sont déjà tout gros de fruits. Voilà une belle image de la résurrection des hommes. L'hiver est la mort et l'été la résurrection. Alors tout revit, tout est verdoyant. »

« Philippe et moi, nous sommes accablés d'affaires et d'embarras. Moi qui suis vieux et *emeritus*, j'aimerais mieux maintenant prendre un plaisir de vieillard dans les jardins, à contempler les merveilles de Dieu dans les arbres, les fleurs, les herbes, les oiseaux, etc. ; c'est ce plaisir et ce loisir qui me reviendraient, si mes péchés ne m'avaient mérité d'en être privé par ces affaires importunes et souvent inutiles. » (8 avril 1538.)

Le 18 avril 1539, sur le soir, il y eut un orage très fort, suivi d'une pluie bienfaisante qui rendit la verdure à la terre et aux arbres. Le docteur Martin dit en regardant le ciel : « Voilà un beau temps ! Tu nous l'accordes, ô mon Dieu ! à nous qui sommes si ingrats, si pleins de méchanceté et d'avarice. Tu es un Dieu de bonté. Ce n'est pas là une œuvre de Satan ; non, c'est un tonnerre bienfaisant qui ébranle la terre et l'ouvre pour lui faire porter des fruits et répandre un parfum semblable à celui que répand la prière du chrétien pieux. »

Un autre jour, sur la route de Leipzig, le docteur voyant la plaine couverte de blés superbes, se mit à prier avec ferveur; il disait : « O Dieu de bonté, tu nous donnes une année heureuse ! Ce n'est pas à cause de notre piété ; c'est pour glorifier ton saint nom. Fais, ô mon Dieu, que nous nous amendions et que nous croissions dans ta parole! Tout en toi est miracle. Ta voix fait sortir de la terre, et même du sable aride, ces plantes et ces épis si beaux qui réjouissent la vue. O mon père, donne à tous tes enfans leur pain quotidien! »

« Supportons les difficultés qui accompagnent nos fonctions, avec égalité d'âme, et attendons secours du Christ. Considère, dans ces violettes et ces pensées que tu foules en te promenant sur la lisière de nos jardins, un emblème de notre condition. Nous consolons le peuple (?) lorsque nous remplissons l'Église; il y a là la robe de pourpre, la couleur des afflictions, mais au fond la fleur d'or rappelle la foi qui ne se flétrit pas. »

Un soir le docteur Martin Luther voyait un petit oiseau perché sur un arbre et s'y posant pour passer la nuit; il dit : « Ce petit oiseau a choisi son abri et va dormir bien paisiblement; il ne s'inquiète pas, il ne songe point au gîte du lendemain; il se tient bien tranquille sur sa petite branche, et laisse Dieu songer pour lui. »

Vers le soir, vinrent deux oiseaux qui faisaient un nid dans le jardin du docteur. Ils étaient souvent effrayés dans leur vol par ceux qui passaient. Il se mit à dire : « Ah ! cher petit oiseau, ne fuis point, je te souhaite du bien de tout mon cœur; si tu pouvais seulement me croire ! C'est ainsi que nous refusons de nous confier en Dieu, qui bien loin de vouloir notre perte, a donné pour nous son propre fils. »

CHAPITRE II.

La Bible. — Les Pères. — Les Scolastiques. — Le Pape. Les Conciles.

Le docteur Martin Luther avait écrit avec de la craie, sur le mur qui se trouvait derrière son poêle, les paroles suivantes (Luc, XVI) : « Qui est fidèle dans la plus petite chose, sera fidèle dans la plus grande. Qui est infidèle dans le petit sera infidèle dans le grand. »

» Le petit enfant Jésus (il le montrait peint sur la muraille), dort encore dans les bras de Marie, sa mère. Il se réveillera un jour et nous demandera compte de ce que nous avons fait. »

Luther se faisant un jour couper les cheveux et faire la barbe en présence du docteur Jonas, dit à celui-ci : « Le péché originel est en nous comme la barbe. On la coupe aujourd'hui, nous avons le visage frais, et demain elle repousse et ne cesse de pousser jusqu'à ce que nous soyons sous terre. De même le péché originel ne peut être extirpé en nous ; il remue tant que nous vivons. Néanmoins nous devons lui résister de toutes nos forces et le couper sans relâche. »

« La nature humaine est si corrompue qu'elle n'éprouve pas même le désir des choses célestes. Elle est comme l'enfant nouveau-né à qui l'on aurait beau promettre tous les trésors et tous les plaisirs de la terre : il n'en a nul souci et ne connaît que le sein de sa mère. De même, quand l'Évangile nous parle de la vie éternelle que Jésus-Christ nous a promise, nous sommes sourds à ses paroles divines, nous nous engourdissons dans la chair, et nous n'avons que des pensées frivoles et périssables. La nature humaine n'a pas l'intelligence, pas même le sentiment, de ce mal mortel qui l'accable. »

« Dans les choses divines, le Père est la *grammaire*, car il donne les mots, il est la source d'où coulent les bonnes, pures et belles paroles que l'on peut prononcer. Le Fils est la *dialectique* : il donne la disposition, la manière de placer les choses dans un bel ordre, de sorte qu'elles suivent et résultent les unes des autres. Le Saint-Esprit est la *rhétorique* : Il sait bien exposer, pousser les choses et les étendre, donner la vie et la force, de manière à faire impression et saisir les cœurs.

» La Trinité se retrouve dans toute la création. Dans le soleil, il y a la substance, l'éclat et la chaleur ; dans les fleuves, la substance, le cours et la puissance. De même dans les arts. Dans l'astronomie, le mouvement, la lumière et l'influence ; dans la musique, les trois notes *re*, *mi*, *fa*, etc. Les scolastiques ont négligé ces signes importans, pour s'attacher à des niaiseries.

» Le décalogue est la *doctrina doctrinarum*, le symbole l'*historia historiarum*, le pater *oratio orationum*, les sacremens *ceremoniæ ceremoniarum*. »

On demandait au docteur Martin Luther si pendant la domination du pape, les gens qui n'ont pas connu cette doctrine de l'Évangile que nous avons aujourd'hui, grâce à Dieu, avaient pu être sauvés. Il répondit : « Je n'en sais rien; à moins que je ne pense que le baptême a pu produire cet effet. J'ai vu beaucoup de moines auxquels on a présenté la croix de Christ à leur lit de mort, comme c'était alors l'usage. Ils peuvent avoir été sauvés par leur foi en ses mérites et ses souffrances.

« Cicéron est bien supérieur à Aristote dans sa morale. Cicéron était un homme sage et laborieux qui a beaucoup fait et beaucoup souffert. J'espère que notre Seigneur sera clément pour lui et pour ceux qui lui ressemblent, quoiqu'il ne nous appartienne pas d'en parler avec certitude. Que Dieu ne puisse faire des exceptions et établir une distinction entre les païens, c'est ce qu'on ne pourrait dire. Il y aura un nouveau ciel et une nouvelle terre bien plus larges et plus vastes que ceux d'aujourd'hui. »

On demandait à Luther si l'offensé devait aller jusqu'à demander pardon à l'offenseur. Il répondit : « Non, Jésus-Christ ne l'a pas fait lui-même, il ne l'a pas commandé. Il suffit qu'on pardonne les offenses dans son cœur, qu'on les pardonne publiquement, s'il y a lieu, et qu'on prie pour celui qui les a commises. J'étais moi-même allé une fois demander pardon à deux personnes qui m'avaient offensé, M. E. et D. H. S. (maître Eisleben [Agricola] et le docteur Jérôme Schurf?) ; mais par hasard ni l'un ni l'autre ne fut chez lui, et depuis je n'y suis pas retourné. Je remercie Dieu maintenant qu'il ne m'ait point permis de faire comme je voulais. »

Le docteur Martin Luther soupirait un jour en pensant aux perturbateurs et aux sectaires qui méprisaient la parole de Dieu. « Ah! disait-il, si j'étais un grand poète, je voudrais écrire un chant, un poème magnifique sur l'utilité et l'efficacité de la parole divine. Sans elle..... Pendant plusieurs années je lisais la Bible deux fois par an; c'est un grand et puissant arbre dont chaque parole est un rameau, je les ai secoués tous, tant j'étais curieux de savoir ce que chaque branche portait, ce qu'elle pouvait donner, et j'en faisais tomber chaque fois une couple de poires ou de pommes.

» Autrefois sous la papauté, on faisait des pélerinages pour visiter les saints. On allait à Rome, à Jérusalem, à Saint-Jacques de Compostelle, pour l'expiation de ses péchés. Aujourd'hui nous pouvons faire des pélerinages chrétiens dans la foi. Quand nous lisons avec soin les prophètes, les psaumes et les évangiles, nous allons, non pas par la ville sainte, mais par nos pensées et nos cœurs, jusqu'à Dieu. C'est là visiter la véritable terre promise et le paradis de la vie éternelle. »

« Que sont les saints en comparaison du Christ? rien de plus que les petites gouttes de la rosée des nuits sur la tête de l'Époux et dans les boucles de sa chevelure. »

Luther n'aimait pas qu'on insistât sur les miracles. Il regardait ce genre de preuves comme secondaire. « Les preuves convaincantes sont dans la parole de Dieu. Nos adversaires lisent la Bible traduite beaucoup plus que les nôtres. Je crois que le duc George l'a lue avec plus de soin que tous ceux de la noblesse qui tiennent pour nous. Il dit à quelqu'un : « Pourvu que le moine achève de traduire la Bible, il peut partir ensuite quand il voudra. »

Le docteur Luther disait que Mélanchton l'avait forcé de traduire le Nouveau Testament.

« Que nos adversaires s'emportent et fassent rage. Dieu n'a pas opposé un mur de pierre aux vagues de la mer, ni une montagne d'acier. Il a suffi d'un rivage, d'une digue de sable.

» J'ai beaucoup lu la Bible dans ma jeunesse pendant que j'étais moine. Mais cela ne servait à rien, je faisais simplement du Christ un Moïse. Maintenant nous l'avons retrouvé, ce cher Christ Rendons grâce et tenons-nous-y ferme, et souffrons pour lui ce que nous devons souffrir.

» Pourquoi enseigne-t-on et observe-t-on les dix commandemens? C'est que les lois naturelles ne se trouvent nulle part si bien rangées et décrites que dans Moïse. Je voudrais même qu'on lui fît d'autres emprunts dans les choses temporelles, telles que les lois sur la *lettre de divorce*, le jubilé, l'année d'affranchissement, les dîmes, etc. Le monde en serait mieux gouverné... C'est ainsi que les Romains ont pris leurs Douze Tables chez les Grecs... Quant au sabbat ou dimanche, ce n'est pas une nécessité de l'observer, et si nous l'observons, nous devons le faire, non pas à cause du commandement de Moïse, mais parce que la nature aussi nous enseigne à nous donner de temps en temps un jour de repos, afin qu'hommes et animaux reprennent des forces, et que l'on aille entendre le sermon et la parole de Dieu. »

« Puisque, dans ce siècle, on commence à restituer toutes choses, comme si déjà c'était le jour de la restauration universelle, il m'est venu dans l'esprit d'essayer si on ne pourrait pas aussi restituer Moïse et rappeler les rivières à leur source. J'ai eu soin d'abord de traiter toutes choses le plus simplement du monde, et de ne pas me laisser entraîner aux explications mystiques, comme on les appelle... Je ne vois pas d'autre raison pour que Dieu ait voulu former le peuple juif par ces cérémonies, sinon qu'il a vu le penchant du peuple à se laisser prendre à ces choses extérieures. Afin que ce ne fussent pas des fantômes vides et de purs simulacres, il a ajouté sa parole pour y mettre du poids et de la substance, de sorte qu'elles devinssent choses sérieuses et graves.

» J'ai ajouté à chaque chapitre de courtes allégories, non que j'en tienne beaucoup de compte, mais afin de prévenir la manie de plusieurs à traiter l'allégorie. Ainsi, dans Jérôme, Origène et autres anciens écrivains, nous voyons une malheureuse et stérile habitude d'imaginer des allégories qui ramènent tout à la morale et aux œuvres, tandis qu'il faudrait tout ramener à la parole et à la foi. » (avril 1525.)

« Le *Pater noster* est ma prière ; c'est celle que je dis, et j'y mêle en même temps quelque chose des Psaumes pour que les faux docteurs soient confondus et couverts de honte. Le *Pater* n'a aucune prière qui lui soit comparable ; je l'aime mieux qu'aucun psaume [1]. »

« J'avoue franchement que j'ignore si je possède ou non le sens légitime des psaumes, bien que je ne doute pas de la vérité de celui que je donne. — L'un se trompe en quelques endroits, l'autre en plusieurs ; je vois des choses que n'a pas vues saint Augustin ; et d'autres, je le sais, verront bien des choses que je ne vois pas.

» Qui oserait prétendre que personne ait complètement entendu un seul psaume? Notre vie est un commencement et un progrès, et non une consommation ; celui-là est le meilleur, qui approche le plus de l'esprit. Il y a des degrés dans la vie et l'action, pourquoi n'y en aurait-il

[1] C'est aussi ce que dit Montaigne dans ses *Essais*.

pas dans l'intelligence? L'Apôtre dit que nous nous transformons de lumière en lumière. »

Du *Nouveau Testament.* « L'Évangile de saint Jean est le vrai et pur Évangile, l'Évangile principal, parce qu'il renferme le plus de paroles de Jésus-Christ. De même, les épîtres de saint Paul et de saint Pierre sont bien au-dessus des évangiles de saint Mathieu, de saint Marc et de saint Luc. En somme, l'évangile de saint Jean et sa première épître, les épîtres de saint Paul, notamment celles aux Romains, aux Galates, aux Éphésiens, et la première de saint Pierre, voilà les livres qui te montrent Jésus-Christ, et qui t'enseignent tout ce qu'il t'est nécessaire et utile de savoir, quand même tu ne verrais jamais d'autre livre. »

Il ne regardait comme apostoliques ni l'épître aux Hébreux, ni celle de saint Jacques. Il s'exprime de la manière suivante sur celle de saint Jude : « Personne ne peut nier que cette épître ne soit un extrait ou une copie de la seconde épître de saint Pierre; les mots sont presque les mêmes. Jude y parle des apôtres comme leur disciple, et comme après leur mort. Il cite des versets et des événemens qu'on ne trouve nulle part dans l'Écriture. »

L'opinion de Luther sur l'Apocalypse est remarquable : « Que chacun, dit-il, juge de ce livre d'après ses lumières et son sens particulier. Je ne prétends imposer à personne mon opinion : je dis tout simplement ce que j'en pense. Je ne le regarde ni comme apostolique, ni comme prophétique... » Et ailleurs : « Beaucoup de Pères ont rejeté ce livre, et chacun peut en penser ce que son esprit lui inspirera. Pour moi, je ne puis me faire à cet ouvrage. Une seule raison suffirait pour m'en détourner : c'est que Jésus-Christ n'y est adoré ni enseigné tel que nous le connaissons. »

Des *Pères*. « On peut lire Jérôme pour l'étude de l'histoire : quant à la foi et à la bonne vraie religion et doctrine, il n'y en a pas un mot dans ses écrits. J'ai déjà proscrit Origène. Chrysostôme n'a point d'autorité chez moi. Basile n'est qu'un moine; je n'en donnerais pas un cheveu. L'apologie de Philippe Mélanchton est au-dessus des écrits de tous les docteurs de l'Église, sans excepter Augustin. Hilaire et Théophylacte sont bons. Ambroise aussi; il marche bien sur l'article le plus essentiel, le pardon des péchés.

» Bernard est au-dessus de tous les docteurs dans ses prédications; mais, quand il dispute, il devient un tout autre homme; alors il accorde trop à la loi et au libre arbitre.

» Bonaventure est le meilleur des théologiens scolastiques.

» Parmi les Pères, Augustin a sans contredit la première place, Ambroise la seconde, Bernard la troisième. Tertullien est un vrai Carlostad. Cyrille a les meilleures sentences. Cyprien le martyr est un faible théologien. Théophylacte est le meilleur interprète de saint Paul. »

(Pour prouver que l'antiquité n'ajoute pas à l'autorité) : « Nous voyons combien saint Paul se plaint avec douleur des Corinthiens et des Galates. Parmi les apôtres mêmes, le Christ trouva un traître dans Judas.

» Les livres que les Pères ont écrits sur la Bible n'ont jamais rien de concluant; ils laissent le lecteur suspendu entre le ciel et la terre. Lisez Chrysostôme, le meilleur rhéteur et parleur de tous. »

Il remarque que les Pères ne disaient rien de la justification par la grâce pendant leur vie, mais y croyaient à leur mort. Cela était plus prudent pour ne point encourager le mysticisme, ni décourager les bonnes œuvres.

« Les chers Pères ont mieux vécu qu'écrit. »

Il fait l'éloge de l'histoire de saint Épiphane et des poésies de Prudence.

« Augustin et Hilaire, entre tous, ont écrit avec le plus de clarté et de vérité; les autres doivent être lus *cum judicio*.

» Ambroise a été mêlé aux affaires du monde,

comme nous le sommes aujourd'hui. Nous sommes obligés de nous occuper au consistoire d'affaires de mariage plus que de la parole de Dieu...

» On a nommé Bonaventure le séraphique, Thomas l'angélique, Scot le subtil; Martin Luther sera nommé l'archi-hérétique.

Saint Augustin était peint dans un livre avec un capuchon de moine. Luther dit, en voyant cette image : « Ils font tort au saint homme, car il a mené une vie commune, comme tout autre homme du pays; il se servait de cuillers et de tasses d'argent; il n'a pas mené une vie à part comme les moines.

» Macaire, Antoine, Benoît, ont fait un grand et remarquable tort à l'Église avec leur moinerie; et je crois que dans le ciel ils seront placés bien plus bas qu'un citoyen, père de famille, pieux et craignant Dieu.

» Saint Augustin me plaît plus que tous les autres. Il a enseigné une pure doctrine, et soumis ses livres, avec l'humilité chrétienne, à la sainte Écriture... Augustin est favorable au mariage; il parle bien des évêques qui étaient les pasteurs d'alors, mais le temps et les disputes des Pélagiens l'ont aigri et lui ont fait mal... S'il eût vu le scandale de la papauté, il ne l'eût certes pas souffert.

» Saint Augustin est le premier père de l'Église qui ait traité du péché originel. »

Après avoir parlé de saint Augustin, Luther ajoute : « Mais depuis que j'ai compris Paul par la grâce de Dieu, je n'ai pu estimer aucun docteur; ils sont devenus tout-à-fait petits à mes yeux.

» Je ne connais aucun des Pères dont je sois si ennemi que de saint Jérôme. Il n'écrit que sur le jeûne, les alimens, la virginité, etc. Il n'enseigne rien sur la foi, etc. Le docteur Staupitz avait coutume de dire : Je voudrais bien savoir comment Jérôme a pu être sauvé? »

« Les nominaux sont dans les hautes écoles une secte à laquelle j'ai aussi appartenu. Ils tiennent contre les thomistes, scotistes et albertistes. Ils s'appellent eux-mêmes occamistes. C'est la secte la plus nouvelle de toutes, et aujourd'hui la plus puissante, nommément à Paris.

Luther fait cas du *Maître des sentences* de Pierre Lombard; mais il trouve qu'en général les scolastiques donnaient trop peu à la grâce, trop au libre arbitre.

« Gerson seul, entre tous les docteurs, a fait mention des tentations spirituelles. Tous les autres, Grégoire de Nazianze, Augustin, Scot, Thomas, Richard, Occam, n'ont senti que les tentations corporelles. Le seul Gerson a écrit sur le découragement. L'Église, à mesure qu'elle est plus ancienne, doit éprouver de telles tentations spirituelles. Nous sommes dans cet âge de l'église.

» Guillaume de Paris a aussi éprouvé quelque chose de ces tentations spirituelles. Mais les scolastiques ne sont jamais parvenus à la connaissance du catéchisme. Le seul Gerson sert à rassurer et relever les consciences.... Il a sauvé beaucoup de pauvres âmes du désespoir, en amoindrissant et exténuant la loi, de manière toutefois que la loi subsistât. — Mais Christ ne perce point le tonneau, il le défonce. Il dit : « Tu ne dois point te confier dans la loi ni te reposer sur elle, mais sur moi, sur le Christ. Si tu n'es pas bon, je le suis. »

« Le docteur Staupitz nous parlait un jour d'André Zacharias qui, à ce qu'on prétend, a vaincu Jean Huss dans la dispute. Il nous racontait que le docteur Proles, de Gotha, voyant dans un couvent Zacharias peint avec une rose à son bonnet, dit à ce sujet : Dieu me garde de porter une telle rose, car il a vaincu Jean Huss injustement, et au moyen d'une bible falsifiée. Il y a dans le XXXIVe chapitre d'Ézéchiel : *C'est moi qui vais visiter et punir mes pasteurs* : mais on y avait ajouté ces mots : *et non point le peuple* ; ceux du concile lui montrèrent ce texte dans sa propre bible falsifiée comme les autres, et conclurent ainsi : Tu vois que tu ne dois point punir le pape, que Dieu s'en charge lui-même. Ainsi le saint homme a été condamné et brûlé.

» Maître Jean Agricola lisait un écrit de Jean Huss, plein d'esprit, de résignation et de ferveur, où l'on voyait comme dans sa prison il souffrait le martyre des douleurs de la pierre, et se voyait rebuté par l'empereur Sigismond. Le docteur Luther admirait tant d'esprit et de courage... C'est bien injustement, disait-il, que nous sommes appelés hérétiques, Jean Huss et moi...

» Jean Huss est mort, non comme un anabaptiste, mais comme un chrétien. On voit en lui la faiblesse chrétienne, mais en même temps s'éveille dans son âme la force de Dieu qui le relève. Le combat de la chair et de l'esprit, dans le Christ et dans Huss, est doux et aimable à voir... Constance est aujourd'hui une pauvre misérable ville. Je crois que Dieu l'a punie... Jean Huss a été brûlé; et moi aussi, je pense que je serai tué, s'il plaît à Dieu. Il a arraché quelques épines de la vigne du Christ, en attaquant seulement les scandales de la papauté. Mais moi, docteur Martin Luther, je suis venu dans un champ déjà noir et bien labouré, j'ai attaqué la doctrine du pape, et l'ai terrassé.

» Jean Huss était la semence qui doit mourir et être enfoncée dans la terre, pour sortir ensuite, et croître avec force. »

Luther improvisa un jour à table le vers suivant :

Pestis eram vivens, moriens ero mors tua, Papa.

« La tête de l'Anti-Christ, c'est à la fois le pape et le Turc. Le pape en est l'esprit, le Turc la chair.

» C'est ma pauvre et infirme condition (pour ne point parler de la justice de ma cause) qui a fait le malheur du pape. « Si j'ai défendu ma doctrine contre tant de rois et d'empereurs, se disait-il, comment craindrais-je un simple moine? » S'il m'avait estimé un ennemi dangereux, il aurait pu m'étouffer dès l'origine.

» J'avoue que j'ai souvent été trop violent, mais jamais à l'égard de la papauté. Il devrait y avoir contre celle-ci une langue à part dont tous les mots fussent des coups de foudre.

» Les papistes sont confondus et vaincus par les témoignages de l'Écriture. Dieu merci, je connais leur erreur sous toutes ses faces, de l'*alpha* à l'*oméga*. Cependant aujourd'hui même qu'ils avouent que l'Écriture est contre eux, la splendeur et la majesté du pape m'éblouissent quelquefois et c'est avec tremblement que je l'attaque...

» Le pape se dit : « Céderais-je à un moine

qui veut me dépouiller de ma couronne et de ma majesté? Bien fou qui céderait. » Je donnerais mes deux mains pour croire en Jésus-Christ aussi fermement, aussi sûrement, que le pape croit que Jésus-Christ n'est rien.

» D'autres ont attaqué les mœurs des papes, comme Érasme et Jean Huss. Mais moi, j'ai renversé les deux piliers sur lesquels reposait la papauté : les vœux et les messes particulières. »

Des Conciles. — « Les conciles ne doivent point ordonner de la foi, mais de la discipline. »

Le docteur Martin Luther levait un jour les yeux vers le ciel; il soupira, et dit : « Ah! un concile général, libre, et vraîment chrétien! Dieu saura bien le faire; la chose est sienne; il connaît et il a dans sa main tous les conseils les plus secrets. »

» Lorsque Pierre-Paul Vergerius, légat du pape, vint à Wittemberg, l'an 1533, et que je montai au château où il était, il nous cita, et nous somma d'aller au concile. J'irai, lui dis-je, et j'ajoutai : Vous autres papistes, vous travaillez inutilement. Si vous tenez un concile, vous n'y traitez point des sacremens, de la justification par la foi, des bonnes œuvres, mais seulement de babioles et d'enfantillage, comme de fixer la longueur des habits, ou la largeur des ceintures des prêtres, ou la dimension de la tonsure, etc. Il se détourna de moi, appuya sa tête sur sa main, et dit à son compagnon : « Celui-ci touche vraiment le fond des choses, etc. »

On demandait quand le pape convoquerait le concile. « Il me semble, dit le docteur Martin Luther, qu'il n'en sera rien avant le jugement dernier. C'est alors que notre Seigneur Dieu tiendra lui-même un concile. »

Luther conseillait de ne point refuser d'aller au concile, mais d'exiger qu'il fût libre ; « si on le refuse, il n'y a pas de meilleure excuse pour nous. »

Des biens ecclésiastiques. Luther voudrait qu'ils fussent appliqués à l'entretien des écoles et des pauvres théologiens. Il déplore la spoliation des églises. Il prédit que les princes vont bientôt se disputer les dépouilles des églises. « Le pape prodigue maintenant les biens ecclésiastiques aux princes catholiques pour se faire des amis et des alliés.

» Ce ne sont point tant nos princes de la confession d'Augsbourg qui pillent les biens ecclésiastiques, c'est plutôt Ferdinand, l'Empereur, et l'archevêque de Mayence. Ferdinand a rançonné tous les monastères. Les Bavarois sont les plus grands voleurs des biens ecclésiastiques ;

ils ont de riches abbayes. Mon gracieux seigneur et le Landgrave n'ont que de pauvres monastères d'ordres mendians. On voulait à la diète, mettre les monastères à la disposition de l'Empereur, qui y aurait établi ses gouvernemens militaires. Je donnai le conseil suivant : *Il faut auparavant réunir tous les monastères en un même lieu. Qui voudrait souffrir dans sa terre les gens de l'Empereur?* Tout cela a été poussé par l'archevêque de Mayence. »

Dans la réponse à la lettre où le roi de Danemarck lui demandait ses conseils, Luther désapprouve l'article de la réunion des biens ecclésiastiques à la couronne. « Voyez, dit-il, au contraire notre prince Jean Frédéric, comme il applique les biens de l'Église à l'entretien des pasteurs et des professeurs. »

« Le proverbe a raison : *Biens de prêtres ne profitent pas* (pfaffengut raffengut). Burchard Hund, conseiller de l'électeur de Saxe, Jean, avait coutume de dire : Nous autres de la noblesse, nous avons réuni les biens des cloîtres à nos biens nobles, et les biens des cloîtres ont dévoré les biens nobles, de sorte que nous n'avons plus ni les uns ni les autres. » Luther ajoute la fable du renard qui venge ses petits en brûlant l'arbre et les petits de l'aigle.

Un ancien précepteur du fils de Ferdinand,

roi des Romains, nommé Severus, contait à Luther l'histoire du chien qui défendait la viande et qui pourtant, quand les autres la lui arrachaient, en prenait sa part. C'est ce que fait maintenant l'Empereur, dit Luther, pour les biens ecclésiastiques (Utrecht et Liége).

Des cardinaux et des évêques. « En Italie, en France, en Angleterre, en Espagne, les évêques sont ordinairement les conseillers des rois ; c'est qu'ils sont pauvres. Mais en Allemagne où ils sont riches, puissans, et où ils ont une grande considération, les évêques gouvernent en leur propre nom.

» Je veux mettre tous mes soins pour que les canonicats et les petits évêchés subsistent, de sorte qu'on puisse avec ce revenu établir des prédicateurs et des pasteurs dans les villes. Les grands évêchés seront sécularisés. »

Le jour de l'Ascension le docteur Martin Luther dîna avec l'électeur de Saxe, et l'on résolut que les évêques conserveraient leur autorité, à condition qu'ils abjureraient le pape. « Nos gens les examineront, et les ordonneront, par l'imposition des mains. C'est ainsi que je suis évêque à présent. »

Dans les disputes d'Heidelberg, on demandait d'où venaient les moines. Réponse : « Dieu ayant fait le prêtre, le diable voulut l'imiter; mais il fit la tonsure trop grande, de là les moines.

» La moinerie ne se rétablira point aussi longtemps que l'article de la justification restera pur.

» Autrefois les moines étaient en si grande considération que le pape les redoutait plus que les rois et les évêques. Car ils avaient le commun peuple dans leurs mains. Les moines étaient les meilleurs oiseleurs du pape. Le roi d'Angleterre a beau ne plus reconnaître le pape pour le chef suprême de la chrétienté. Il ne fait rien que tourmenter le corps, en fortifiant l'âme de la papauté. » (Henri VIII n'avait pas encore supprimé les monastères.)

CHAPITRE III.

Des écoles et universités, et des arts libéraux.

« On doit tirer des écoles des pasteurs qui édifient et soutiennent l'Église. Des écoles et des pasteurs, cela vaut mieux que des conciles, comme je l'ai dit déjà.

» J'espère que si le monde dure encore, les universités d'Erfurth et de Leipzig se relèveront et prendront des forces, pourvu qu'elles adoptent la saine théologie, à quoi elles semblent déjà disposées. Mais il faut que quelques-uns s'endorment auparavant. — Je m'étonnais d'abord qu'une université eût été fondée ici, à Wittemberg. — Erfurth est situé au mieux pour cela : là il doit y avoir une ville, quand même celle qui existe serait brûlée, ce que Dieu veuille empêcher. L'université d'Erfurth était jadis si renommée, que toutes les autres en comparaison étaient considérées comme de petites écoles. Maintenant cette gloire et cette majesté ont disparu, et l'université d'Erfurth est tout-à-fait morte.

» Autrefois, on avançait les maîtres, on les honorait; on portait devant eux des flambeaux. Je trouve qu'il n'y a jamais eu en ce monde de joie comparable à celle-là. C'était aussi une grande fête quand on faisait des docteurs. On allait à cheval autour de la ville; on s'habillait avec plus de soin, on se parait. Tout cela ne se fait plus, mais je voudrais bien que l'on fît revivre ces bonnes coutumes.

» Malheur à l'Allemagne qui néglige les écoles, qui les méprise et les laisse tomber! Malheur à l'archevêque de Mayence et d'Erfurth qui pourrait d'un mot relever les universités de ces deux villes, et qui les laisse désolées et désertes! Un seul coin de l'Allemagne, celui où nous sommes, fleurit encore, grâce à Dieu, par la pureté de la doctrine et la culture des arts libéraux. Les papistes voudront rebâtir l'étable, lorsque le loup aura mangé les brebis! — «La faute en est à l'évêque de Mayence, c'est un fléau pour les écoles et pour toute l'Allemagne. Aussi en est-il déjà justement puni. Il a sur son visage une couleur de mort, comme de la boue mêlée de sang.

» C'est à Paris, en France, que se trouve la plus célèbre et la plus excellente école. Il y a une foule d'étudians, dans les vingt mille et au-delà. Les théologiens y ont à eux le lieu le plus agréable de la ville, une rue particulière fermée de portes aux deux bouts; on l'appelle la *Sorbonne*. Peut-être, à ce que j'imagine, tire-t-elle ce nom de ces fruits de cormiers (*sorbus*) qui viennent sur les bords de la mer Morte, et qui présentent au dehors une agréable apparence; ouvrez-les, ce n'est que cendres au-dedans. Telle est l'université de Paris, elle présente une grande foule, mais elle est la mère de bien des erreurs. S'ils disputent, ils crient comme des paysans ivres, en latin, en français. Enfin on frappe des pieds pour les faire taire. Ils ne font point de docteurs en théologie à moins qu'on n'étudie dix ans dans leur sophistique et futile dialectique. Le répondant doit siéger un jour entier et soutenir la dispute contre tout venant, de six heures du matin à six heures du soir.

» A Bourges en France, dans les promotions publiques de docteurs en théologie qui se font dans l'église métropolitaine, on leur donne à chacun un filet, apparemment pour qu'ils s'en servent à prendre les gens.

» Nous avons, grâce à Dieu, des universités qui ont embrassé la parole de Dieu. Il y a encore beaucoup de belles écoles particulières qui se disposent bien, telles que Zwickaw, Torgaw, Wittemberg, Gotha, Eisenach, Deventer, etc.

Extrait du traité de Luther sur l'éducation. — L'éducation domestique est insuffisante. — Il faut que les magistrats veillent à l'instruction des enfans. Établir des écoles est un de leurs principaux soins. Les fonctions publiques ne doivent même être confiées qu'aux plus doctes. — Importance de l'étude des langues. Le diable redoute cette étude, et cherche à l'éteindre. N'est-ce pas par elle que nous avons retrouvé la vraie doctrine? La première chose que Christ ait donnée à ses apôtres, c'est le don des langues. — Luther se plaint de ce que, dans les monastères, on ne sait plus le latin, à peine l'allemand.

« Pour moi, si j'ai jamais des enfans, et que ma fortune me le permette, je veux qu'ils deviennent habiles dans les langues et dans l'histoire; qu'ils apprennent même la musique et les mathématiques. » Suit un éloge des poètes et des historiens.

Qu'on envoie au moins les enfans une heure

ou deux par jour à l'école; qu'ils emploient le reste à soigner la maison et à apprendre quelque métier.

Il doit aussi y avoir des écoles pour les filles. — On devrait fonder des bibliothèques publiques. D'abord des livres de théologie, latins, grecs, hébreux, allemands, puis des livres pour apprendre la langue, tels que les orateurs, les poètes, peu importe qu'ils soient chrétiens ou païens; les livres qui traitent des arts libéraux et des arts mécaniques; les livres de jurisprudence et de médecine; les annales, les chroniques, les histoires, dans la langue où elles ont été écrites, doivent tenir la première place dans une bibliothèque, etc. »

Des langues. — « Les Grecs, comparés aux Hébreux, ont bien de bonnes et agréables paroles, mais n'ont point de *sentences.* La langue hébraïque est la plus riche; elle ne mendie point, comme le grec, le latin et l'allemand. Elle n'a pas besoin de recourir aux mots composés.

» Les Hébreux boivent à la source, les Grecs au ruisseau, les Latins au bourbier. »

« J'ai peu d'usage de la langue latine, élevé, comme je le fus, dans la barbarie des doctrines scolastiques. » (12 novembre 1544.)

« Je ne suis point de dialecte particulier en

allemand. J'emploie la langue commune, de manière à être entendu dans la haute et dans la basse Allemagne. Je parle d'après la chancellerie de Saxe, que tous suivent, en Allemagne, dans leurs actes publics, rois, princes, villes impériales. Aussi, est-ce le langage le plus commun. L'empereur Maximilien et l'électeur Frédéric de Saxe ont ainsi ramené les dialectes allemands à une langue certaine. La langue des Marches est encore plus douce que celle de Saxe. »

De la grammaire. — « Autre chose est la grammaire, autre chose est la langue hébraïque. La langue hébraïque, puis la grammaire positive, a péri en grande partie chez les Juifs ; elle est tombée avec la chose même, et avec l'intelligence, comme dit Isaïe (XXIX). Il ne faut donc rien accorder aux rabbins dans les choses sacrées ; ils torturent et violentent les étymologies et les constructions, parce qu'ils veulent forcer la chose par les mots, soumettre la chose aux mots, tandis que ce sont les choses qui doivent commander.

» On voit de semblables débats entre les Cicéroniens et les autres Latinistes. Pour moi, je ne suis ni latin, ni grammairien, encore moins cicéronien ; cependant, j'approuve ceux qui aiment mieux prétendre à ce dernier nom. De même, dans la littérature sacrée, j'aimerais à être simplement mosaïque, davidique ou isaïque, s'il se pouvait, plutôt qu'un Hébreu kumique, ou semblable à tout autre rabbin. » (1537.)

« Je regrette de n'avoir pas plus de temps à donner à l'étude des poètes et des rhéteurs : j'avais acheté un Homère pour devenir Grec. » (29 mars 1523.)

« Si je devais écrire sur la dialectique, j'exprimerais tout en allemand; je rejetterais tous ces mots étrangers : *propositio*, *syllogismus*, *enthymema*, *exemplum*...

» Ceux qui introduisent de nouveaux mots, doivent aussi introduire de nouvelles choses, comme Scot avec sa *réalité*, son *hiccité;* comme les anabaptistes et les prédicateurs de troubles, avec leurs *besprengung*, *entgrobung*, *gelassenheit*. Qu'on se garde donc de tous ceux qui s'étudient à trouver des mots nouveaux et inusités. »

Luther citait la fable de la cour du lion, et disait, « qu'après la Bible, il ne connaissait pas de meilleur livre que les *Fables d'Ésope* et les écrits de Caton; de même que Donat lui semblait le meilleur grammairien. Ce n'est point un seul homme qui a fait ces fables; beaucoup de grands esprits y ont travaillé à chaque époque du monde. »

Des savans. — « Avant peu d'années, on manquera entièrement de savans. On aurait beau creuser pour en déterrer, rien ne servira ; on pèche trop contre Dieu. »

A un ami : « Ne te laisse pas aller à la crainte que l'Allemagne ne devienne plus barbare qu'elle ne l'a jamais été, par la chute des lettres que causerait notre théologie. » (29 mars 1523.)

CHAPITRE IV.

Drames. — Musique. — Astrologie. — Imprimerie. — Banque, etc.

Des représentations theâtrales. — Luther ne désapprouve point un maître d'école qui jouait les comédies de Térence. Il énumère les diverses utilités de la comédie. Si on s'abstenait de la comédie, parce qu'il s'agit souvent d'amour, on n'oserait non plus lire la Bible.

« — Notre cher Joachim m'a demandé mon jugement sur ces représentations d'histoires saintes, que blâment plusieurs de vos ministres. Voici, en peu de mots, mon opinion. Il a été commandé à tous les hommes de répandre et de propager le Verbe de Dieu, par tous les moyens, non pas seulement par la parole, mais par écritures, peintures, sculptures, psaumes, chansons, instrumens de musique, comme dit le psaume : *Laudate eum in tympano et choro, laudate eum chordis et organo*. Et Moïse dit : *Ligabis ea quasi signum in manu tuâ, eruntque et movebuntur inter oculos tuos, scribesque ea in limine et ostiis domûs tuæ*. Moïse veut que la parole se meuve devant les yeux, et comment cela se pourrait-il faire mieux et plus clairement que par des représentations semblables, mais graves et modestes, et non par des farces, comme autrefois sous la papauté ? De tels spectacles frappent les yeux du peuple, et l'émeuvent souvent bien plus que des prédications publiques. Je sais que dans la basse Allemagne, où l'on a interdit la profession publique de l'Evangile, des drames, tirés de la Loi et de l'Évangile, en ont converti un grand nombre. » (5 avril 1543.)

De la musique. — « La musique est un des plus beaux et des plus magnifiques présens de Dieu. Satan en est l'ennemi. Par elle on repousse bien des tentations et de mauvaises pensées. Le diable ne tient pas contre. . . . . . .

» Quelques-uns de la noblesse, et des courtisans, pensent que mon gracieux seigneur pourrait épargner en musique trois mille florins par an ;

et l'on dépense, en choses inutiles, trente mille florins.

» Le duc George, le landgrave de Hesse, et l'électeur de Saxe, Jean-Frédéric, entretenaient des chanteurs et des musiciens. Aujourd'hui, c'est le duc de Bavière, l'empereur Ferdinand et l'empereur Charles. »

En 1538, 17 décembre, Luther ayant des musiciens pour hôtes, et les ayant entendus, dit avec admiration : « Si notre Seigneur nous accorde de si nobles dons dans cette vie même, qui n'est qu'ordure et misère, que sera-ce donc dans la vie éternelle? En voici un commencement.

» Chanter est le meilleur exercice. Il n'a rien à voir avec le monde... Aussi je me réjouis de ce que Dieu a refusé aux paysans (*sans doute aux paysans révoltés*), un don et une consolation si grande; ils n'entendent point la musique, et n'écoutent point la parole. »

Il disait un jour à un joueur de harpe : « Mon ami, joue-moi un air, comme faisait David. Je crois que, s'il revenait aujourd'hui, il serait bien étonné de trouver les gens si habiles.

» Comment se fait-il pourtant que nous ayons tant de belles choses dans le genre mondain, et que, dans le spirituel, nous n'ayons rien que de froid et de mauvais (et il répétait quelques chansons allemandes). Pour ceux qui méprisent la musique, comme font tous les rêveurs et les mystiques ; je ne puis m'accorder avec eux.

» ..... Je demanderai au prince qu'avec cet argent il établisse une musique. » (avril 1541.)

Le 4 octobre 1530, il écrit à Ludovic Senfel, musicien de la cour de Bavière, pour lui demander de lui mettre en musique le : *In pace in id ipsum*. « L'amour de la musique m'a fait surmonter la crainte d'être repoussé, lorsque vous verrez un nom qui vous est sans doute odieux. Ce même amour me donne aussi l'espérance que mes lettres ne vous attireront aucun désagrément. Qui pourrait, fût-il le Turc, vous en faire un sujet de reproches?... Après la théologie, il n'y a aucun art que l'on puisse mettre à côté de la musique. »

Luther recommande à son ami Amsdorf, un peintre nommé Sébastien, et ajoute : « Je ne sais si vous aurez besoin de lui. Je désirerais cependant que ton habitation fût plus ornée et plus élégante, à cause de la chair à qui reviennent aussi quelques soins et quelques recréations, lorsqu'elles sont sans péché et sans faute. » (6 février 1542.)

Peinture. — Les pamphlets de Luther contre le pape, étaient presque toujours accompagnés de gravures symboliques. — « Quant à ces trois furies, dit-il, dans l'explication d'une de ces gravures satiriques, je n'avais autre chose dans l'esprit, lorsque j'en faisais l'application au pape, que d'exprimer l'atrocité de l'abomination papale par ces expressions les plus énergiques, les plus atroces de la langue latine; car les Latins ignorent ce que c'est que Satan ou le diable, comme l'ignorent aussi les Grecs et toutes les nations. » (8 mai 1545.)

C'était Lucas Cranach qui en avait fait les figures. — Luther écrit : « Maître Lucas est un peintre peu délicat. Il pouvait épargner le sexe féminin en considération de nos mères et de l'œuvre de Dieu. Il pouvait peindre d'autres formes plus dignes du pape, je veux dire plus diaboliques. » (3 juin 1545.)

« Je ferai tous mes efforts, si je vis, pour que le peintre Lucas substitue à cette peinture obscène une image plus honnête. » (15 juin.)

Luther professait pour Albert Dürer une grande admiration. Lorsqu'il apprit sa mort, il écrivit : « Il est douloureux sans doute de l'avoir perdu. Réjouissons-nous cependant de ce que Christ, par une fin si heureuse, l'a tiré de cette terre de misères et de troubles, qui, peut-être bientôt, sera déchirée par des troubles plus grands encore. Dieu n'a pas voulu que celui qui était né pour un siècle heureux, vît de si tristes choses; qu'il repose en paix avec ses pères. » (avril 1528.)

De l'astronomie et de l'astrologie. — « Il est vrai que les astrologues peuvent prédire l'avenir aux impies, et leur annoncer la mort qui les attend, car le diable sait les pensées des impies, et il les a en sa puissance. »

On fit mention d'un nouvel astronome, qui voulait prouver que c'est la terre qui tourne, et non point le firmament, le soleil et la lune; il en est de même, disait-il, pour les habitans de la terre que pour ceux qui sont dans un chariot ou dans un vaisseau, et qui croient voir le rivage ou les arbres fuir derrière eux[1]. « Ainsi va le monde aujourd'hui; quiconque veut être habile, ne doit pas se contenter de ce que font et savent les autres. Le sot veut changer tout l'art de l'astronomie; mais, comme le dit la sainte Écriture, Josué commanda au soleil de s'arrêter, et non à la terre. »

« Les astrologues ont tort d'attribuer aux étoiles la mauvaise influence qui appartient en effet aux comètes.

» Maître Philippe tient fort à cela, mais il n'a jamais pu me persuader. Il prétend que l'art est

[1] Sans doute Copernic qui termina vers 1530 son livre *De orbium cœlestium revolutionibus*, imprimé, en 1543, à Nuremberg, avec une dédicace au pape Paul III. Dès 1540, une lettre de son disciple Rheticus fit connaître le nouveau système.

réel, mais qu'il n'y a point de maître qui s'y entende. »

Comme on montrait un horoscope au docteur Luther, il dit : « C'est une belle et agréable imagination, et qui plaît à la raison. On va bien régulièrement d'une ligne à l'autre... Il en est de l'astrologie comme de l'art des sophistes, *de decem prædicamentis realiter distinctis*; tout est faux et artificiel; mais dans cette œuvre vaine et fictive, il y a un admirable ensemble; dans tant de siècles et parmi tant de sectes, thomistes, albertistes, scotistes, ils sont restés fidèles aux mêmes règles.

» La science, qui a pour objet la matière, est incertaine. Car la matière est sans forme, et dépourvue de qualités et propriétés. Or, l'astrologie a pour objet la matière, etc.

» Ils avaient dit qu'il y aurait un déluge en 1524, et la chose n'arriva qu'en 1525, époque du soulèvement des paysans. Déjà le bourgmestre Hendorf avait fait monter au haut de sa maison un quart de bière pour y attendre le déluge. »

Maître Philippe disait que l'empereur Charles devait vivre jusqu'à quatre-vingt-quatre ans; le docteur Luther répondit : « Le monde ne durera pas si long-temps. Ézéchiel y est contraire. Si nous chassons le Turc, la prophétie de Daniel est accomplie, et certainement le jour du jugement est à la porte. »

Une grande étoile rouge, qui avait paru dans le ciel, et qui forma ensuite une croix en 1516, reparut plus tard; « mais alors, dit Luther, la croix parut brisée; car l'Évangile était obscurci par les sectes et les révoltes. Je ne trouve rien de certain dans de tels signes; ce sont communément des signes diaboliques et trompeurs. Nous en avons vu beaucoup ces quinze dernières années. »

Imprimerie. — « L'imprimerie est le dernier et suprême don, le *summum et postremum donum*, par lequel Dieu avance les choses de l'Évangile. C'est la dernière flamme qui luit avant l'extinction du monde. Grâce à Dieu, elle est venue à la fin. *Sancti patres dormientes desiderârunt videre hunc diem revelati Evangelii.* »

Comme on lui montrait un écrit des Fugger, orné de lettres d'une forme bizarre, que personne ne pouvait le lire, il dit: « C'est une invention d'hommes habiles et prévoyans. Mais c'est la marque d'une époque bien corrompue. Nous lisons que Jules César employait de pareilles lettres. On dit que l'Empereur, se défiant de ses secrétaires, les fait écrire, dans les affaires les plus importantes, de deux manières qui se contredisent; et ils ne savent point auxquels des deux écrits il doit mettre son sceau. »

Banque. — « Un cardinal, évêque de Brixen, étant mort fort riche à Rome, on ne trouva point d'argent chez lui, mais seulement un petit billet dans sa manche. Le pape Jules II se douta bien que c'était une lettre de change; il envoya sur-le-champ chercher le facteur des Fugger, à Rome, et lui demanda s'il ne connaissait point cet écrit? Oui, répondit-il, c'est la reconnaissance de ce que Fugger et compagnie doivent au cardinal; cela fait trois cent mille florins. Le pape demanda s'il pouvait lui payer tout cet argent. A toute heure, répondit l'autre. Le pape fit venir ensuite les cardinaux de France et d'Angleterre, et leur demanda si leurs rois pourraient trouver en une heure trois tonnes d'or? Ils répondirent que non. Eh bien! dit-il, un bourgeois d'Augsbourg peut le faire.

» Fugger devant un jour donner au conseil d'Augsbourg l'estimation de ses biens, il répondit qu'il ne savait pas ce qu'il avait, car son argent était dans tout le monde, en Turquie, en Grèce, à Alexandrie, en France, en Portugal, en Angleterre, en Pologne, etc., mais qu'il pouvait bien donner l'estimation de ce qu'il avait à Augsbourg. »

CHAPITRE V.

De la prédication. — Style de Luther. — Il avoue la violence de son caractère.

« Oh combien je tremblais lorsque, pour la première fois, il me fallût monter en chaire! mais on me forçait de prêcher. Il fallait d'abord prêcher les frères... »

« J'ai bien, sous ce même poirier où nous sommes, opposé au docteur Staupitz quinze argumens contre ma vocation à la prédication. Je lui dis enfin : « Seigneur docteur Staupitz, vous voulez me tuer ; je ne vivrai pas trois mois. » Il me répondit : « Eh bien ! notre Seigneur a de grandes affaires ; on a besoin de gens habiles là-haut. »

» Je n'apporte guère de zèle et d'ardeur à la distribution de mes œuvres en tomes ; j'ai une faim de Saturne, je les voudrais tous dévorer. Car il n'y a pas un de mes livres dont je sois satisfait, si ce n'est peut-être le *Traité du serf arbitre* et le *Catéchisme.* » (9 juillet 1537.)

« Je n'aime pas que Philippe assiste à mes leçons ou prédications, mais je mets la croix devant moi, et je me dis : Philippe, Jonas, Pomer, tous les autres, ne font rien à la chose; et je m'imagine alors qu'il ne s'est assis dans la chaire personne de plus habile que moi. »

Le docteur Jonas lui disait : « Seigneur docteur, je ne puis du tout vous suivre dans la prédication. » — Le docteur Luther répondit : « Je ne le puis moi-même, car souvent c'est ma propre personne ou quelque chose de particulier qui me donne l'occasion d'un sermon, selon le temps, les circonstances, les auditeurs. Si j'étais plus jeune, je voudrais retrancher beaucoup dans mes prédications, car j'y ai mis trop de paroles. »

« Je veux que l'on enseigne bien au peuple le Catéchisme ; je me fonde sur lui dans tous mes sermons, et je prêche aussi simplement que possible. Je veux que les hommes du commun, les enfans, les domestiques, me comprennent. Ce n'est point pour les savans que l'on monte en chaire; ils ont les livres. »

Le docteur Erasmus Alberus, prêt à partir pour la Marche, demandait au docteur Luther comment il fallait prêcher devant le prince. « Tes prédications, dit-il, doivent s'adresser, non aux princes, mais au simple et grossier peuple. Si, dans les miennes, je songeais à Mélanchton et aux autres docteurs, je ne ferais rien de bon; mais je prêche tout simplement pour les ignorans, et cela plaît à tous. Si je sais du grec, de l'hébreu, du latin, je le réserve pour nos réunions de savans. Alors nous en disons de si subtiles que Dieu même en est étonné. »

« Albert Dürer, le fameux peintre de Nuremberg, avait coutume de dire qu'il ne prenait aucun plaisir aux peintures chargées de couleurs, mais à celles qui étaient faites avec le plus de simplicité. J'en dis autant des prédications. »

« Oh que j'eusse été heureux, lorsque j'étais au cloître d'Erfurt, si j'avais pu une fois, une seule fois, entendre prêcher un pauvre petit mot sur l'Évangile ou sur le moindre des psaumes! »

« Rien n'est plus agréable et plus utile au commun des auditeurs, que de prêcher la loi et les exemples. Les prédications sur la Grâce et sur l'article de la justification sont froides pour leurs oreilles. »

Parmi les qualités que Luther exige d'un prédicateur, il veut qu'il soit beau de sa personne, et tel que les bonnes femmes et les petites filles puissent l'aimer.

Dans le *Traité sur les vœux monastiques*, Luther demande pardon au lecteur de dire bien des choses qu'on a coutume de taire. — « Pourquoi n'oser dire ce que le Saint-Esprit, pour instruire les hommes, a dicté à Moïse? Mais nous voulons que nos oreilles soient plus pures que la bouche du Saint-Esprit. »

A J. Brentius. « Je ne veux point te flatter, je ne te trompe pas, je ne me trompe pas moi-même, quand je dis que je préfère tes écrits aux miens. Ce n'est point Brentius que je loue, mais l'Esprit saint, qui en toi est plus doux, plus tranquille; tes paroles coulent plus pures, plus limpides. Mon style, à moi, inhabile et inculte, vomit un déluge, un chaos de paroles; turbulent et impétueux comme un lutteur toujours aux prises avec mille monstres qui se succèdent; et si j'ose comparer de petites choses aux grandes, il me semble qu'il m'a été donné quelque chose de ce quadruple esprit d'Élie, rapide comme le vent, dévorant comme le feu, qui renverse les montagnes et brise les pierres; à toi, au contraire, le doux murmure de la brise légère et rafraîchissante. Une chose me console, c'est que le divin père de famille a besoin, dans cette famille immense, de l'un et de l'autre serviteur, du dur contre les durs, de l'âpre contre les âpres, comme d'un mauvais coin contre de mauvais nœuds. Pour purger l'air et rendre la terre plus fertile, ce n'est point assez de la pluie qui arrose et pénètre, il faut encore les éclats de la foudre. » (20 août 1530.)

Je suis loin de me croire sans défaut; mais je puis au moins me glorifier avec saint Paul, de ne pouvoir être accusé d'hypocrisie et d'avoir toujours dit la vérité, peut-être, il est vrai, un peu trop rudement. Mais j'aime mieux pécher par la dureté de mes paroles, en jetant la vérité dans le monde, que de la retenir honteusement captive. Si les grands seigneurs s'en trouvent blessés, qu'ils se mêlent de leurs affaires sans plus se soucier des miennes et de nos doctrines. Est-ce que je leur ai fait quelque tort, quelque injustice? Si je pèche, ce sera à Dieu de me pardonner. (5 février 1522.)

A Spalatin. « Je ne puis nier que je ne sois plus violent qu'il ne faudrait; mais ils le savaient, c'était à eux de ne pas irriter le dogue. Tu peux savoir par toi-même combien c'est une chose difficile que de modérer son feu et de contenir sa plume. Et voilà pourquoi j'ai toujours haï de paraître en public; mais plus je le hais, plus j'y suis forcé malgré moi. » (février 1520.)

Le docteur Luther disait souvent : « J'ai trois mauvais chiens, *ingratitudinem, superbiam et invidiam* (l'ingratitude, l'orgueil et l'envie). Celui qu'ils mordent est bien mordu. »

« Si je meurs, les papistes verront quel adversaire ils ont eu en moi. D'autres prédicateurs n'auront pas la même mesure, la même modération. On l'a déjà éprouvé avec Munzer, avec Carlostad, Zwingli et les anabaptistes. »

« Dans la colère mon tempérament se retrempe, mon esprit s'aiguise, et toutes les tentations, tous les ennuis se dissipent. Je n'écris et ne parle jamais mieux qu'en colère. »

A Michel Marx. « Tu ne saurais croire combien j'aime à voir mes adversaires s'élever chaque jour davantage contre moi. Je ne suis jamais plus superbe et plus audacieux que lorsque j'apprends que je leur déplais. Docteurs, évêques, princes, que m'importe? Il est écrit : *Tremuerunt gentes et populi meditati sunt inania. Adstiterunt reges terræ, et principes convenerunt in unum adversùs Deum et adversùs Christum ejus...*

» J'ai un tel dédain pour ces satans, que si je n'étais retenu ici, j'irais tout droit à Rome, en haine du diable et de toutes ces furies. »

« Il faut que j'aie de la patience avec le pape, avec mes disciples, avec mes domestiques, avec Catherine de Bora, avec tout le monde, et ma vie n'est autre chose que de la patience. »

LIVRE V.

CHAPITRE PREMIER.

Mort du père de Luther, de sa fille, etc.

« Il n'est pas d'alliance ni de société plus belle, plus douce et plus heureuse, qu'un bon mariage. C'est une joie de voir deux époux vivre unis et en paix. Mais aussi, rien n'est plus amer et plus douloureux que quand ce lien se déchire. Après cela vient la mort des enfans. Cette dernière douleur je la connais, hélas! »

— « Je suis triste en t'écrivant, car j'ai reçu la nouvelle de la mort de mon père, ce vieux Luther, si bon et si aimé. Et bien que par moi il ait eu un si facile et si pieux passage en Christ, et que, délivré des monstres d'ici-bas, il repose dans la paix éternelle, cependant mes entrailles se sont émues, car c'est par lui que Dieu m'a fait naître et m'a élevé. » —Dans une lettre du même jour à Mélanchton : « ... Je succède à son nom ; voici maintenant que je suis pour ma famille le vieux Luther. C'est mon tour, c'est mon droit de le suivre par la mort dans ce royaume que Christ nous a promis à nous tous qui, à cause de lui, sommes les plus misérables des hommes, et l'opprobre du monde... Je me réjouis cependant qu'il ait vécu dans ce temps, et qu'il ait pu voir la lumière de la vérité. Dieu soit béni dans tous ses actes, dans tous ses desseins ! » (5 juin 1530.)

« La nouvelle étant venue de Freyberg que maître Hausman était mort, nous la cachâmes au docteur Luther, et lui dîmes d'abord qu'il était malade, puis qu'il était au lit, puis qu'il s'était bien doucement endormi dans le Christ. Le docteur se mit à pleurer bien fort, et dit : « Voici des temps bien périlleux ; Dieu balaie son aire et sa grange. Je le prie de ne pas laisser vivre longtemps après ma mort ma femme et mes enfans. »

Il resta assis tout le jour; il pleurait et s'affligeait. Il était avec le docteur Jonas, maître Philippe (Mélanchton), maître Joachim Camerarius, et Gaspard de Keckeritz, et, au milieu d'eux, il était assis, tout affligé et en larmes. » (1538.)

« Lorsqu'il perdit sa fille Magdalena, âgée de quatorze ans, la femme du docteur pleurait et se lamentait. Il lui dit : « Chère Catherine, songe pourtant où elle est allée. Elle a certes fait un heureux voyage. La chair saigne, sans doute, c'est sa nature; mais l'esprit vit et se trouve selon ses souhaits. Les enfans ne disputent point; comme on leur dit, ils croient. Chez les enfans tout est simple. Ils meurent sans chagrin ni angoisses, sans disputes, sans tentations de la mort, sans douleur corporelle, tout comme s'ils s'endormaient. »

» Comme sa fille était fort malade, il disait : « Je l'aime bien! Mais, ô mon Dieu! si c'est ta volonté de la prendre d'ici, je veux la savoir sans regret auprès de toi. » Et comme elle était au lit, il lui disait : « Ma chère petite fille, ma petite Madeleine, tu resterais volontiers ici auprès de ton père, et tu irais pourtant volontiers aussi à ton autre père. » Elle répondit : « Oui, mon cher père, comme Dieu voudra. » « Chère petite fille! ajouta-t-il, l'esprit veut; mais la chair est faible. » Il se promena en long et en large et dit : « Oui, je l'ai aimée bien fort. Si la chair est si forte, que sera-ce donc de l'esprit. »

» Il disait entre autres choses : « Dieu n'a pas donné depuis mille ans à aucun évêque d'aussi grands dons qu'à moi ; car on doit se glorifier des dons de Dieu. Eh ! bien, je suis en colère contre moi-même de ce que je ne puis m'en réjouir de cœur, ni rendre grâce ; je chante bien de temps en temps à notre Seigneur un petit cantique, et le remercie un peu.

» Eh bien ! que nous vivions ou que nous mourions, *Domini sumus* au génitif ou au nominatif. Allons, seigneur docteur, tenez ferme. »

» La nuit qui précéda la mort de Magdalena, la femme du docteur avait eu un songe ; il lui semblait voir deux beaux jeunes garçons bien parés, qui voulaient prendre sa fille et la mener à la noce. Lorsque Philippe Mélanchton vint le matin dans le cloître, et demanda à la dame : « Que faites-vous de votre fille ? » elle lui raconta son rêve. Il en fut bien effrayé, et dit aux autres : « Les jeunes garçons sont les saints anges qui vont venir pour mener la vierge à la véritable noce du royaume céleste. » Et en effet le même jour elle mourut.

» Lorsque la petite Magdalena était à l'agonie et allait mourir, le père tomba à genoux devant son lit, pleura amèrement, et pria Dieu qu'il voulût bien la sauver. Elle expira et s'endormit dans les bras de son père. La mère était bien dans la même chambre, mais plus loin du lit, à cause de son affliction. Le docteur répétait souvent : « Que la volonté de Dieu soit faite! ma fille a encore un père dans le ciel. » Alors maître Philippe se mit à dire : « L'amour des parens est une image de la divinité imprimée au cœur des hommes. Dieu n'aime pas moins le genre humain que les parens leurs enfans. » Lorsqu'on la mit dans la bière, le père dit : « Pauvre chère petite Madeleine, te voilà bien maintenant? » Il la regarda ainsi étendue, et dit : « O cher enfant, tu ressusciteras, tu brilleras comme une étoile! Oui, comme le soleil!... Je suis joyeux en esprit, mais dans la chair je suis bien triste. C'est une chose merveilleuse de savoir qu'elle est certainement en paix, qu'elle est bien, et cependant d'être si triste. »

» Et lorsque le peuple vint pour aider à emporter le corps, et que, selon le commun usage, ils lui disaient qu'ils prenaient part à son malheur, il leur dit : « Ne vous chagrinez pas, j'ai envoyé une sainte au ciel. Oh! puissions-nous avoir une telle mort! Une telle mort, je l'accepterais sur l'heure! » — Lorsque l'on chanta : Seigneur, qu'il ne vous souvienne pas de nos anciens péchés! il ajouta : « Non-seulement des anciens, mais de ceux d'aujourd'hui. Car nous sommes avides, usuriers, etc.; le scandale de la messe existe encore dans le monde! »

» Au retour, il disait entre autres choses : « On doit s'inquiéter du sort de ses enfans, et surtout des pauvres filles. Je ne plains pas les garçons ; un garçon vit partout pourvu qu'il sache travailler. Mais le pauvre petit peuple des filles doit chercher sa vie un bâton à la main. Un garçon peut aller aux écoles, et devenir un habile garçon (ein feiner man). Une petite fille ne peut en faire autant. Elle tourne facilement au scandale et devient grosse. Aussi je donne bien volontiers celle-ci à notre Seigneur. »

A Jonas. « La renommée t'aura, je pense, informé de la renaissance de ma fille Madeleine au royaume du Christ; et bien que moi et ma femme nous dussions ne songer qu'à rendre de joyeuses actions de grâces pour un si heureux passage et une fin si désirable, par où elle a échappé à la puissance de la chair, du monde, du Turc et du Diable, cependant la force τῆς στοργῆς est si grande que je ne puis le supporter sans sanglots, sans gémissement, disons mieux, sans une véritable mort du cœur. Dans le plus profond de mon cœur sont encore gravés ses traits, ses paroles, ses gestes, pendant sa vie et sur son lit de mort; mon obéissante et respectueuse fille! La mort même du Christ (et que sont toutes les morts en comparaison?) ne peut me l'arracher de la pensée, comme elle le devrait.... Elle était, comme tu sais, douce de caractère, aimable et pleine de tendresse. » (23 septembre 1542.)

CHAPITRE II.

De l'équité, de la Loi. — Opposition du théologien et du juriste.

« Il vaut mieux se gouverner *d'après la raison naturelle que d'après la loi écrite*, car la raison est l'âme et la reine de la loi. Mais où sont les gens qui ont une telle intelligence? on en peut à peine trouver un par siècle. Notre gracieux seigneur, l'électeur Frédéric, était un tel homme. Il y a eu encore son conseiller le seigneur Fabian de Feilitsch, un laïc, qui n'avait point étudié et qui répondait sur *apices et medullam juris* mieux que les juristes d'après leurs livres. — Maître Philippe Mélanchton enseigne les arts libéraux, de manière qu'il en tire moins de lumière qu'il ne leur en prête lui-même. Moi aussi, je porte mon art dans les livres, je ne l'en tire point. Celui qui voudrait imiter les quatre hommes dont je viens de parler, ferait aussi bien d'y renoncer; il faut plutôt qu'il apprenne et qu'il écoute. De tels prodiges sont rares. La loi écrite est pour le peuple et l'homme du commun. La raison naturelle et la haute intelligence sont pour les hommes dont j'ai parlé. »

« Il y a un éternel combat entre les juristes et les théologiens; c'est la même opposition qu'entre la loi et la grace. »

« Le droit est une belle fiancée, pourvu qu'elle reste dans son lit nuptial. Si elle monte dans un autre lit et veut gouverner la théologie, c'est une grande p...... Le droit doit ôter sa barette devant la théologie. »

A Mélanchton. « Je pense comme autrefois sur le droit du glaive; je pense avec toi que l'Évangile n'a rien enseigné ni conseillé sur ce droit, et que cela ne devait être en aucune façon, parce que l'Évangile est la loi des volontés et des libertés, qui n'ont rien à faire avec le glaive ou le droit du glaive. Mais ce droit n'y est pas aboli, il y est même confirmé et recommandé; ce qui n'a lieu pour aucune des choses simplement permises. »

« Avant moi, il n'y a aucun juriste qui ait su ce

qu'est le droit, relativement à Dieu. Ce qu'ils ont, ils l'ont de moi. Il n'est point mis dans l'Évangile que l'on doive adorer les juristes. Si notre Seigneur Dieu veut juger, que lui importent les juristes? Pour ce qui regarde le monde, je les laisse maîtres. Mais dans les choses de Dieu ils doivent être sous moi. Mon psaume à moi, c'est celui-ci : *Rois soyez châtiés*, etc. S'il faut qu'un des deux périsse, périsse le droit, règne le Christ!

» *Principes convenerunt in unum.* David le dit lui-même, *contre son fils se dresseront la puissance, la sagesse, la multitude du monde, et il doit être seul contre beaucoup, insensé contre les sages, impuissant contre les puissans.* Certes, c'est là une merveilleuse conduite des choses. Notre Seigneur Dieu ne manque de rien que de gens sages, mais derrière sonne le terrible *Et nunc, reges, intelligite; erudimini qui judicatis terram* (Comprenez maintenant, ô rois; instruisez-vous, juges de la terre).

» Si les juristes ne prient point pour le pardon de leurs péchés et n'acceptent point l'Évangile, je veux les confondre, de sorte qu'ils ne sachent plus comment se tirer d'affaire. Je n'entends rien au droit, mais je suis seigneur du droit dans les choses qui touchent la conscience.

» Nous sommes redevables aux juristes d'avoir

enseigné et d'enseigner au monde tant d'équivoques, de chicanes, de calomnies, que le langage est devenu plus confus que dans une Babel. Ici, nul ne peut comprendre l'autre, là, nul ne veut comprendre. O sycophantes, ô sophistes, pestes du genre humain. Je t'écris tout en colère, et je ne sais si, de sang-froid, j'enseignerais mieux. » (6 février 1546.)

La veille d'un jour où on allait faire un docteur en droit, Luther disait : « Demain on fera une nouvelle vipère contre les théologiens. »

« On a raison de dire : *un bon juriste est un mauvais chrétien*. En effet, le juriste estime et vante la justice des œuvres, comme si c'était par là qu'on est juste devant Dieu. S'il devient chrétien, il est considéré parmi les juristes comme un animal monstrueux, il faut qu'il mendie son pain, les autres le regardent comme séditieux.

» Qu'on frappe la conscience des juristes, ils ne savent ce qu'ils doivent faire. Münzer les attaquait avec l'épée ; c'était un fou.

» Si j'étudiais seulement deux ans en droit, je voudrais devenir plus savant que le docteur C. ; car je parlerais des choses, selon qu'elle sont véritablement justes ou injustes. Mais lui, il chicane sur les mots.

» La doctrine des juristes n'est rien qu'un *nisi*,

un *excepté*. La théologie ne procède pas ainsi, elle a un ferme fondement.

» L'autorité des théologiens consiste en ce qu'ils peuvent obscurcir les universaux, et tout ce qui s'y rapporte. Ils peuvent élever et abaisser. Si la Parole se fait entendre, Moïse et l'Empereur doivent céder.

» Le droit et les lois des Perses et des Grecs sont tombés en désuétude et abolis. Le droit romain ou impérial ne tient plus qu'à un fil. Car si un empire ou un royaume tombe, ses lois et ordonnances doivent tomber aussi.

» Je laisse le cordonnier, le tailleur, le juriste pour ce qu'ils sont. Mais qu'ils n'attaquent point ma chaire!...

» Beaucoup de gens croient que la théologie qui est révélée aujourd'hui, n'est rien. Si cela a lieu de notre vivant, que sera-ce après notre mort? En récompense beaucoup d'entre nous sont gros de cette pensée dont ils accoucheront plus tard, que le droit n'est rien.

Sermon contre les juristes, prêché le jour des Rois. « Voilà comme agissent nos fiers juristes et chevaliers ès-lois de Wittemberg... Ils ne lisent point nos livres, les appellent catoniques (pour canoniques), ne s'inquiètent pas de notre Seigneur, et ne visitent point nos églises. Eh bien! puisqu'ils ne reconnaissent point le docteur Pomer pour évêque de Wittemberg, ni moi pour prédicateur de cette église, je ne les compte plus dans mon troupeau.

» Mais, disent-ils, vous allez contre le droit impérial. J'emm...e ce droit qui fait tort au pauvre homme. »

Suit un dialogue du juriste avec le plaideur à qui il promet pour dix thalers de faire traîner une affaire dix ans... « Bonnes et pieuses gens comme Reinicke Fuchs, dans le poème du Renard... »

« Bon peuple, veuillez agréer les motifs pour lesquels je veux être impitoyable envers les juristes... Ils vantent le droit canonique, la m...e du pape, et le représentent comme une chose magnifique, lorsque nous l'avons, avec tant de peine, repoussé et chassé de nos églises... Je te le conseille, juriste, laisse dormir le vieux dogue. Une fois éveillé, tu ne le ramènerais pas aisément à la loge.

» Les juristes se plaignent fort, et m'en veulent. Qu'y puis-je faire? Si je ne devais pas rendre compte de leurs ames, je ne les châtierais point. » Il déclare pourtant ensuite qu'il n'a point parlé des juristes pieux.

CHAPITRE III.

La Foi, la Loi.

A Gerbellius: « Dans cette cohue de scandales, ne te démens pas toi-même. Je te la rends pour te soutenir, l'épouse (la foi) que tu m'as montrée jadis ; je te la rends vierge et sans tache. Mais ce qu'il y a en elle d'admirable et d'inoui, c'est qu'elle désire et attire une infinité de rivaux, et qu'elle est d'autant plus chaste qu'elle est l'épouse d'un plus grand nombre. . . . . .
. . . .

» Notre rival, Philippe Mélanchton, te salue. Adieu, sois heureux avec la fiancée de ta jeunesse. » (23 janvier 1523).

A Mélanchton. « Sois pécheur, et pèche fortement, mais aie encore plus forte confiance, et réjouis-toi en Christ, qui est le vainqueur du péché, de la mort et du monde. Il faut pécher, tant que nous sommes ici. Cette vie n'est point le séjour de la justice; non, nous attendons, comme dit Pierre, les cieux nouveaux et la terre nouvelle où la justice habite..... »

« Prie grandement; car tu es un grand pécheur. »

« Je suis maintenant tout-à-fait dans la doctrine de la rémission des péchés. Je n'accorde rien à la Loi ni à tous les Diables. Celui qui peut croire en son cœur à la rémission des péchés, celui-là est sauvé. »

« De même qu'il est impossible de rencontrer dans la nature le point *mathématique, indivisible*, de même l'on ne trouve nulle part la justice telle que la Loi la demande. Personne ne peut satisfaire à la Loi entièrement, et les juristes eux-mêmes, malgré tout leur art, sont bien souvent obligés de recourir à la rémission des péchés, car ils n'atteignent pas toujours le but, et quand ils ont rendu un faux jugement, et que le Diable leur tourmente la conscience, ni Barthole, ni Baldus, ni tous leurs autres docteurs ne leur servent de rien. Pour résister, ils sont forcés de se couvrir de l'ἐπιείκεια, c'est-à-dire de la rémission des péchés. Ils font leur possible pour bien juger, et après cela il ne leur reste plus qu'à dire : « Si j'ai mal jugé, ô mon Dieu, pardonne-le-moi. » — C'est la théologie seule qui possède le point mathématique, elle ne tâtonne pas, elle a le Verbe même de Dieu. Elle dit : « Il n'est qu'une justice, Jésus-Christ. Qui vit en lui, celui-là est juste. »

» La Loi sans doute est nécessaire, mais non pour la béatitude, car personne ne peut l'accomplir ; mais le pardon des péchés la consomme et l'accomplit.

» La Loi est un vrai labyrinthe qui ne peut que brouiller les consciences, et la justice de la Loi est un minotaure, c'est-à-dire une pure fiction qui ne nous conduit point à la béatitude, mais nous attire en enfer. »

Addition de Luther à une lettre de Mélanchton sur la Grâce et la Loi... — « Pour me délivrer entièrement de la vue de la loi et des œuvres, je ne me contente pas même de voir en Jésus-Christ mon maître, mon docteur et mon donateur, je veux qu'il soit lui-même ma doctrine et mon don, de telle sorte, qu'en lui je possède toute chose. Il dit : « Je suis le chemin, la vérité et la vie, » non pas : « Je te montre ou je te donne le chemin, la vérité et la vie, » comme s'il opérait seulement ceci en moi, et que lui-même il fût néanmoins en dehors de moi... » —

« Il n'est qu'un seul point dans toute la théologie : vraie foi et confiance en Jésus-Christ. Cet article contient tous les autres. — « Notre foi est un soupir inexprimable. » Et ailleurs : « Nous sommes nos propres geôliers. (C'est-à-dire que nous nous enfermons dans nos œuvres, au lieu de nous élancer dans la foi.)

» Le diable veut seulement une justice *active*, une justice que nous fassions nous-mêmes en nous, tandis que nous n'en avons qu'une *passive* et étrangère qu'il ne veut point nous laisser. Si nous étions bornés à l'*active*, nous serions perdus, car elle est défectueuse dans tous les hommes. »

Un docteur anglais, Antonius Barns, demandait au docteur Luther si les chrétiens, justifiés par la foi en Christ, méritaient quelque chose pour les œuvres qui venaient ensuite. Car cette question était souvent agitée en Angleterre. Réponse : 1° Nous sommes encore pécheurs après la justification ; 2° Dieu promet récompense à ceux qui font bien. Les œuvres ne méritent point le ciel, mais elles ornent la foi qui nous justifie. Dieu ne couronne que les dons mêmes qu'il nous a faits.

Fidelis animæ vox ad Christum. *Ego sum tuum peccatum, tu mea justitia; triumpho igitur securus*, etc.

« Pour résister au désespoir, il ne suffit pas d'avoir de vains mots sur la langue, ni une vaine et faible opinion ; mais il faut qu'on relève la tête, que l'on prenne une âme ferme et que l'on se confie en Christ contre le péché, la mort, l'enfer, la Loi et la mauvaise conscience. »

« Quand la Loi t'accuse et te reproche tes fautes, ta conscience te dit : Oui, Dieu a donné la Loi et commandé de l'observer sous peine de damnation éternelle ; il faut donc que tu sois damné. A cela tu répondras : Je sais bien que Dieu a donné la Loi, mais il a aussi donné par son fils l'Évangile qui dit : Celui qui aura reçu le baptême et qui croira, sera sauvé. Cet Évangile est plus grand que toute la Loi, car la Loi est terrestre et nous a été transmise par un homme ; l'Évangile est céleste et nous a été apporté par le Fils de Dieu. — N'importe, dit la conscience, tu as péché et transgressé le commandement de Dieu ; donc tu seras damné. — *Réponse :* Je sais fort bien que j'ai péché, mais l'Évangile m'affranchit de mes péchés, parce que je crois en Jésus, et cet Évangile est élevé au-dessus de la Loi autant que le ciel l'est au-dessus de la terre. C'est pourquoi le corps doit rester sur la terre et porter le fardeau de la Loi, mais la conscience monter, avec Isaac, sur la montagne, et s'attacher à l'Évangile, qui promet la vie éternelle à ceux qui croient en Jésus-Christ. — N'importe, dit encore la conscience, tu iras en enfer; tu n'as pas observé la Loi. — *Réponse* : Oui, si le ciel ne venait à mon secours; mais il est venu à mon secours, il s'est ouvert pour moi; le Seigneur a dit : Celui qui sera baptisé et qui croira, sera sauvé. »

« Dieu dit à Moïse : Tu verras mon dos, mais non point mon visage. Le dos c'est la Loi, le visage c'est l'Évangile. »

« La Loi ne souffre pas la Grâce, et à son tour la Grâce ne souffre pas la Loi. La Loi est donnée seulement aux orgueilleux, aux arrogans, à la noblesse, aux paysans, aux hypocrites et à ceux qui ont mis leur amour et leur plaisir dans la multitude des lois. Mais la Grâce est promise aux pauvres cœurs souffrans, aux humbles, aux affligés; c'est eux que regarde le pardon des péchés. A la Grâce appartiennent maître Nicolas Hausmann, Cordatus, Philippe (Mélanchton) et moi. »

« Il n'y a point d'auteur, excepté saint Paul, qui ait écrit d'une manière complète et parfaite sur la Loi, car c'est la mort de toute raison de juger la Loi : l'esprit en est le seul juge. » (15 août 1530.)

« La bonne et véritable théologie consiste dans la pratique, l'usage et l'exercice. Sa base et son fondement, c'est le Christ, dont on comprend avec la foi, la passion, la mort et la résurrection. Ils se font aujourd'hui, pour eux, une *théologie spéculative* d'après la raison. Cette *théologie spéculative* appartient au diable dans l'enfer. Ainsi Zwingle et les sacramentaires *spéculent* que le corps du Christ est dans le pain, mais seulement dans le sens spirituel. C'est aussi la théologie d'Origène. David n'agit pas ainsi, mais il reconnaît ses péchés et dit : *Miserere mei Domine!* »

« J'ai vu naguère deux signes au ciel. Je regardais par la fenêtre au milieu de la nuit, et je vis les étoiles et toute la voûte majestueuse de Dieu se soutenir sans que je pusse apercevoir les colonnes sur lesquelles le Maître avait appuyé cette voûte. Cependant elle ne s'écroulait pas. Il y en a maintenant qui cherchent ces colonnes et qui voudraient les toucher de leurs mains. Mais comme ils n'y peuvent arriver, ils tremblent, se lamentent, et craignent que le ciel ne tombe. Ils pourraient les toucher que le ciel n'en bougerait pas.

» Plus tard je vis de gros nuages, tout chargés, qui flottaient sur ma tête comme un océan. Je n'apercevais nul appui qui les pût soutenir. Néanmoins, ils ne tombaient pas, mais nous saluaient tristement et passaient. Et comme ils passaient, je distinguai dessous la courbe qui les avait soutenus, un délicieux arc-en-ciel. Mince il était sans doute, bien délicat, et l'on devait trembler pour lui en voyant la masse des nuages. Cependant cette ligne aérienne suffisait pour porter cette charge et nous protéger. Nous en voyons toutefois qui craignent le poids du nuage, et ne se fient pas au léger soutien ; ils voudraient bien en éprouver la force, et, ne le pouvant, ils craignent que les nuages ne fondent et ne nous abîment de leurs flots..... Notre arc-en-ciel est faible, leurs nuages sont lourds. Mais la fin jugera de la force de l'arc. *Sed in fine videbitur cujus toni.* » (août 1530.)

CHAPITRE IV.

Des novateurs : Mystiques, etc.

« Le comment nous réussit mal, c'est la cause de la ruine d'Adam.

» Je crains deux choses : l'épicuréisme et l'enthousiasme, deux sectes qui doivent régner encore.

» Otez le décalogue, il n'y a plus d'hérésie. L'Écriture sainte est le livre de tous les hérétiques. »

Luther nommait les esprits séditieux et présomptueux, « des saints précoces qui, avant la maturité, étaient piqués des vers et au moindre vent tombaient de l'arbre. Les rêveurs (schwermer) sont comme les papillons. D'abord c'est une chenille qui se pend à un mur, s'y fait une petite maison, éclot à la chaleur du soleil, et s'envole en papillon. Le papillon meurt sur un arbre et laisse une longue traînée d'œufs. »

Le docteur Martin Luther disait au sujet des faux frères et hérétiques qui se séparent de nous, qu'il fallait les laisser faire et ne pas s'en inquiéter; s'ils ne nous écoutent point, nous les enverrons avec tous leurs beaux semblans en enfer.

« Quand je commençai à écrire contre les indulgences, je fus pendant trois ans tout seul, et personne ne me tendait la main. Aujourd'hui ils veulent tous triompher. J'aurais bien assez de mal avec mes ennemis sans celui que me font mes bons petits frères. Mais qui peut résister à tous ? ce sont des jeunes gens tout frais, qui n'ont rien fait jusqu'ici; moi je suis vieux maintenant, et j'ai eu de grandes peines, de grands travaux. Osiander peut faire le fier; il a du bon temps; il a deux prédications à faire par semaine et quatre cents florins par an. »

« En 1521, il vint chez moi l'un de ceux de Zwickau, du nom de Marcus, assez affable dans ses manières, mais frivole dans ses opinions et dans sa vie. Il voulait conférer avec moi au sujet de sa doctrine. Comme il ne parlait que de choses étrangères à l'Écriture, je lui dis que je ne reconnaissais que la parole de Dieu, et que, s'il voulait établir autre chose, il devait au moins prouver sa mission par des miracles. Il me répondit : « Des miracles ? ah ! vous en verrez dans sept ans. Dieu même ne pourrait m'enlever ma foi. » Il dit aussi : « Je vois de suite si quelqu'un est élu ou non. » — Après qu'il m'eut beaucoup parlé du *talent* qu'il ne fallait pas enfouir, du *dégrossissement*, de l'*ennui*, de l'*attente*, je lui demandai qui comprenait cette langue. Il me répondit qu'il ne prêchait que devant les disciples croyans et habiles. Comment vois-tu qu'ils sont habiles? lui dis-je. — Je n'ai qu'à les regarder, répondit-il, pour voir leur *talent*. — Quel *talent*, mon ami, trouves-tu en moi par exemple? — Vous êtes encore au premier degré de la mobilité, me répondit-il, mais il viendra un temps où vous serez au premier de l'immobilité comme moi. — Sur ce, je lui citai plusieurs textes de l'Ecriture et nous nous séparâmes. Quelque temps après, il m'écrivit une lettre très amicale, pleine d'exhortations ; mais je lui répondis : Adieu, cher Marcus.

» Plus tard, il vint chez moi un tourneur qui se disait aussi prophète. Il me rencontra au moment où je sortais de ma maison, et me dit d'un ton hardi : « Monsieur le docteur, je vous apporte un message de mon Père. — Qui est donc ton père? lui dis-je. — Jésus-Christ, répondit-il. — C'est notre père commun, lui dis-je; que t'a-t-il ordonné de m'annoncer? — Je dois vous annoncer, de la part de mon père, que Dieu est irrité contre le monde. — Qui te l'a dit? — Hier, en sortant par la porte de Koswick, j'ai vu dans l'air un petit nuage de feu; cela prouve évidemment que Dieu est irrité. » Il me parla encore d'un autre signe. « Au milieu d'un sommeil profond, dit-il, j'ai vu des ivrognes assis à table, qui disaient : Buvons, buvons; et la main de Dieu était au-dessus d'eux. Soudain l'un d'eux me versa de la bière sur la tête et je m'éveillai. » — Écoute, mon ami, lui dis-je alors, ne plaisante pas ainsi avec le nom et les ordres de Dieu; et je le réprimandai vivement. Quand il vit dans quelles dispositions j'étais à son égard, il s'en alla tout en colère et murmurant : « Sans doute quiconque ne pense pas comme Luther est un fou. »

» Une autre fois encore, j'eus affaire à un homme des Pays-Bas. Il voulait disputer avec moi *jusqu'au feu inclusivement*, disait-il. Quand je vis son ignorance, je lui dis : « Ne vaudrait-il pas mieux que nous disputassions sur quelques canettes de bière? » Ce mot le fâcha, et il s'en alla. Le diable est un esprit orgueilleux; il ne saurait souffrir qu'on le méprise. »

Maître Stiefel vint à Wittemberg, parla secrètement avec le docteur Luther, et lui montra son opinion en vingt articles, sur le jugement dernier. Il pensait que le jugement aurait lieu le jour de saint Luc. On lui dit de se tenir tranquille et de n'en point parler; ce qui le chagrina fort. « Cher seigneur docteur, dit-il, je m'étonne que vous me défendiez de prêcher ceci, et que vous ne vouliez pas me croire. Il est cependant sûr que je dois en parler, quoique je ne le fasse point volontiers. » Le docteur Luther lui répliqua: « Cher maître, vous avez bien pu vous taire dix ans sur ce sujet, pendant le règne de la papauté; tenez-vous encore tranquille pour le peu de temps qui reste. — Mais ce matin même, comme je me mettais en marche de bonne heure, j'ai vu un arc-en-ciel très beau, et j'ai pensé à la venue du Christ. — Non, il n'y aura point alors d'arc-en-ciel; d'un même coup le feu du tonnerre consumera toute créature. Un fort et puissant son de trompette nous réveillera tous. Ce n'est pas avec le son du chalumeau que l'on se fera entendre sur-le-champ à ceux qui sont dans la tombe. » (1533.)

« Michel Stiefel croit être le septième ange qui annonce le dernier jour; il donne ses livres et ses meubles, comme s'il n'en avait plus besoin.

» Bileas est certainement damné, quoiqu'il ait eu de bien grandes révélations, pas moindres que celles de Daniel ; car il embrasse aussi les quatre empires. C'est un terrible exemple pour les orgueilleux. Oh ! humilions-nous. »

» Le docteur Jeckel est un compagnon de l'espèce de Eisleben (Agricola). Il faisait la cour à ma nièce Anna; mais je lui dis : « Cela ne doit point se faire, dans toute l'éternité ! » Et à la petite fille : « Si tu veux l'avoir, ôte-toi pour toujours de devant mes yeux; je ne veux plus te voir ni t'entendre. »

Le duc Henri de Saxe étant venu à Wittemberg, le docteur Martin Luther lui parla deux fois contre le docteur Jeckel, et exhorta le prince à songer aux maux de l'Église. Jeckel avait prêché la doctrine suivante : « Fais ce que tu veux, crois seulement, tu seras sauvé. — Il faudrait dire : Quand tu seras *rené*, et devenu un nouvel homme, fais alors ce qui se présente à toi. Les sots ne savent point ce que c'est que la foi... » Un pasteur de Torgau vint se plaindre au docteur Luther de l'insolence et de l'hypocrisie du docteur Jeckel, qui, par ses ruses, avait attiré à lui tous ceux de la noblesse, du conseil, et le prince même. Le docteur l'ayant entendu, frémit, soupira, se tut, et se mit en prière ; et le même jour, il ordonna qu'on exigeât d'Eisleben (Agricola), qu'il fît une rétractation publique, ou qu'il fût publiquement confondu.

« Le docteur Luther faisant reproche à Jeckel de ce qu'ayant si peu d'expérience, étant si peu exercé dans la dialectique et la rhétorique, il osait entreprendre de telles choses contre ses maîtres et précepteurs, il répondit : « Je dois craindre Dieu plus que mes précepteurs ; j'ai un Dieu aussi bien que vous... » Le docteur Jeckel se mit ensuite à table pour souper ; il avait l'air sombre ; et le docteur Luther se curait les dents, ainsi que les convives venus de Freyberg. Alors Luther se mit à dire : « Si j'avais rendu la cour aussi pieuse que vous le monde, j'aurais bien travaillé, etc. » Et Jeckel se tenait toujours avec un air sombre, les yeux baissés, montrant, par cette contenance, ce qu'il avait en esprit. Enfin Luther se leva, et voulut sortir ; Jeckel aurait encore bien voulu s'expliquer et discuter avec lui ; mais le docteur ne voulut plus lui parler. »

Des Antinomiens, et particulièrement d'Eisleben (Agricola). — « Ah ! combien cela fait mal, quand on perd un bon ami qu'on aimait beaucoup ! J'ai eu cet homme-là à ma table ; il a été mon bon compagnon, il riait avec moi, il était gai... et voilà qu'il se met contre moi !... Cela n'est point à souffrir. Rejeter la loi sans laquelle il n'y a ni église, ni gouvernement, cela ne s'appelle pas percer le tonneau, mais le défoncer....

C'est le moment de combattre... Puis-je le voir s'enorgueillir pendant ma vie, et vouloir gouverner?... Il ne suffit pas qu'il dise, pour s'excuser, qu'il n'a parlé que du docteur Creuziger et de maître Roerer. Le Catéchisme, l'Explication du décalogue et la Confession d'Augsbourg, sont miens, et non point à Creuziger ou à Roerer... Il veut enseigner la pénitence par l'amour de la justice. Ainsi, il ne prêche qu'aux hommes justes et pieux la révélation du courroux divin. Il ne prêche pas pour les impies. Cependant saint Paul dit : *La Loi est donnée aux injustes.* En somme, en ôtant la Loi, il ôte aussi l'Évangile; il tire notre croyance du ferme appui de la conscience, pour la soumettre aux caprices de la chair.

» Qui aurait pensé à la secte des antinomiens?... J'ai surmonté trois cruels orages : Münzer, les sacramentaires et les anabaptistes. Il faudra donc écrire sans fin! Je ne désire pas vivre long-temps, car il n'y a plus de paix à espérer. » (1538.)

Le docteur Luther ordonna à maître Ambroise Bernd d'apprendre aux professeurs de l'université à ne point être factieux, à ne point préparer de schisme, et il défendit que maître Eisleben fût élu doyen... « Dites cela à vos facultistes, et s'ils n'en font rien, je prêcherai contre eux. » (1539.)

Le dernier jour de novembre, Luther était en joie et en gaîté avec ses cousins, son frère, sa sœur, et quelques bons amis de Mansfeld. On fit mention de maître Grickel, et ils le priaient pour lui. Le docteur répondit : « J'ai tenu cet homme-là pour mon plus fidèle ami ; mais il m'a trompé par ses ruses, j'écrirai bientôt contre lui; qu'il y prenne garde ; il n'y a en lui aucune pénitence. » (1538.)

« J'ai eu tant de confiance en cet homme-là (Eisleben), que, lorsque j'allai à Smalkalde, en 1537, je lui recommandai ma chaire, mon Église, ma femme, mes enfans, ma maison, tout ce que j'avais de secret. »

Le dernier jour de janvier, 1539, au soir, le docteur Luther lut les propositions qu'Eisleben allait soutenir contre lui ; il y avait mis je ne sais quelles absurdités de Saül et de Jonathas (J'ai mangé un peu de miel et c'est pour cela que je meurs). « Jonathas, dit Luther, c'est maître Eisleben qui mange le miel et prêche l'Évangile ; Saül, c'est Luther... Ah ! Eisleben, es-tu donc un tel... Oh ! Dieu te pardonne ton amertume ! »

« Si la Loi est ainsi renvoyée de l'Église au conseil, à l'autorité civile, celle-ci dira à son tour : Nous sommes aussi de fidèles chrétiens, la Loi ne nous regarde point. Le bourreau finira par en dire autant. Il n'y aura plus que grâce, douceur, et bientôt caprices effrénés et scélératesse. Ainsi commença Münzer. »

En 1540, Luther donna un repas auquel assistèrent les principaux membres de l'Université. Vers la fin du repas, quand tout le monde fut en belle humeur, un verre à cercles de couleurs fut apporté. Luther y versa du vin et le vida à la santé des convives. Ceux-ci lui rendirent son salut en vidant le verre chacun à son tour, à la santé de leur hôte. Quand ce fut le tour de maître Eisleben, Luther lui présenta le verre en disant : « Mon cher, ce qui, dans ce verre, est au-dessus du premier cercle, ce sont les dix commandemens ; de là jusqu'au second, c'est le *credo* ; jusqu'au troisième c'est le *pater noster*; le catéchisme est au fond. » Puis il le vida lui-même, le fit remplir de nouveau et le donna à maître Eisleben. Celui-ci n'alla point au-delà du premier cercle, il remit le verre sur la table et ne le put regarder sans une espèce d'horreur. Luther le vit, et il dit aux convives : « Je savais bien que maître Eisleben ne boirait qu'aux Commandemens, et qu'il laisserait le *credo*, le *pater noster* et le catéchisme. »

Maître Jobst étant à la table de Luther, lui montra des propositions d'après lesquelles on ne devait point prêcher la Loi, puisque ce n'est pas elle qui nous justifie. Luther s'emporta et dit : « Faut-il que les nôtres commencent de telles choses, même de notre vivant. Ah! combien nous devons honorer maître Philippe (Mélanchton), qui enseigne avec clarté et vérité l'usage et l'utilité de la Loi. Elle se vérifie, la prophétie du comte Albert de Mansfeld qui m'écrivait : *Il y a derrière cette doctrine un Münzer*. En effet celui qui détruit la doctrine de la Loi, détruit en même temps *politicam et œconomiam*. Si l'on met la Loi en dehors de l'Église, il n'y aura plus de péché reconnu dans le monde : car l'Évangile ne définit et ne punit le péché qu'en recourant à la Loi. » (1541.)

« Si, au commencement, j'ai dans ma doctrine parlé et écrit si durement contre la Loi, cela est venu de ce que l'Église chrétienne était chargée de superstitions, sous lesquelles Christ était tout-à-fait obscurci et enterré. Je voulais sauver et affranchir de cette tyrannie de la conscience les âmes pieuses et craignant Dieu. Mais je n'ai jamais rejeté la Loi... »

CHAPITRE V.

Tentations : Regrets et doutes des amis, de la femme; Doutes de Luther lui-même.

Maître Philippe Mélanchton dit un jour la fable suivante à la table du docteur Martin Luther : « Un homme avait pris un petit oiseau, et le petit oiseau aurait bien voulu être libre, et il disait à l'homme : O mon bon ami, lâche-moi, je te montrerai une belle perle qui vaut bien des milliers de florins ! Tu me trompes, dit l'homme. Oh non! aie confiance, viens avec moi, je vais te la montrer. L'homme lâche l'oiseau, qui se perche sur un arbre et lui chante : *Crede parùm, tua serva, et quæ periêre, relinque* (ne te confie pas trop, garde bien le tien, laisse ce qui est perdu sans retour). C'était en effet une belle perle qu'il lui laissait. »

« Philippe me demandait une fois que je voulusse lui tirer de la Bible une devise, mais telle qu'il ne s'en lassât point. On ne peut rien donner à l'homme dont il ne se lasse. »

« Si Philippe n'eût pas été si affligé par les tentations, il aurait des idées et des opinions singulières. »

Le paradis de Luther est très grossier. Il croit que, dans le nouveau ciel et la nouvelle terre, il y aura aussi des animaux utiles. « Je pense souvent à la vie éternelle et aux joies que l'on doit y trouver, mais je ne puis comprendre à quoi nous y passerons le temps, car il n'y aura aucun changement, aucun travail, ni boire, ni manger, ni affaire; mais je pense que nous aurons assez d'objets à contempler. Sur cela, Philippe Mélanchton dit très bien : Maître, montrez-nous le Père; cela nous suffit. »

« Les paysans ne sont pas dignes de tant de fruits que porte la terre. Je remercie plus notre Seigneur pour un arbre que tous les paysans pour tous leurs champs. Ah! *domine doctor*, dit Mélanchton, exceptez-en quelques-uns, tels qu'Adam, Noë, Abraham, Isaac. »

« Le docteur Jonas disait à souper : Ah !

comme saint Paul parle magnifiquement de sa mort. Je ne puis pourtant le croire. — Il me semble aussi, dit le docteur Luther, que saint Paul lui-même ne pouvait penser sur cette matière avec autant de force qu'il parlait ; moi-même, malheureusement, je ne puis sur cet article croire aussi fortement que prêcher, parler et écrire, aussi fortement que d'autres gens s'imaginent que je crois. Et il ne serait peut-être pas bon que nous fissions tout ce que Dieu commande, car c'en serait fait de sa divinité ; il se trouverait menteur, et ne pourrait rester véridique dans ses paroles. »

« Un méchant et horrible livre contre la sainte Trinité ayant été publié par l'impression, en 1532, le docteur Martin Luther dit : « Ces esprits chimériques ne croient pas que d'autres gens aient eu aussi des tentations sur cet article. Mais pourquoi opposer ma pensée à la parole de Dieu et au Saint-Esprit (*opponere meam cogitationem verbo Dei, et spiritui sancto*)? Cette opposition ne soutient pas l'examen. »

La femme du docteur lui disait : « Seigneur docteur, d'où vient que sous la papauté nous priions si souvent et avec tant de ferveur, tandis qu'aujourd'hui notre prière est tout-à-fait froide, et nous prions rarement? » Le docteur répondit : « Le diable pousse sans cesse ses serviteurs à pratiquer diligemment son culte. »

Le docteur Martin Luther exhortait sa femme à lire et écouter avec soin la parole de Dieu, particulièrement le psautier. Elle répondit qu'elle l'écoutait suffisamment, et en lisait chaque jour; qu'elle pourrait même, s'il plaisait à Dieu, en répéter beaucoup de choses. Le docteur soupira et dit : « Ainsi commence le dégoût de la parole de Dieu. C'est le signe d'un mal futur. Il viendra de nouveaux livres, et la sainte Écriture sera méprisée, jetée dans un coin, et comme on dit : sous la table. »

Luther demandait à sa femme si elle aussi croyait qu'elle fût sainte? Elle s'en étonna, et dit : « Comment puis-je être sainte, je suis une grande pécheresse. » Il dit alors : « Voyez pourtant l'horreur de la doctrine papale, comme elle a blessé les cœurs et préoccupé tout l'homme intérieur. Ils ne sont plus capables de rien voir, hors la piété et la sainteté personnelle et extérieure des œuvres que l'homme même fait pour soi. »

« Le *Pater noster* et la foi, me rassurent contre le diable. Ma petite Madeleine et mon petit Jean prient en outre pour moi, ainsi que beaucoup d'autres chrétiens... J'aime ma Catherine, je l'aime plus que moi-même, car je voudrais mourir plutôt que de lui voir arriver du mal à elle et à ses enfans; j'aime aussi mon Seigneur Jésus-Christ qui, par pure miséricorde, a versé son sang pour moi; mais ma foi devrait être beaucoup plus grande et plus vive. O mon Dieu! ne juge point ton serviteur! »

« Ce qui ne contribue pas peu à affliger et tenter les cœurs, c'est que Dieu semble capricieux et changeant. Il a donné à Adam des promesses et des cérémonies, et cela a fini avec l'arc-en-ciel et l'arche de Noé. Il a donné à Abraham la circoncision, à Moïse des signes miraculeux, à son peuple la Loi; mais au Christ, et par le Christ, l'Évangile, qui est considéré comme annulant tout cela. Et voilà que les Turcs effacent cette voix divine, et disent : Votre loi durera bien quelque temps, mais elle finira par être changée. » (Luther n'ajoute aucune réflexion.)

CHAPITRE VI.

Le diable. — Tentations.

« Une fois, dans notre cloître à Wittemberg, j'ai entendu distinctement le bruit que faisait le diable. Comme je commençais à lire le psautier, après avoir chanté matines, que j'étais assis, que j'étudiais et que j'écrivais pour ma leçon, le diable vint et fit trois fois du bruit derrière mon poêle, comme s'il en eût traîné un boisseau. Enfin, comme il ne voulait point finir, je rassemblai mes petits livres et allai me mettre au lit... Je l'entendis encore une nuit au-dessus de ma chambre dans le cloître; mais comme je remarquai que c'était le diable, je n'y fis pas attention et me rendormis. »

« Une jeune fille qui était l'amie du vieil économe à Wittemberg, se trouvant malade, il se présenta à elle une vision comme si c'eût été le Christ sous une forme belle et magnifique ; elle y crut et se mit à prier cette figure. On envoya en hâte au cloître chercher le docteur Luther. Lorsqu'il eût vu la figure, qui n'était qu'un jeu et une singerie du diable, il exhorta la fille à ne pas se laisser duper ainsi. En effet, dès qu'elle eut craché au visage du fantôme, le diable disparut, la figure se changea en un grand serpent qui courut à la fille et la mordit à l'oreille, de sorte que le sang coula. Le serpent s'évanouit bientôt. Le docteur Luther vit la chose de ses propres yeux, avec beaucoup d'autres personnes. (L'éditeur des Conversations ne dit point tenir cette histoire de Luther.)

Un pasteur des environs de Torgau se plaignait à Luther que le diable faisait la nuit, un bruit, un tumulte et un renversement extraordinaires dans sa maison, qu'il lui cassait ses pots et sa vaisselle de bois, lui jetait les morceaux à la tête, et riait ensuite. Il faisait ce manége depuis un an, et ni sa femme, ni ses enfans ne voulaient plus rester dans la maison. Luther dit au pasteur : « Cher frère, sois fort dans le Seigneur, ne cède point à ce meurtrier de diable. Si l'on n'a point invité et attiré cet hôte chez soi par ses péchés, on peut lui dire : *Ego auctoritate divinâ hic sum pater familias et vocatione cœlesti pastor ecclesiæ;* mais toi, diable, tu te glisses dans cette maison comme un voleur et un meurtrier. Pourquoi ne restes-tu pas dans le ciel? Qui t'a invité ici? »

Sur une possédée. « Puisque ce diable est un esprit jovial, et qu'il se moque de nous tout à son aise, il nous faut d'abord prier sérieusement pour la jeune fille qui souffre ainsi à cause de nos péchés. Ensuite il faut mépriser cet esprit et s'en rire, mais ne pas aller l'éprouver par des exorcismes et autres choses sérieuses, parce que la superbe diabolique se rit de tout cela. Persévérons dans la prière pour la jeune fille et dans le mépris pour le diable, et enfin, avec la grâce du Christ, il se retirera. Il serait bon aussi que les princes voulussent réformer leurs vices, dans lesquels cet esprit malin nous montre qu'il triomphe. Je te prie, puisque c'est une chose digne d'être publiée, de t'informer exactement de toutes les circonstances; pour écarter toute fraude, assure-toi si les pièces d'or que cette fille avale sont de vraies pièces d'or, et de bon aloi. Car j'ai été jusqu'à présent obsédé de tant de fourberies, de ruses, de machinations, de mensonges, d'artifices, que je ne me prête plus aisément à rien croire que je n'aie vu faire et dire.» (5 août 1536.)

« Que ce pasteur n'ait pas la conscience troublée de ce qu'il a enseveli cette femme qui s'était tuée elle-même, si toutefois elle s'est tuée. Je connais beaucoup d'exemples semblables, mais je juge ordinairement que les gens ont été tués simplement et immédiatement par le diable, comme un voyageur est tué par un brigand. Car, lorsqu'il est évident que le suicide n'a pu avoir lieu naturellement, quand il s'agit d'une corde, d'une ceinture ou (comme dans le cas dont tu me parles) d'un voile pendant et sans nœud, qui ne tuerait pas même une mouche, il faut croire, selon moi, que c'est le diable qui fascine les hommes et leur fait croire qu'ils font toute autre chose, par exemple une prière; et cependant le diable les tue. Néanmoins le magistrat fait bien de punir avec la même sévérité, de peur que Satan ne prenne courage pour s'introduire. Le monde mérite bien de tels avertissemens, puisqu'il épicurise et pense que le démon n'est rien. » (1er décembre 1544.)

« Satan a voulu tuer notre prieur, en jetant sur lui un pan de mur. Mais Dieu l'a miraculeusement sauvé. » (4 juillet 1524.)

« Les fous, les boiteux, les aveugles, les muets sont des hommes chez qui les démons se sont établis. Les médecins qui traitent ces infirmités, comme ayant des causes naturelles, sont des ignorans qui ne connaissent point toute la puissance du démon. » (14 juillet 1528.)

» Il y a des lieux dans beaucoup de pays, où habitent les diables. La Prusse a grand nombre de mauvais esprits. En Suisse, non loin de Lucerne, sur une haute montagne, il y a un lac qu'on appelle l'étang de Pilate ; le diable y est établi d'une manière terrible. Dans mon pays, il y a un étang situé de même. Si l'on y jette une pierre, il s'élève un grand orage, et tout le pays tremble à l'entour. C'est une habitation de diables qui y sont prisonniers.

» Le diable a emporté à Sussen, le jour du vendredi saint, trois écuyers qui s'étaient voués à lui. » (1538.)

Un jour de grand orage, Luther disait : « C'est le diable qui fait ce temps-là ; les vents ne sont autre chose que de bons ou de mauvais esprits. Le diable respire et souffle. »

Deux nobles avaient juré de se tuer l'un l'autre (du temps de Maximilien). Le diable ayant tué l'un d'eux dans son lit avec l'épée de l'autre, le survivant fut amené sur la place publique. On enleva la terre couverte par son ombre, et on le bannit du pays. C'est ce qui s'appelle *mors civilis*.

Le docteur Grégoire Bruck, chancelier de Saxe, fit ce récit à Luther.

Suivent deux histoires de gens avertis d'avance qu'ils seraient emportés par le diable, et qui, *quoiqu'ils eussent reçu le saint sacrement, et qu'ils fussent gardés avec des cierges par leurs amis* en prières, n'en furent pas moins emportés au jour et à l'heure marqués. « Il a bien crucifié notre Seigneur lui-même. Mais, pourvu qu'il n'emporte pas l'âme, tout va bien. »

« Le diable promène les gens dans leur sommeil de côté et d'autre, de sorte qu'ils font toute chose comme s'ils veillaient. Autrefois les papistes, comme gens superstitieux, disaient que de tels hommes devaient ne pas avoir été bien baptisés, ou qu'ils l'avaient peut-être été par un prêtre ivre. »

« Aux Pays-Bas et en Saxe, un chien monstrueux sent les gens qui doivent mourir, et rôde autour...

» Les moines conduisaient chez eux un possédé. Le diable qui était en lui, dit aux moines : « O mon peuple, que t'ai-je fait ! » *Popule meus, quid feci tibi ?* »

On racontait à la table de Luther qu'un jour, dans une cavalcade de gentilshommes, l'un d'eux s'était écrié en piquant des deux : « Au diable le dernier ! » Comme il avait deux chevaux, il en lâcha un ; et celui-ci, restant le dernier, le diable l'emporta avec lui dans les airs. Luther dit à cette occasion : « Il ne faut pas convier Satan à notre table. Il vient sans avoir été prié. Tout est plein de diables autour de nous ; nous-mêmes, qui veillons et qui prions journellement, nous avons assez affaire à lui. »

« Un vieux curé, faisant un jour sa prière, entendit derrière lui le diable qui voulait l'en empêcher, et qui grognait comme aurait fait tout un troupeau de porcs. Le vieux curé, sans se laisser effrayer, se retourna et lui dit : « Maître diable, il t'est bien advenu ce que tu méritais; tu étais un bel ange, et te voilà maintenant un vilain porc. » Aussitôt les grognemens cessèrent, car le diable ne peut souffrir qu'on le méprise... La foi le rend faible comme un enfant. »

« Le diable redoute la parole de Dieu. Il ne la peut mordre; il s'y ébrèche les dents. »

« Un jeune vaurien, sauvage et emporté, buvait un jour avec quelques compagnons dans un cabaret. Quand il n'eut plus d'argent, il dit que s'il se trouvait quelqu'un qui lui payât un bon écot, il lui vendrait son âme. Peu après, un homme entra dans le cabaret, se mit à boire avec le vaurien, et lui demanda s'il était véritablement prêt à vendre son âme. Celui-ci répondit hardiment oui, et l'homme lui paya à boire toute la journée. Sur le soir, quand le garçon fut ivre, l'inconnu dit aux autres qui étaient dans le cabaret : « Messieurs, qu'en pensez-vous ? si quelqu'un achète un cheval, la selle et la bride ne lui appartiennent-elles pas aussi ? » Les assistans s'effrayèrent beaucoup à ces mots, et ne voulurent d'abord pas répondre, mais, comme l'étranger les pressait, ils dirent à la fin : « Oui, la selle et la bride sont aussi à lui. » Aussitôt le diable (car c'était lui), saisit le mauvais sujet et l'emporta avec lui à travers le plafond, de sorte que l'on n'a jamais su ce qu'il est devenu. »

Une autre fois, Luther raconta l'histoire d'un soldat, qui avait déposé de l'argent chez son hôte, dans le Brandebourg. Cet hôte, quand le soldat lui redemanda son argent, nia d'avoir rien reçu. Le soldat furieux se jeta sur lui, et le maltraita, mais le fourbe le fit arrêter par la justice et l'accusa d'avoir violé la *paix domestique* (*hausfriede*). Pendant que le soldat était en prison, le diable vint chez lui et lui dit : « Demain tu seras condamné à mort et exécuté. Si tu me vends ton corps et ton âme, je te délivre. » Le soldat n'y consentit point. Alors le diable lui dit : « Si tu ne veux pas, écoute au moins le conseil que je te donne. Demain, quand tu seras devant les juges, je me tiendrai près de toi, en bonnet bleu avec une plume blanche. Demande alors aux juges qu'ils me laissent plaider ta cause, et je te tirerai de là. Le lendemain, le soldat suivit le conseil du diable, et comme l'hôte persistait à nier, l'avocat en bonnet bleu lui dit : « Mon ami, comment peux-tu ainsi te parjurer? L'argent du soldat se trouve dans ton lit, sous le traversin. Seigneurs échevins, envoyez-y et vous verrez que je dis vrai. » Quand l'hôte entendit cela, il s'écria avec un gros jurement : « Si j'ai reçu l'argent, je veux que le diable m'enlève sur l'heure. » Mais les sergens envoyés à l'auberge trouvèrent l'argent à la place indiquée, et l'apportèrent devant le tribunal. Alors l'homme au bonnet bleu dit en ricanant : « Je savais bien que j'aurais l'un des deux, le soldat ou l'aubergiste. » Il tordit le cou à celui-ci et l'emporta dans les airs. — Luther, ayant conté l'histoire, ajouta qu'il n'aimait pas qu'on jurât par le diable, comme faisaient beaucoup de gens, « car, disait-il, le mauvais drôle n'est pas loin; l'on n'a pas besoin de le peindre sur les murs pour qu'il soit présent. »

« Il y avait à Erfurth deux étudians, dont l'un aimait si fort une jeune fille, qu'il en serait devenu bientôt fou. L'autre, qui était sorcier, sans que son camarade en sût rien, lui dit : « Si tu promets de ne point lui donner un baiser et de ne point la prendre dans tes bras, je ferai en sorte qu'elle vienne te trouver. Il la fit venir en effet. L'amant, qui était un beau jeune homme, la reçut avec tant d'amour, et il lui parlait si vivement, que le sorcier craignait toujours qu'il ne l'embrassât; enfin il ne put se contenir. A l'instant même elle tomba et mourut. Quand ils la virent morte, ils eurent grand' peur, et le sorcier dit : « Employons notre dernière ressource. » Il fit si bien, que le diable la reporta chez elle, et qu'elle continua de faire tout ce qu'elle faisait auparavant dans la maison ; mais elle était fort pâle et ne parlait point. Au bout de trois jours, les parens allèrent trouver les théologiens, et leur demandèrent ce qu'il fallait faire. A peine ceux-ci eurent-ils parlé fortement à la fille, que le diable se retira d'elle ; le cadavre tomba raide avec une grande puanteur. »

« Le docteur Luc Gauric, le sorcier que vous avez fait venir d'Italie, m'a souvent avoué que son maître conversait avec le diable. »

« Le diable peut se changer en homme ou en femme pour tromper, de telle manière qu'on croit être couché avec une femme en chair et en os, et qu'il n'en est rien ; car, suivant le mot de saint Paul, le diable est bien fort avec les fils de l'impiété. Comme il en résulte souvent des enfans ou des diables, ces exemples sont effrayans et horribles. C'est ainsi que ce qu'on appelle le *nix*, attire dans l'eau les vierges ou les femmes pour créer des diablotins. Le diable peut aussi dérober des enfans ; quelquefois dans les six premières semaines de leur naissance, il enlève à leur mère ces pauvres créatures pour en substituer à leur place d'autres, nommés *supposititii*, et par les Saxons, *kilkropff*.

« Il y a huit ans, j'ai vu et touché moi-même à Dessau un enfant qui n'avait pas de parens, et qui venait du diable. Il avait douze ans, et était tout-à-fait conformé comme un enfant ordinaire. Il ne faisait que manger, et mangeait autant que quatre paysans ou batteurs en grange. Il faisait aussi tous ses besoins. Mais quand on le touchait, il criait comme un possédé ; s'il arrivait quelque accident malheureux dans la maison, il s'en réjouissait et riait ; si, au contraire tout allait bien, il pleurait continuellement. Je dis aux princes d'Anhalt avec qui j'étais : Si j'avais à commander ici, je ferais jeter cet enfant dans la Moldau, au risque de m'en faire le meurtrier. Mais l'électeur de Saxe et les princes n'étaient pas de mon opinion. Je leur dis alors de faire prier Dieu dans l'église pour qu'il enlevât le démon. On répéta ces prières tous les jours pendant une année, et après ce temps l'enfant mourut.» Quand le docteur eut raconté cette histoire, quelqu'un lui demanda pourquoi il aurait voulu jeter cet enfant à l'eau. C'est, répondit-il, que les enfans de cette espèce ne sont autre chose, à mon sens, qu'une masse de chair, sans âme. Le diable est bien capable de produire de ces choses; tout ainsi qu'il anéantit les facultés des hommes, quand il les possède corporellement, de manière à leur enlever la raison et à les rendre sourds et aveugles pour quelque temps, de même il habite dans ces masses de chair et est lui-même leur âme. — Il faut que le diable soit bien puissant pour tenir ainsi nos esprits prisonniers. Origène, ce me semble, n'a pas assez compris cette puissance; autrement il n'aurait point pensé que le diable pourra obtenir grâce au Jugement dernier. Quel horrible péché de se révolter ainsi sciemment contre son Dieu, son créateur !

» En Saxe, près de Halberstadt, il y avait un homme qui avait un *kilkropff*. Cet enfant pouvait épuiser sa mère et cinq autres femmes en les tétant, et il dévorait outre cela tout ce qu'on lui présentait. On donna à l'homme le conseil de faire un pélerinage à Holckelstadt, de vouer son *kilkropff* à la vierge Marie, et de le faire bercer en cet endroit. L'homme suivit cet avis, et il emporta son enfant dans un panier; mais, en passant sur un pont, un autre diable, qui était dans la rivière, se mit à crier : *Kilkropff! kilkropff!* L'enfant, qui était dans le panier, et qui n'avait jamais encore prononcé un seul mot, répondit : Oh! oh! oh! Le diable de la rivière lui demanda ensuite : Où vas-tu? L'enfant du panier répondit : Je m'en vais à Holckelstadt, à notre Mère bien-aimée, pour me faire bercer. Le paysan, très effrayé, jeta l'enfant et le panier dans la rivière; sur quoi les deux diables se mirent à s'envoler ensemble. Ils crièrent : Oh! oh! oh! firent quelques cabrioles l'un par-dessus l'autre et s'évanouirent. »

Luther, en sortant un dimanche de l'église du château où il avait prêché, rencontra un landsknecht qui s'adressa à lui, se plaignant des tentations continuelles qu'il avait à essuyer de la part du diable, disant qu'il venait souvent à lui et le menaçait de l'enlever dans les airs. Pendant qu'il parlait ainsi, le docteur Pomer, qui passait par ce chemin, s'approcha aussi de lui et aida Luther à le consoler. « Ne désespérez pas, lui disaient-ils, car malgré ces tentations du diable, vous n'êtes point à lui. Notre Seigneur Jésus-Christ a aussi été tenté par lui, mais il l'a surmonté par la parole de Dieu. Défendez-vous de même par la parole de Dieu et par la prière. Luther ajouta : « Si le diable te tourmente et te menace de t'emmener, réponds-lui : « Je suis à Jésus-Christ, qui est mon Seigneur ; c'est en lui que je crois, et c'est auprès de lui que je serai un jour. Il a dit lui-même qu'aucune puissance ne pourra enlever les chrétiens de sa main. » Pense plutôt à Dieu qui est au ciel qu'au diable, et cesse de t'effrayer de ses ruses. Je sais bien qu'il serait fort aise de t'enlever, mais il ne le peut. Il est comme le voleur qui voudrait bien mettre la main sur le coffre-fort du riche ; la volonté ne lui manque pas, mais le pouvoir. De même Dieu ne permettra pas au diable de te faire du mal. Écoute fidèlement la parole divine, prie avec ferveur, travaille, ne sois pas trop souvent seul, et tu verras que Dieu te délivrera de Satan et te conservera dans son troupeau. »

Un jeune ouvrier, maréchal ferrant de son état, prétendait être poursuivi par un spectre à travers toutes les rues de la ville. Luther le fit venir chez lui et l'interrogea en présence de plusieurs personnes doctes. Le jeune homme disait que le spectre qui le poursuivait lui avait reproché comme un sacrilége d'avoir communié sous les deux espèces, et qu'il lui avait dit : « Si tu retournes dans la maison de ton maître, je te tords le cou. » C'est pourquoi il n'était pas rentré depuis plusieurs jours. Le docteur, après l'avoir beaucoup interrogé, lui dit : « Prends garde, mon ami, de ne pas mentir. Crains Dieu, écoute sa parole avec attention ; retourne chez ton maître, fais ton travail, et si Satan revient, dis-lui : « Je ne veux pas t'obéir. Je n'obéirai qu'à Dieu qui m'a appelé à ce métier : je resterai ici à mon travail, et un ange même viendrait, que je ne m'en laisserais pas détourner. »

« Le docteur Luther, devenu plus âgé, éprouva peu de tentations de la part des hommes ; mais le diable, comme il le reconnaît lui-même, allait promener avec lui dans le dortoir du cloître ; il le vexait et le tentait. Il avait un ou deux diables qui l'épiaient, et s'ils ne pouvaient parvenir au cœur, ils saisissaient la tête et la tourmentaient.

« ... Cela m'est arrivé souvent. Quand je tenais un couteau dans les mains, il me venait de mauvaises pensées ; souvent je ne pouvais prier, et le diable me chassait de la chambre. Car nous autres nous avons affaire aux grands diables qui sont docteurs en théologie. Les Turcs et les papistes ont de petits diablotins qui ne sont point théologiens, mais seulement juristes.

» Je sais, grâce à Dieu, que ma cause est bonne et divine ; si Christ n'est point dans le ciel et Seigneur du monde, alors mon affaire est mauvaise. Cependant le diable me serre souvent de si près dans la dispute, qu'il m'en vient la sueur.

Il est éternellement irrité, je le sens bien, je le comprends. Il couche avec moi plus près que ma Catherine. Il me donne plus de trouble qu'elle de joie... Il me pousse quelquefois : La Loi, dit-il, est aussi la parole de Dieu ; pourquoi l'opposer toujours à l'Évangile ? — « Oui, dis-je à mon tour ; mais elle est aussi loin de l'Évangile que le ciel l'est de la terre, etc. »

» Le diable n'est pas, à la vérité, un docteur qui a pris ses grades, mais du reste il est bien savant, bien expérimenté. Il n'a pourtant fait son métier que depuis six mille ans. Si le diable est sorti quelquefois des possédés, lorsqu'il était conjuré par les moines et les prêtres papistes, en laissant après lui quelque signe, un carreau cassé, une fenêtre brisée, un pan de mur ouvert, c'était pour faire croire aux gens qu'il avait quitté le corps, mais en effet pour posséder l'esprit, pour les confirmer dans leurs superstitions. »

Au mois de janvier 1532, Luther tomba dangereusement malade. Le médecin le crut menacé d'une attaque d'apoplexie. Mélanchton et Rorer, assis près de son lit, ayant parlé de la joie que la nouvelle de sa mort causerait sans doute aux papistes, il leur dit avec assurance : « Je ne mourrai pas encore, je le sais certainement. Dieu ne confirmera point à présent l'abominable papisme par ma mort. Il ne voudra point après celle de Zwingli et d'Œcolampade, accorder aux papistes un nouveau sujet de triomphe. Satan, il est vrai, ne songe qu'à me tuer; il ne me quitte d'un pas. Mais ce n'est pas sa volonté qui s'accomplira : ce sera celle du Seigneur. »

« Ma maladie, qui consiste dans des vertiges et autres choses, n'est point naturelle; ce que je puis prendre ou faire ne me sert à rien, quoique j'observe avec soin les conseils de mon médecin. »

En 1536, il maria à Torgau le duc Philippe de Poméranie à la sœur de l'Électeur. Au milieu de la cérémonie, l'anneau nuptial échappa de sa main et roula par terre. Il eut un mouvement de terreur, mais se rassura aussitôt en disant : « Écoute, diable, cela ne te regarde pas, c'est peine perdue, » et il continua de prononcer les paroles de la bénédiction.

« Pendant que le docteur Luther causait à table avec quelques-uns, sa femme sortit et tomba en défaillance. Lorsqu'elle revint à elle, le docteur lui demanda quelles pensées elle avait eues. Elle raconta comme elle avait éprouvé des tentations toutes particulières qui sont les signes certains de la mort, et qui frappent au cœur plus sûrement qu'une balle ou une flèche... « Celui qui éprouve de telles tentations, dit-il, je lui donnerai un bon conseil, c'est de penser à quelque chose de gai, de boire un bon coup, de jouer et de prendre quelque passe-temps, ou bien de s'attacher à quelque occupation honorable. Mais le meilleur remède, c'est de croire en Jésus-Christ. »

« Quand le diable me trouve oisif et que je ne pense point à la parole de Dieu, alors il me fait venir un scrupule, comme si je n'avais pas bien enseigné, comme si c'était moi qui eusse renversé et détruit les autorités, et causé par ma doctrine tant de scandales et de troubles. Mais quand je ressaisis la parole de Dieu, alors j'ai gagné la partie. Je me défends contre le diable et je dis : Qu'importe à Dieu tout le monde, quelque grand qu'il puisse être? Il en a établi son Fils seigneur et roi. Si le monde veut le renverser du trône, Dieu le bouleversera et le mettra en cendre; car il dit lui-même : « C'est mon fils, vous devez l'écouter. » Maintenant, ô rois, apprenez; disciplinez-vous, juges de la terre (l'*erudimini* de la Vulgate est moins fort).

» Le diable s'efforce surtout de nous arracher du cœur l'article de la rémission des péchés. *Quoi!* dit-il, *vous prêchez ce qu'aucun homme n'a enseigné dans tant de siècles! si cela déplaisait à Dieu?...*

» La nuit, quand je me réveille, le diable vient bientôt, dispute avec moi et me donne d'étranges pensées, jusqu'à ce que je m'anime et que je lui dise : Baise mon c.. ! Dieu n'est pas irrité comme tu le dis.

» Aujourd'hui, comme je m'éveillai, le diable vint, voulut disputer, et il me disait : « Tu es un pécheur. » — Je répliquai : Dis-moi quelque chose de nouveau, démon; je savais déjà cela... J'ai assez de péchés réels, sans ceux que tu inventes... — Il insistait encore : « Qu'as-tu fait des cloîtres dans ce monde? » — A quoi je répondis : Que t'importe? Tu vois bien que ton culte sacrilége subsiste toujours. »

Un jour que l'on parlait à souper du sorcier Faust, Luther dit sérieusement : « Le diable n'emploie pas contre moi le secours des enchanteurs. S'il pouvait me nuire par là, il l'aurait fait depuis long-temps. Il m'a déjà souvent tenu par la tête; mais il a pourtant fallu qu'il me laissât aller. J'ai bien éprouvé quel compagnon c'est que le diable; il m'a souvent serré de si près que je ne savais si j'étais mort ou vivant. Quelquefois il m'a jeté dans le désespoir au point que j'ignorais même s'il y avait un Dieu, et que je doutais complètement de notre cher Seigneur. Mais avec la parole de Dieu, etc.

» Le diable me fait regarder la loi, le péché et la mort. Il me présente cette trinité, et s'en sert pour me tourmenter.

» Le diable nous a juré la mort, mais il mordra dans une noix creuse.

» La tentation de la chair est petite chose; la moindre femme dans la maison peut guérir cette maladie. Eustochia aurait guéri saint Jérôme. Mais Dieu nous garde des grandes tentations qui touchent l'éternité! Alors on ne sait point si Dieu est le diable, ou si le diable est Dieu. Ces tentations ne sont point passagères.

» Si je tombe en pensées qui ne touchent que le monde ou la maison, je prends un psaume ou quelques mots de Saint-Paul, et je dors par-dessus; mais celles qui viennent du diable me coûtent davantage; je ne puis m'en tirer qu'avec quelque bonne farce.

» Le grain d'orge a beaucoup à souffrir des hommes[1]. D'abord on le jette dans la terre pour qu'il y pourrisse; ensuite, quand il est mûr, on le coupe, on le bat en grange et on le sèche, on le fait cuire pour en tirer de la bière, et le faire avaler aux ivrognes. Le lin est aussi martyr à sa manière. Quand il est mûr, on l'ar-

[1] Voyez la belle ballade anglaise sur le martyre de *Barley-corn*.

rache, on le rouit, on le sèche, on le bat, on le teille, on le sérance, on le file, on le tisse, on en fabrique de la toile pour en faire des chemises, des souquenilles, etc. Quand celles-ci sont déchirées, l'on en fait des torchons, ou l'on y met des emplâtres pour être appliquées sur les plaies, les abcès; l'on en fait des mèches, ou bien on les vend au papetier qui les broie, les dissout, et en fait du papier. Ce papier sert à écrire, à imprimer, à faire des jeux de cartes; enfin il est déchiré et employé aux plus vils usages. Ces plantes, ainsi que d'autres créatures qui nous sont très utiles, ont beaucoup à souffrir; les chrétiens bons et pieux ont de même beaucoup à endurer des méchans et des impies. »

« Quand le diable vient me trouver la nuit, je lui tiens ce discours : Diable, je dois dormir maintenant; car c'est le commandement et l'ordre de Dieu que nous travaillions le jour, et que nous dormions la nuit. S'il m'accuse d'être un pécheur, je lui dis pour lui faire dépit : *Sancte Satane, ora pro me!* ou bien : *Medice, cura te ipsum.* »

« Si vous prêchez celui qui est tenté, il vous faut tuer Moïse et le lapider. Si au contraire il revient à lui et oublie la tentation, qu'on lui prêche la loi. *Alioqui afflicto non est addenda afflictio.*

»... La meilleure manière de chasser le diable,

si on ne peut le faire avec les paroles de la sainte Écriture, c'est de lui adresser des mots piquans et pleins de moquerie. »

« On peut consoler les gens affligés de tentations en leur donnant à manger et à boire; mais le remède ne réussirait pas pour tous, surtout pour les jeunes gens. Pour moi qui suis vieux, un bon coup pourrait chasser les tentations et me faire dormir un somme. »

« La meilleure médecine contre les tentations, c'est de parler d'autre chose, de Marcolphe, d'Eulenspiegel, et d'autres farces de ce genre, etc. — Le diable est un esprit triste, la musique le fait fuir bien loin. »

Le morceau important qu'on va lire est en quelque sorte le récit de la guerre opiniâtre que Satan aurait faite à Luther pendant toute sa vie.

Préface du docteur Martin Luther, écrite par lui avant sa mort. — « Quiconque lira avec attention l'histoire ecclésiastique, les livres des saints Pères, et particulièrement la Bible, verra clairement que depuis le commencement de l'Église les choses se sont toujours passées de la même manière. Toutes les fois que la Parole s'était fait entendre et que Dieu s'était rassemblé un petit troupeau, le diable s'est bien vite aperçu de la lumière divine, et s'est mis à siffler, souffler, tempêter de tous les coins, essayant de toutes ses forces s'il pourrait l'éteindre. On avait beau boucher un ou deux trous, il en trouvait un autre, soufflait toujours et faisait rage. Il n'y a encore eu aucune fin à cela, et il n'y en n'aura pas jusqu'au jour du Jugement.

» Je tiens qu'à moi seul (pour ne point parler des anciens) j'ai essuyé plus de vingt ouragans, vingt assauts du diable. D'abord j'ai eu contre moi les papistes. Tout le monde, je crois, sait à peu près combien de tempêtes, de bulles et de livres le diable a lâchés par eux contre moi, de quelle façon lamentable ils m'ont déchiré, dévoré, mis à rien. Il est vrai que moi-même je soufflais quelque peu contre eux; mais cela ne servait de rien; les enragés soufflaient encore plus, et vomissaient feu et flammes. Il en a été ainsi jusqu'à ce jour sans interruption.

» J'avais un instant cessé de craindre cette tempête du diable, lorsqu'il se fit jour par un nouveau trou, par Münzer et sa révolte qui faillit m'éteindre la lumière. Le Christ bouche encore ce trou-là, et le voilà qui par Carlostad casse des carreaux à ma fenêtre, le voilà qui mugit et tourbillonne, au point de me faire croire qu'il allait emporter lumière, cire et mèche à la fois. Mais Dieu fut en aide à sa pauvre lumière ; il ne permit point qu'elle fût éteinte. Alors vinrent les sacramentaires et les anabaptistes, qui brisèrent portes et fenêtres pour en finir de cette lumière, et qui la mirent de nouveau dans le plus grand danger. Dieu merci, leur volonté fut trompée également.

» D'autres encore ont tempêté contre les anciens maîtres, contre le pape et contre Luther à la fois, tels que Servet, Campanus..... Quant à ceux enfin qui ne m'ont point assailli publiquement par des livres imprimés, mais dont il m'a fallu essuyer en particulier les écrits et discours remplis de venin, je ne les mettrai pas ici en ligne de compte. Il me suffit de montrer que j'ai dû apprendre par expérience (je n'en voulais pas croire les histoires) que l'Église, pour l'amour de sa chère Parole, de sa bienheureuse lumière, ne peut avoir de repos, mais qu'elle doit attendre incessamment de nouvelles tempêtes du diable, comme cela s'est vu depuis le commencement.

» Et quand je devrais vivre encore cent ans, quand j'aurais apaisé les tempêtes d'autrefois et d'aujourd'hui, quand je pourrais encore apaiser celles qui viendront, je vois clairement que cela ne donnerait pas le repos à nos descendans, aussi long-temps que le diable vivra et règnera. C'est pourquoi je prie Dieu de m'accorder une petite heure d'état de grâce ; je ne demande pas de rester en vie plus long-temps.

» Vous qui viendrez après nous, priez Dieu aussi avec ferveur, pratiquez assidument sa parole, conservez bien la pauvre chandelle de Dieu ; car le diable ne dort ni ne chôme, et il ne mourra pas non plus avant le jugement dernier. Toi et moi, nous mourrons, et quand nous serons morts, lui il n'en restera pas moins tel qu'il a toujours été, toujours tempêtant contre l'Évangile...

» Je le vois de loin qui gonfle ses joues à en devenir tout rouge, qui souffle et qui fait fureur ; mais notre Seigneur Jésus-Christ, qui, dès le commencement, lui a donné un coup de poing sur cette joue gonflée, le combat maintenant encore, et le combattra toujours. Il ne peut pas en avoir menti, quand il dit : « Je serai auprès de vous jusqu'à la fin du monde, » et « Les portes de l'enfer ne prévaudront pas contre mon Église ; » et dans saint Jean : « Mes brebis ne périront jamais ; personne ne les arrachera de ma main » ; et dans saint Mathieu, X : « Tous les cheveux de votre tête sont comptés ; c'est pourquoi ne craignez pas ceux qui tuent le corps. »

« Néanmoins, il nous est commandé de veiller et de garder sa lumière tant qu'il est en nous. Il est dit : « *Vigilate;* le diable est un lion rugissant qui tourne autour et qui veut nous dévorer. » Tel il était quand saint Pierre disait cela, et tel il sera encore jusqu'à la fin du monde..... »

(Luther revient ensuite à parler du secours de Dieu sans lequel tous nos efforts seraient vains, et il continue ainsi :) « Toi et moi nous n'étions rien il y a mille ans, et cependant l'Église a été sauvée sans nous : elle l'a été par celui de qui il est dit : *Heri et hodiè.* De même à présent ce n'est pas nous qui conservons l'Église, car nous ne pouvons atteindre le diable qui est dans le pape, les séditieux et les mauvaises gens; elle périrait sous nos yeux, et nous-mêmes avec elle, n'était quelqu'autre qui conserve tout. Il nous faut laisser faire celui de qui nous lisons : *Qui erit, ut hodiè.....*

» C'est une chose lamentable de voir notre orgueil et notre audace après les terribles et honteux exemples de ceux qui, dans leur vanité, avaient cru que l'Église était bâtie sur eux. Comment a fini ce Münzer (pour ne parler que de ce temps), lui qui pensait que l'Église ne pouvait exister s'il n'était là pour la porter et la gouverner? Et tout récemment encore, les anabaptistes n'ont-ils pas été pour nous un avertissement assez terrible pour nous rappeler combien un diable plus subtil encore est près de nous, combien nos belles pensées sont dangereuses, et comme il est nécessaire (selon le conseil d'Isaïe) que nous regardions dans nos mains quand nous ramassons quelque chose, pour voir si c'est Dieu ou une idole, si c'est de l'or ou de l'argile?

» Mais tous ces avertissemens sont perdus; nous vivons en pleine sécurité. Oui, sans doute le diable est loin de nous; nous n'avons rien de cette chair, qui était même en saint Paul, et dont il ne pouvait se défendre malgré tous ses efforts (Rom. VII). Nous, nous sommes des héros, nous n'avons pas à nous mettre en peine de la chair et de la pensée; nous sommes de purs esprits, nous tenons captifs la chair et le diable à la fois, et tout ce qui nous vient dans la tête, c'est immanquablement inspiration du Saint-Esprit; aussi cela tourne-t-il si bien à la fin que le cheval et le cavalier se cassent le cou.

» Les papistes, je le sais, me diront ici: « Eh bien! tu le vois; c'est toi-même qui te plains des troubles et des séditions? Qui en est cause, si ce n'est toi et ta doctrine? » Voilà le bel artifice par lequel ils pensent renverser de fond en comble la doctrine de Luther. Il n'importe! Qu'ils calomnient, qu'ils mentent tant qu'ils voudront; il faudra bien qu'ils se taisent. D'après ce grand argument, tous les prophètes auraient été également des hérétiques et des séditieux, car ils furent tenus pour tels par leur propre peuple ; comme tels ils furent persécutés, et la plupart mis à mort.

» Jésus-Christ lui-même, notre Seigneur, fut obligé de s'entendre dire par les Juifs, et en particulier par les pontifes, les pharisiens, les scribes, etc., par ceux qui étaient les plus hauts en pouvoir, qu'il avait le diable en lui, qu'il chassait les diables par d'autres diables, qu'il était un samaritain, le compagnon des publicains et des pécheurs. Il fut même à la fin condamné à mourir sur la croix comme blasphémateur et séditieux. « Lequel d'entre les prophètes, disait saint Étienne aux Juifs qui allaient le lapider, lequel vos pères n'ont-ils pas persécuté et tué? Et vous, leurs descendans, vous avez vendu et tué le juste dont ces prophètes avaient annoncé la venue. »

» Les apôtres et les disciples n'ont pas été plus heureux que leur maître ; les prédictions qu'il leur avait faites se sont accomplies....

» S'il en est ainsi, et l'Écriture en fait foi, pourquoi donc nous étonner de ce que nous aussi qui, dans ces temps terribles, prêchons Jésus-Christ et nous reconnaissons pour ses fidèles, nous soyons, à son exemple, persécutés et condamnés comme hérétiques, comme séditieux? Que sommes-nous à côté de ces génies sublimes, éclairés par le Saint-Esprit, ornés de tant de dons admirables, et doués d'une foi si forte ?

» N'ayons donc pas honte des calomnies et des outrages dont nos adversaires nous poursuivent. Que tout cela ne nous effraie point. Mais regardons comme notre plus grande gloire de recevoir du monde le même salaire que dès le commencement tous les saints en ont reçu pour leurs fidèles services. Réjouissons-nous en Dieu de ce que nous aussi, pauvres pécheurs et gens méprisés, nous avons été jugés dignes de souffrir l'ignominie pour le nom du Christ...

» Les papistes, avec leur grand argument, ressemblent à un homme qui dirait que si Dieu n'avait pas créé de bons anges, il n'y aurait pas eu de diables ; car c'est des bons anges que ceux-ci sont venus. De même, Adam accusa Dieu de lui avoir donné une femme, car si Dieu n'avait pas crée Adam et Eve, ils n'auraient pas péché. Il résulterait de ce beau raisonnement que Dieu seul fût pécheur, et qu'Adam et ses enfans fussent tous purs, pieux et saints.

« Il est sorti de la doctrine de Luther beaucoup d'esprits de trouble et de révolte, disent-ils. Donc la doctrine de Luther vient du diable. » Mais saint Jean dit aussi (I, 2.) : « Ils sont sortis d'entre nous, mais ils n'étaient point des nôtres. » Judas était parmi les disciples de Jésus-Christ ;

donc (d'après leur argument), Jésus-Christ est un diable. Jamais hérétique n'est sorti d'entre les païens; ils sont tous venus de la sainte Église chrétienne ; l'Église serait donc l'ouvrage du diable.

» Il en fut de même de la Bible sous le pape ; on l'appelait publiquement un livre d'hérétiques, et on l'accusait de prêter appui aux opinions les plus condamnables. Encore aujourd'hui ils crient : « L'Église, l'Église, contre et par-dessus la Bible ! » Emser, l'homme sage, ne sut même trop dire s'il était bon que la Bible fût traduite en allemand ; peut-être ne savait-il pas non plus s'il était bon qu'elle eût été jamais écrite en hébreu, en grec ou en latin ; elle et l'Église ne sont pas en trop bon accord.

» Si donc la Bible, le livre et la parole du Saint-Esprit, a de telles choses à endurer d'eux, pourquoi nous, ne supporterions-nous pas à plus forte raison qu'ils nous imputent toutes les hérésies et les séditions qui éclatent ? L'araignée tire son poison de la belle et aimable rose où l'abeille ne trouve que miel; est-ce la faute de la fleur, si son miel devient du poison dans l'araignée ?

» C'est, comme dit le proverbe : « Chien qu'on veut battre a mangé du cuir », ou, comme dit finement Ésope : « La brebis que le loup veut manger a troublé l'eau, quoiqu'elle soit au bas du courant. » Eux, qui ont rempli l'Église d'erreur et de sang, de mensonge et de meurtre, ce ne sont pas eux qui ont troublé l'eau. Nous, nous résistons aux séditions et aux erreurs des hérétiques, et c'est nous qui l'avons troublée. Eh bien ! loup, mange, mange, mon ami, et qu'un os te reste au travers du gosier.... Ils ne peuvent faire autrement ; tel est le monde et son Dieu. S'ils ont appelé Belzébut le maître de la maison, traiteront-ils mieux les serviteurs ? Et si la sainte Écriture est appelée un livre d'hérétiques, comment nos livres pourraient-ils être honorés ? Le Dieu vivant est notre juge à nous tous ; il mettra un jour tout cela au clair, si nous devons en croire ce livre d'hérétiques, qu'on appelle la sainte Écriture, qui tant de fois en a témoigné.

» Veuille Jésus-Christ, notre Dieu bien-aimé et le gardien de nos âmes qu'il a rachetées par son sang précieux, conserver son petit troupeau fidèle à sa sainte parole, afin qu'il augmente et croisse en grâce, en lumière, en foi. Puisse-t-il daigner le soutenir contre les tentations de Satan et du monde, et prendre enfin en pitié ses gémissemens profonds et l'attente pleine d'angoisses dans laquelle il soupire vers l'heureux jour de la glorieuse venue de son Sauveur, en sorte que les fureurs et les morsures meurtrières des serpens cessent enfin, et que pour les enfans de Dieu commence la révélation de la liberté et béatitude qu'ils espèrent et qu'ils attendent en patience. Amen. Amen. »

CHAPITRE VII.

Maladies. — Désir de la mort et du jugement. — Mort, 1546.

« Le mal de dents et le mal d'oreilles sont bien cruels ; j'aimerais mieux la peste et le mal français. Lorsque j'étais à Cobourg, en 1530, je souffrais d'un bruit et d'un sifflement dans les oreilles : c'était comme du vent qui me sortait de la tête... Le diable est pour quelque chose là-dedans.

» Il faut manger et boire du vin quand on est malade. » Il se traita ainsi à Smalkalde, en 1537.

Un homme se plaignait de la gale ; Luther lui dit : « Je voudrais bien changer avec vous ; je vous donnerais dix florins de retour. Vous ne savez pas combien c'est une chose pénible que le vertige. Aujourd'hui je ne puis lire de suite une lettre entière, pas même deux ou trois lignes du Psautier. Le bourdonnement recommence dans les oreilles, au point que souvent je suis près de tomber sur mon banc. La gale, au contraire, est chose utile, etc. »

Après avoir prêché à Smalkalde, et dîné ensuite, il éprouva les douleurs de la pierre, et pria avec ardeur : « O mon Dieu, mon seigneur Jésus! tu sais avec quel zèle j'ai enseigné ta parole. *Si est pro gloriâ nominis tui*, viens à mon secours; sinon, ferme-moi les yeux. *Ego moriar inimicus inimicis tuis*. Je meurs dans la haine de ce scélérat de pape, qui s'est élevé au-dessus du Christ. » Et il composa à l'instant, sur ce sujet, quatre vers latins.

« Ma tête est si variable et si faible que je ne puis rien écrire ni lire, surtout à jeun. » (9 février 1543. Voyez aussi le 16 août.)

« Je suis faible et fatigué de vivre, et je songe à dire adieu au monde, qui est maintenant tout au malin. Que le Seigneur m'accorde une bonne heure et un heureux passage. Amen. » (14 mars.)

A Amsdorf. — « Je t'écris après souper, car à jeun je ne puis sans danger jeter les yeux sur un livre; je m'étonne fort de cette maladie, et ne sais si c'est un soufflet de Satan ou si ce n'est que faiblesse de nature. » (18 août 1543.)

« Je crois que ma véritable maladie, c'est la vieillesse, ensuite la violence des travaux et des pensées, mais surtout les coups de Satan; c'est ce dont toute la médecine du monde ne me guérira pas. » (7 novembre 1543.)

A Spalatin. — « Je t'avoue que, dans toute ma vie et dans toutes les affaires de l'Évangile, je n'ai jamais eu d'année plus troublée que celle qui vient de finir. J'ai une terrible affaire avec les juristes, au sujet des mariages clandestins; ceux que j'avais cru devoir être de fidèles amis de l'Évangile, je trouve en eux des ennemis cruels. Penses-tu que ce ne soit pas pour moi un supplice, je te le demande, mon cher Spalatin? » (30 janvier 1544.)

« Je suis paresseux, fatigué, froid, c'est-à-dire vieux et inutile. J'ai achevé ma route; reste seulement que le Seigneur me réunisse à mes pères, et rende à la pourriture et aux vers ce qui leur appartient. Me voilà rassasié de vie, si cela peut s'appeler de la vie. Prie pour moi, afin que l'heure de mon passage soit agréable à Dieu, et à moi salutaire. Je ne m'occupe plus de l'Empereur et de l'Empire, que pour les recommander à Dieu dans mes prières. Le monde me semble être venu à sa dernière heure et avoir vieilli comme un vêtement, selon l'expression du psalmiste;

voici l'heure qu'il en faut changer. » (5 décembre 1544.)

« Si j'avais su au commencement que les hommes fussent si ennemis de la parole de Dieu, je me serais tu certainement et tenu tranquillè. J'imaginais qu'ils ne péchaient que par ignorance. »

Il disait une fois : « La noblesse, les bourgeois, les paysans, je dirais presque tout homme, pense connaître beaucoup mieux l'Évangile que le docteur Luther ou que saint Paul même. Ils méprisent les pasteurs, ou plutôt le Seigneur et Maître des pasteurs...

» Les nobles veulent gouverner, et cependant ils ne peuvent rien comprendre. Le pape sait et peut gouverner par le fait. Le plus petit papiste est plus capable de gouverner que dix des nobles qui sont à la cour, ne leur en déplaise. »

On disait un jour à Luther que, dans l'évêché de Wurtzbourg, il y avait six cents riches cures qui étaient vacantes. — « Il ne résultera rien de bon de tout cela, dit-il. Il en sera de même chez nous, si nous continuons de mépriser la parole de Dieu et ses serviteurs... Si je voulais devenir riche, je n'aurais qu'à ne point prêcher... Les visiteurs ecclésiastiques demandaient aux paysans pourquoi ils ne voulaient point nourrir leurs pasteurs? eux qui pourtant entretenaient des gardeurs de vaches et de porcs. « Oh ! répondirent-ils, nous avons besoin d'un berger ; nous ne pourrions pas nous en passer. » Ils croyaient pouvoir se passer de pasteurs. »

Luther prêcha dans sa maison, pour ses enfans et tous les siens, le dimanche, pendant six mois, mais il ne prêchait point dans l'église. « Je le fais, dit-il au docteur Jonas, pour acquitter ma conscience et remplir mon devoir de père de famille. Mais je sais et je vois bien que la parole de Dieu ne sera pas plus considérée ici que dans l'église.

» C'est vous qui prêcherez après moi, docteur Jonas, songez-y et acquittez-vous-en bien. »

Il sortit un jour de l'église, indigné de ce que l'on causait. (1545.)

Le 16 février 1546, Luther disait qu'Aristote n'avait écrit aucun meilleur livre que le cinquième des *Ethica;* qu'il y donnait cette belle définition : *Quod justitia sit virtus consistens in mediocritate, pro ut sapiens eam determinat.* [Cet éloge de la modération est très remarquable dans la dernière année de Luther.]

Le chancelier du comte de Mansfeld qui revenait de la diète de Francfort, dit à la table de Luther, à Eisleben, que l'Empereur et le pape procédaient brusquement contre l'évêque de Cologne, Herman ; et songeaient à le chasser de son électorat. Alors il parla ainsi : « Ils ont perdu la partie; ils ne peuvent rien faire contre nous avec la parole de Dieu et la sainte Écriture ; *ergo volunt sapientiâ, violentiâ, astutiâ, practicâ, dolo, vi et armis pugnare.* Que dit à cela notre Seigneur? Il voit bien qu'il est un pauvre écolier, et il dit : Qu'allons-nous devenir mon fils et moi?... Pour moi, quand ils me tueraient, il faut auparavant qu'ils mangent ce que... J'ai un grand avantage ; mon seigneur s'appelle *Schefflemini;* c'est lui qui dit : *Ego suscitabo vos in novissimo die*; et il dira alors : Docteur Martin, docteur Jonas, seigneur Michel Cœlius, venez à moi ; et il vous nommera tous par vos noms, comme le Seigneur Christ dit dans saint Jean : *Et vocat eos nominatim.* Eh bien! soyez donc sans peur.

» Dieu a un beau jeu de cartes qui n'est composé que de rois, de princes, etc. Il bat les cartes, par exemple le pape avec Luther ; et ensuite il fait comme les enfans, qui, après avoir tenu quelque temps les cartes en vain, se lassent du jeu, et les jettent sous la table. »

« Le monde est comme un paysan ivre. Si on le remet en selle d'un côté, il tombe de l'autre. On ne peut le secourir de quelque façon qu'on s'y prenne. Le monde veut appartenir au diable. »

Luther disait souvent que s'il mourait dans son lit, ce serait une grande honte pour le pape.

« Vous tous, pape, diable, rois, princes et seigneurs, vous devez être ennemis de Luther, et cependant vous ne pouvez lui faire mal. Il n'en a pas été de même pour Jean Huss. Je tiens que depuis cent ans, il n'y a pas eu un homme que le monde haït plus que moi. Je suis aussi ennemi du monde; je ne sais rien *in totâ vitâ* à quoi j'aie plaisir; je suis tout-à-fait fatigué de vivre. Que notre Seigneur vienne donc vite, et m'emmène. Qu'il vienne surtout avec son jugement dernier, je tendrai le cou; qu'il lance le tonnerre et que je repose... » Ensuite, il se console de l'ingratitude du monde, par l'exemple de Moïse, de Samuel, de saint Paul, du Christ.

Un des convives dit que si le monde subsistait cinquante ans, il viendrait encore bien des choses. Luther répondit : « A Dieu ne plaise! ce serait pis que par le passé. Il s'élèverait encore bien des sectes qui sont aujourd'hui cachées dans le cœur des hommes. Vienne donc le Seigneur! qu'il coupe court à tout cela avec le jugement dernier; car il n'y a plus d'amélioration.

» Il fera si mauvais à vivre sur la terre, que l'on criera de tous les coins du monde : Bon Dieu! viens avec le jugement dernier. » Et comme il tenait en main un chapelet d'agates blanches, il ajouta : « O Dieu! veuille que ce jour vienne bientôt. Je mangerais aujourd'hui ce chapelet pour que ce fût demain. »

On parlait à sa table, des éclipses et de leur peu d'influence sur la mort des rois et des grands. Le docteur répondit : « Il est vrai, les éclipses ne veulent plus produire d'effet; je pense que notre Seigneur en viendra bientôt aux effets véritables, et que le Jugement en finira bientôt avec tout cela. C'est ce que je rêvais l'autre jour, comme je m'étais mis à dormir après midi, et je disais déjà : *In pace in id ipsum requiescam seu dormiam*. Il faut bien que le Jugement arrive; car, que l'église papale se réforme, c'est chose impossible; le Turc et les juifs ne se corrigeront pas non plus. Il n'y a aucune amélioration dans l'Empire; voilà maintenant trente ans qu'on assemble toujours les diètes sans décider rien... Je pense souvent, quand je réfléchis en me promenant, à ce que je dois demander dans mes prières pour la diète. L'évêque de Mayence ne vaut rien, le pape est perdu. Je ne vois d'autre remède que de dire : Notre Père, que votre règne arrive!

» Pauvres gens que nous sommes! nous ne gagnons notre pain que par nos péchés. Jusqu'à sept ans, nous ne faisons rien que manger, boire, jouer et dormir. De là jusqu'à vingt et un ans, nous allons aux écoles trois ou quatre heures par jour; nous suivons nos caprices, nous courons, nous allons boire. C'est alors seulement que nous commençons à travailler. Vers la cinquantaine, nous avons fini, nous redevenons enfans. Ajoutez que nous dormons la moitié de notre vie. Fi de nous! sur notre vie, nous ne donnons pas même la dîme à Dieu; et nous croirions avec nos bonnes œuvres mériter le ciel! Qu'ai-je fait, moi? J'ai babillé deux heures, mangé pendant trois, resté oisif pendant quatre. *Ah! Domine, ne intres in judicium cum servo tuo.* »

Après avoir détaillé toutes ses souffrances à Mélanchton : « Plaise à Christ d'enlever mon âme dans la paix du Seigneur. Par la grâce de Dieu, je suis prêt et désireux de partir. J'ai vécu et achevé la course que Dieu m'avait marquée... Que mon âme fatiguée de si longue route, monte maintenant au ciel. » (18 avril 1541.)

« Je n'ai pas le temps de beaucoup écrire, mon cher Probst, car je suis accablé par l'âge et les fatigues, *alt*, *kalt*, *ungestalt*, comme on dit; cependant le repos ne m'est pas encore permis, obsédé comme je le suis par tant de raisons, tant de nécessités d'écrire. J'en sais plus que toi sur les fatalités de ce siècle. Le monde menace ruine : cela est certain, tant le diable se déchaîne, tant le monde s'abrutit. Il ne reste qu'une seule consolation, c'est que ce jour est proche. On est rassassié de la parole de Dieu, le monde en prend un singulier dégoût. Il s'élève moins de faux prophètes. Pourquoi susciterait-on de nouvelles hérésies, quand on a pour la parole un mépris épicurien? L'Allemagne a été, et elle ne sera jamais ce qu'elle a été. La noblesse ne pense qu'à demander, les villes ne songent qu'à elles-mêmes (et avec raison); voilà le royaume divisé avec soi-même, qui a dû tenir tête à cette armée de démons déchaînée dans l'armée turque. Nous ne nous soucions guère de savoir si Dieu est pour nous ou contre nous; nous devons triompher par notre propre force des Turcs et des démons, et de Dieu et de toutes choses. Tant est grande la confiance et la sécurité insensées de l'Allemagne expirante! Et cependant nous autres que ferons-nous ici? Les plaintes sont vaines, les pleurs sont vains. Il ne vous reste qu'à dire cette prière: Que ta volonté soit faite.» (26 mars 1542.[1])

« Je vois chez tout le monde une cupidité indomptable, et c'est un des signes qui me persuade que le dernier jour est proche; il semble que le monde dans sa vieillesse et son der-

[1] Il semble qu'on retrouve ces tristes pensées dans le beau portrait de Luther mort, qui se trouve dans la collection du libraire Zimmer à Heidelberg; ce portrait exprime aussi la continuation d'un long effort.

nier paroxisme, tombe en délire, comme il arrive quelquefois aux mourans. » (8 mars 1544.)

« Je crois que nous sommes cette trompette suprême qui prépare et devance la venue du Christ. Ainsi, quelque faibles que nous soyons, quelque petit son que nous fassions entendre devant le monde, nous sonnons fort dans l'assemblée des anges du ciel, qui reprendront après nous et se chargeront d'achever. Amen. » (6 août 1545.)

Dans les dernières années de sa vie, ses ennemis répandirent plusieurs fois le bruit de sa mort. Ils y ajoutèrent les circonstances les plus extraordinaires et les plus tragiques. Pour les réfuter, Luther fit imprimer en 1545, en allemand et en italien, un écrit intitulé : *Mensonges des Welches sur la mort du docteur Martin Luther.*

« Je l'ai dit d'avance au docteur Pomer : celui qui après ma mort méprisera l'autorité de cette école et de cette église, celui-là sera un hérétique et un pervers. Car c'est d'abord ici que Dieu a purifié sa parole et l'a de nouveau révélée... Qui pouvait quelque chose, il y a vingt-cinq ans ? Qui était de mon côté, il y a vingt et un ans ?

» Je compte souvent et j'approche de plus en plus des quarante années au bout desquelles, je pense, tout ceci doit prendre fin. Saint Paul n'a prêché que quarante ans. De même le prophète Jérémie et saint Augustin. Et lorsque furent écoulées les quarante années pendant lesquelles on avait prêché la parole de Dieu, elle a cessé de se faire entendre, et une grande calamité est venue ensuite. »

La vieille Électrice, à la table de laquelle il se trouvait, lui souhaitait quarante ans de vie. « Je ne voudrais point du paradis, dit-il, à condition de vivre quarante ans.... Je ne consulte pas les médecins. Ils ont arrangé que je devais vivre encore un an; je ne veux point rendre ma vie triste, mais, au nom de Dieu, manger et boire ce qu'il me plaît.

» Je voudrais que nos adversaires me tuassent, car ma mort serait plus utile à l'église que ma vie. »

16 février 1546 : Comme on parlait beaucoup de mort et de maladie à la table de Luther, pendant son dernier voyage à Eisleben, il dit : « Si je retourne à Wittemberg, je me mettrai dans la bière et je donnerai à manger aux vers un docteur bien gras. » Deux jours après il mourut à Eisleben.

Impromptu de Luther sur la fragilité de la vie.

Dat vitrum vitro Jonæ (vitrum ipse) Lutherus,
Se similem ut fragili noscat uterque vitro.

Nous laissons ces vers en latin, ils auraient perdu leur mérite dans une traduction.

Billet écrit par Luther à Eisleben, deux jours avant sa mort : « Personne ne comprendra Virgile dans les *Bucoliques*, s'il n'a été cinq ans pasteur.

» Personne ne comprendra Virgile dans les *Géorgiques*, s'il n'a été cinq ans laboureur.

» Personne ne peut comprendre Cicéron dans ses *Lettres*, s'il n'a été durant vingt ans mêlé aux affaires d'un grand état.

» Que personne ne croie avoir assez goûté des saintes Écritures, s'il n'a pendant cent années gouverné les églises, avec les prophètes Élie et Élisée, avec Jean-Baptiste, Christ et les apôtres.

» Hanc tu ne divinam Æneida tenta,

» Sed vestigia pronus adora.

» Nous sommes de pauvres mendians. Hoc est verum, 16 februarii, anno 1546. »

« Prédiction du révérend père le docteur Martin Luther, écrite de sa propre main, et trouvée après sa mort dans sa bibliothèque, par ceux que le très illustre électeur de Saxe, Jean Frédéric Ier, avait chargé de la fouiller.

« Le temps est arrivé auquel, selon l'ancienne prédiction, doivent venir après la révélation de l'Antichrist, des hommes qui vivraient sans Dieu, chacun selon ses désirs et ses illusions. Le pape était un dieu au-dessus de Dieu, et maintenant tous veulent se passer de Dieu, surtout les papistes. Les nôtres, maintenant qu'ils sont libres des lois du pape, veulent encore l'être de la loi de Dieu, ne suivre que des mobiles politiques, et ne les suivre encore que selon leurs caprices. — Nous nous figurons qu'ils sont bien loin ceux dont on a prédit de telles choses; ils ne sont autres que nous-mêmes. — Il y en a parmi ceux-ci, qui désirant le jour de l'homme, ont commencé à chasser de l'Église le décalogue et la Loi. Parmi eux se trouvent maître Eisleben (Agricola), contre lequel, etc. — Je ne suis pas inquiet des papistes; ils flattent le pape par haine pour nous, et pour devenir puissans, jusqu'à ce qu'ils soient formidables au pauvre pape.... Je sens une grande consolation, quand je vois les adulateurs du pape lui tendre des embûches plus terribles que moi-même, qui suis son ennemi déclaré. Il en est de même chez nous : les nôtres me donnent plus d'affaires et de périls que toute la papauté, qui désormais ne pourra rien contre nous. Tant il est vrai que si un empire doit se détruire, c'est plutôt par ses propres forces. Celui de Rome

Mole ruit suâ....
... Corpus magnum populumque potentem
In sua victrici conversum viscera dextrâ. »

Vers la fin de sa vie, Luther prit en dégoût le séjour de Wittemberg. Il écrivit à sa femme, en juillet 1545, de Leipzig où il se trouvait : « Grâce et paix, chère Catherine! Notre Jean te racontera comment nous sommes arrivés. Ernst de Schonfeld nous a très bien reçus à Lobnitz, et notre ami Scherle encore mieux ici. Je voudrais bien m'arranger de manière à ne plus avoir besoin de retourner à Wittemberg. Mon cœur s'est refroidi pour cette ville, et je n'aime plus à y rester. Je voudrais que tu vendisses la petite maison, avec la cour et le jardin; je rendrais à mon gracieux seigneur la grande maison dont il m'a fait présent, et nous nous établirions à Zeilsdorf. Avec ce que je reçois pour salaire, nous pourrions mettre notre terre en bon état, car je pense bien que mon seigneur ne refusera pas de me le continuer, du moins pour cette année, que je crois fermement devoir être la dernière de ma vie. Wittemberg est devenu une véritable Sodome, et je ne veux pas y retourner. Après-demain je me rendrai à Mersebourg, où le comte George m'a vivement prié de venir. J'aimerais mieux passer ainsi ma vie sur les grandes routes, ou à mendier mon pain, que de tourmenter mes pauvres derniers jours par la vue des scandales de Wittemberg, où toutes mes peines et toutes mes sueurs sont perdues. Tu peux faire savoir ceci à Philippe et à Pomer, que je prie de bénir la ville en mon nom. Pour moi, je ne peux plus y vivre. »

Il ne fallut rien moins que les instantes prières de ses amis, de toute l'académie et de l'Électeur, pour le faire renoncer à cette résolution. Il revint à Wittemberg le 18 août.

Luther ne put mourir tranquille; ses derniers jours furent employés à la tâche pénible de réconcilier les comtes de Mansfeld, dont il était né le sujet. « Huit jours de plus ou de moins, écrit-il au comte Albrecht, en lui promettant de se rendre à Eisleben, huit jours de plus ou de moins, ne m'arrêteront pas, quoique je sois bien occupé d'ailleurs. Je pourrai me coucher dans le cercueil avec joie, quand j'aurai vu auparavant mes chers seigneurs se réconcilier et redevenir amis. » (6 décembre 1545.)

(De Eisleben.) « *A la très savante et très profonde dame Catherine Luther, ma gracieuse épouse.* Chère Catherine! nous sommes bien tourmentés ici, et nous ne serions pas fâchés de pouvoir retourner chez nous. Cependant il nous faudra, je pense, rester encore une huitaine de jours. Tu peux dire à maître Philippe qu'il ne fera pas mal de corriger sa *postille* sur l'Évangile, car, en l'écrivant, il ne savait guère pourquoi le Seigneur, dans l'Évangile, appelle les richesses des épines.

C'est ici l'école où l'on apprend ces choses. La sainte Écriture menace partout les épines du feu éternel, cela m'effraie et me rend de la patience, car je dois faire tous mes efforts, Dieu aidant, pour mener la chose à bonne fin... » (6 février 1546.)

« *A la gracieuse dame Catherine Luther, ma chère épouse, qui se tourmente beaucoup trop.* Grâce et paix dans le Seigneur. Chère Catherine! tu devrais lire saint Jean et ce que le Catéchisme dit de la confiance que nous devons avoir en Dieu. Tu te tourmentes vraiment comme si Dieu n'était pas tout-puissant, et qu'il ne pût produire de nouveaux docteurs Martin par dixaines, si l'ancien se noyait dans la Saale ou périssait d'une autre manière. J'ai Quelqu'un qui a soin de moi, mieux que toi et les anges vous ne pourriez jamais faire. Il est assis à la droite du Père tout-puissant. Tranquillise-toi donc. Amen... J'avais aujourd'hui l'intention de partir *in irâ meâ;* mais le malheur où je vois mon pays natal, m'a encore retenu. Le croirais-tu? je suis devenu légiste? Cependant cela ne servira pas à grand'chose. Il vaudrait mieux qu'ils me laissassent théologien. Il serait grand besoin pour eux d'humilier leur superbe. Ils parlent et agissent comme s'ils étaient des dieux, mais je crains bien qu'ils ne deviennent des diables, s'ils continuent ainsi. Lucifer aussi a été précipité par son orgueil, etc... Fais voir cette lettre à Philippe, je n'ai pas eu le temps de lui écrire séparément. » (7 février 1546.)

« *A ma douce et chère épouse, Catherine Luther de Bora.* Grâce et paix dans le Seigneur. Chère Catherine! Nous espérons retourner chez vous cette semaine, si Dieu le veut. Il a montré la puissance de sa grâce dans cette affaire. Les seigneurs se sont accordés sur tous les points, à l'exception de deux ou trois, entre autres sur la réconciliation des deux frères, les comtes Gebhard et Albrecht. Je dînerai aujourd'hui avec eux, et je tâcherai de les faire redevenir frères. Ils ont écrit l'un contre l'autre avec beaucoup d'amertume, et ne se sont encore rien dit pendant les conférences. — Du reste, nos jeunes seigneurs sont pleins de gaîté; ils vont en traîneaux avec les dames, et font sonner les clochettes de leurs chevaux. Dieu a exaucé nos prières.

» Je t'envoie des truites, dont la comtesse Albrecht m'a fait présent. Cette dame est bien heureuse de voir renaître la paix dans sa famille... Le bruit court ici que l'Empereur s'avance vers la Westphalie, et que le Français enrôle des landsknechts, de même que le Landgrave, etc. Laissons-les dire et forger des nouvelles : nous attendrons ce que Dieu voudra faire. Je te recommande à sa protection. — Martin LUTHER. » (14 février 1546.)

Luther était arrivé le 28 janvier à Eisleben, et quoique déjà malade, il assista aux conférences jusqu'au 17 février. Il prêcha aussi quatre fois, et révisa le réglement ecclésiastique du comté de Mansfeld. Le 17, il fut si malade que les comtes le prièrent de ne pas sortir. Au souper, il parla beaucoup de sa mort prochaine, et quelqu'un lui ayant demandé si nous nous reconnaîtrions les uns les autres dans l'autre monde, il répondit qu'il le pensait. En rentrant dans sa chambre avec maître Cœlius et ses deux fils, il s'approcha de la croisée et y resta long-temps en prières. Ensuite il dit à Aurifaber qui venait d'arriver : « Je me sens bien faible, et mes douleurs augmentent. » On lui donna un médicament, et on tâcha de le réchauffer par des frictions. Il adressa quelques mots au comte Albrecht, qui était venu aussi, et se mit sur un lit de repos en disant : « Si je pouvais seulement sommeiller une petite demi-heure, je crois que cela me soulagerait. » Il s'endormit en effet, et ne se réveilla qu'une heure et demie après, vers onze heures. En se réveillant, il dit aux assistans : « Vous voilà encore assis à côté de moi, ne voulez-vous pas aller reposer vous-mêmes? » Il se remit alors à prier, et dit avec ferveur : *In manus tuas commendo spiritum meum; redemisti me, Domine, Deus veritatis.* Il dit aussi aux assistans : « Priez tous, mes amis, pour l'Évangile de notre Seigneur, pour que son règne s'étende, car le concile de Trente et le pape le menacent grandement. » Il dormit ensuite jusque vers une heure, et quand il se réveilla, le docteur Jonas lui demanda comment il se trouvait. « O mon Dieu! répondit-il, je me sens bien mal. Mon cher Jonas, je pense que je resterai ici, à Eisleben, où je suis né. » Il marcha pourtant un peu dans la chambre et se remit sur son lit de repos, où on le couvrit de coussins. Deux médecins et le comte avec sa femme arrivèrent ensuite. Luther leur dit : « Je meurs, je resterai ici, à Eisleben; » et le docteur Jonas lui ayant exprimé l'espoir que la transpiration le soulagerait peut-être, il répondit : « Non, cher Jonas, c'est une sueur froide et sèche, le mal augmente. » Il se remit alors à prier, et dit : « O mon père! Dieu de notre Seigneur Jésus-Christ, toi le père de toute consolation, je te remercie de m'avoir révélé ton fils bien-aimé, en qui je crois, que j'ai prêché et reconnu, que j'ai aimé et célébré, et que le pape et les impies persécutent. Je te recommande mon âme, ô mon Seigneur Jésus-Christ! Je quitterai ce corps terrestre, je vais être enlevé de cette vie, mais je sais que je resterai éternellement auprès de toi. » Il répéta encore trois fois : *In manus tuas commendo spiritum meum; redemisti me, Domine veritatis*. Soudain il ferma les yeux, et tomba évanoui. Le comte Albrecht et sa femme, ainsi que les médecins, lui prodiguèrent leurs secours pour le rendre à la vie. Ils n'y parvinrent qu'avec peine. Le docteur Jonas lui dit alors : « Révérend père, mourez-vous avec constance dans la foi que vous avez enseignée ? » Il répondit par un *oui* distinct, et se rendormit. Bientôt il pâlit, devint froid, respira encore une fois profondément, et mourut.

Son corps fut transféré dans un cercueil d'étain, à Wittemberg, où il fut inhumé le 22 février avec les plus grands honneurs. Il repose dans l'église du château, au pied de la chaire. (Ukert I, p. 327, sqq. *Extrait de la relation de Jonas et de Cœlius*.)

Testament de Luther, daté du 6 janvier 1542. — Je soussigné, Martin Luther, docteur, reconnais avoir, par les présentes, donné comme douaire à ma chère et fidèle épouse Catherine, pour qu'elle en jouisse toute sa vie, comme bon lui semblera : la terre de Zeilsdorf, telle que je l'ai achetée et fait disposer depuis; la maison *Brun* que j'ai achetée sous le nom de Wolf; les gobelets et autres choses précieuses, telles que bagues, chaînes, médailles en or et en argent, de la valeur de mille florins environ.

» J'ai fait ceci, premièrement parce qu'elle a toujours été ma pieuse et fidèle épouse, qui m'a aimé tendrement, et qui, par la bénédiction du ciel, m'a donné et élevé cinq enfans heureusement encore en vie. Secondement, pour qu'elle se charge de mes dettes, montant à quatre cent cinquante florins environ, au cas où je ne pourrais les acquitter avant ma mort. Troisièmement, et surtout, parce que je ne veux pas qu'elle soit dans la dépendance de ses enfans, mais plutôt que les enfans dépendent d'elle, l'honorent et lui soient soumis, comme Dieu l'a commandé; car j'ai vu bien souvent comme le Diable excite les enfans, même les enfans pieux, à désobéir à ce commandement, surtout quand les mères sont veuves, que les fils ont des épouses, et les filles des maris. Je pense, au reste, que la mère sera la meilleure tutrice de ses enfans, et qu'elle ne fera pas usage de ce douaire au détriment de ceux qui sont sa chair et son sang, de ceux qu'elle a portés sous son cœur.

» Quoi qu'il puisse advenir d'elle après ma mort (car je ne puis limiter les desseins de Dieu), j'ai cette confiance qu'elle se conduira toujours comme une bonne mère envers ses enfans, et qu'elle partagera consciencieusement avec eux ce qu'elle possèdera.

» En même temps, je prie tous mes amis d'être témoins de la vérité et de défendre ma chère Catherine, s'il allait arriver, comme il serait possible, que de mauvaises langues l'accusassent de garder pour elle quelque somme d'argent cachée, et de ne pas en faire part aux enfans. Je certifie que nous n'avons ni argent comptant, ni trésor d'aucune espèce. En cela rien d'étonnant, si l'on veut considérer que nous n'avons eu d'autre revenu que mon salaire et quelques présens, et que cependant nous avons bâti, et porté les charges d'un grand ménage. Je regarde même comme une grâce particulière de Dieu, et je l'en remercie sans cesse, que nous ayons pu y sufffire, et que nos dettes ne soient pas plus considérables.......

» Je prie aussi mon gracieux seigneur, le duc Jean-Frédéric, électeur, de vouloir bien confirmer et maintenir le présent acte, quoiqu'il ne soit pas fait dans la forme demandée par les gens de loi. Martin LUTHER. *Signé* MÉLANCHTON, CRUCIGER et BUGENHAGEN, comme témoins. »

ADDITIONS

ET

ÉCLAIRCISSEMENS.

Page 1, ligne 7. — *Les Turcs...*

Luther crut voir d'abord dans les Turcs un secours que Dieu lui envoyait. « Ce sont, dit-il, les ministres de la colère divine, 1526. (*Præliari adversus Turcas, est repugnare Deo, visitanti iniquitates nostras per illos.* » — Il ne voulait point que les protestans s'armassent contre eux pour défendre les papistes, « car ceux-ci ne valent pas mieux que les Turcs. »

Il dit dans la préface qu'il mit à un livre du docteur Jonas, que les Turcs égalent les papistes, ou les surpassent plutôt, dans les choses que ceux-ci regardent comme essentielles au salut, tels que les aumônes, les jeûnes, les macérations, les pélerinages, la vie monastique, les cérémonies et les autres œuvres extérieures, et que c'est pour cette raison que les papistes ne parlent pas du culte des mahométans. Il prend occasion de ceci pour élever au-dessus de ces pratiques mahométanes ou « romanistes, la religion pure du cœur et de l'esprit, enseignée par l'Evangile. »

Ailleurs, il fait un parallèle entre le pape et le Turc, et conclut ainsi : « S'il faut combattre le Turc, il faut aussi combattre le pape. » — Cependant quand il vit les Turcs menacer sérieusement l'indépendance de l'Allemagne. Il exprima plusieurs fois le désir qu'on entretînt une armée permanente sur les frontières de la Turquie, et répéta souvent que tout ce qui portait le nom de chrétien devait implorer Dieu pour le succès des armes de l'Empereur contre les infidèles.

Luther exhorta l'Électeur, dans une lettre du 29 mai 1538, à prendre part à la guerre qui se préparait contre les Turcs. Il l'engagea à oublier les querelles intestines de l'Allemagne, pour tourner ses armes contre l'ennemi commun.

Un homme digne de foi, qui avait été en ambassade chez les Turcs, dit un jour à Luther que le sultan lui avait demandé quel homme était Luther, et de quel âge, et qu'ayant appris qu'il avait environ quarante-huit ans, il disait : Je voudrais qu'il ne fût pas si âgé; il a en moi un gracieux seigneur, dites-le-lui bien. « Que Dieu me préserve de ce gracieux seigneur, s'écria Luther, en faisant le signe de la croix. » (Tischreden, p. 432, verso.)

Page 3, ligne 25. —*Le Landgrave.. se croyant menacé, leva une armée...*

Luther, dans une lettre au chancelier Brück, dit, en parlant des préparatifs de guerre du Landgrave : « Une pareille agression de la part des nôtres, serait la plus grande honte pour l'Évangile. Ce ne serait point une révolte de paysans, mais une révolte de princes, qui préparerait à l'Allemagne les maux les plus terribles. Satan ne désire rien autant. » (mai 1528.) Il écrivit plusieurs lettres dans le même sens à l'Électeur. — Cependant il est quelquefois tenté de lâcher lui-même la bride au Landgrave. Ayant lu une lettre de Mélanchton, qui était au *Colloque*, il dit : « Ce que Philippe écrit, cela a des pieds et des mains, de l'autorité et de la gravité. Il dit des choses importantes en peu de mots; je conclus de sa lettre que nous avons la guerre....... Le lâche de Mayence fait tout le mal. Ils devraient nous donner une prompte réponse. Si j'étais le Landgrave, je tomberais dessus, je périrais ou je les exterminerais, puisque dans une affaire si juste, ils ne veulent pas nous donner la paix. » (Tischreden, p. 151.)

Page 26, ligne 3. — *Le duc George...*

Ce prince se montra de bonne heure opposé à la Réforme. Dès l'année 1525 (22 décembre), Luther avait écrit au duc pour le prier instamment de renoncer à ses persécutions contre la nouvelle doctrine. « ... Je me jette à vos pieds pour vous supplier de cesser enfin vos entreprises impies. Non que je craigne le préjudice qui en pourrait résulter pour moi, car je n'ai plus qu'à perdre ce misérable corps de chair que dans tous les cas la terre va bientôt recevoir. Si je recherchais mon avantage, je ne devrais rien tant désirer que la persécution. On a vu comme elle m'a servi jusqu'ici au-delà de toute attente. Si je prenais plaisir à rendre votre Grâce malheureuse, je l'exciterais de toutes mes forces à continuer ses violences ; mais c'est mon devoir de songer au salut de votre Grâce et de la supplier à genoux de cesser ses criminelles offenses envers Dieu et sa parole... »

Page 4, ligne 5. — *Le docteur Pack...*

« Mon cher Amsdorf, voici Otton Pack, pauvre exilé que j'offre à ta miséricorde ; il sera plus en sûreté à Magdebourg que chez moi ; je craindrais que le duc George ne me forçât de le remettre entre ses mains. » (29 juillet 1529.)

Page 5, ligne 1. — *Le grand-maître de l'ordre Teutonique avait sécularisé la Prusse...*

« Lorsque je parlai la première fois au prince Albert, comme il me consultait sur la règle de son ordre, je lui conseillai de mépriser cette règle stupide et confuse, de prendre femme et de réduire la Prusse à une forme politique, en principauté ou en duché. Philippe, partageait cette opinion, et donnait le même conseil... Cela pourrait s'exécuter aisément, si le peuple de Prusse et les grands unissaient leurs prières pour qu'il osât l'entreprendre; il aurait ainsi un motif nécessaire et puissant de faire ce qu'il désire.... C'est à toi avec Speratus, Amandus et les autres ministres, d'y amener le peuple, de l'enflammer, de l'animer pour qu'il invoque la main de Dieu, afin qu'au lieu de cette abominable principauté hermaphrodite, qni n'est ni laïque ni ecclésiastique, il désire et réclame une principauté véritable. — Je voudrais persuader la même chose à l'évêque ***; lui aussi, il cèderait à nos raisons, si le peuple le pressait de ses prières. » (4 juillet 1524.)

Il y avait six mois alors que cet évêque prêchait ouvertement la réforme. « Ainsi, écrivait Luther en avril 1525, pendant le fort de la guerre des paysans, l'Évangile court à pleine course et à pleines voiles en Prusse, où il n'était pas appelé, tandis que dans la haute et basse Allemagne, où il est venu et entré de lui-même, on le blasphème avec fureur. » (T. II, p. 649.)

Page 6, ligne 25. — *Le duc George...*

« Prie avec moi le Dieu de miséricorde, pour qu'il convertisse le duc George à son Évangile, ou que, s'il n'en est pas digne, il soit tiré de ce monde. » (27 mars 1526.)

Luther écrivit à l'Électeur, au sujet de ses querelles avec le duc George (31 décembre 1528) : «... Je prie votre Grâce électorale de m'abandonner entièrement à la décision des juges, au cas où le duc George le demanderait, car il est de mon devoir d'exposer ma tête plutôt que de faire éprouver le moindre préjudice à votre Grâce. Jésus-Christ, je l'espère, me donnera les forces nécessaires pour résister tout-seul à Satan. »

Page 7, ligne 14. — *Où s'arrêtera la superbe de ce Moab...*

Le duc George était, après tout, un persécuteur assez débonnaire. Ayant chassé de Leipzig quatre-vingts luthériens, il leur accorda la permission de garder leurs maisons, d'y laisser leurs femmes et leurs enfans, et même d'y venir trois fois par an au temps des foires. — Dans une autre circonstance, Luther ayant conseillé aux protestans de Leipzig de résister aux ordres de leur duc, celui-ci se contenta de prier l'électeur de Saxe d'interdire à Luther toute communication avec ses sujets. (Cochlæus, p. 230.)

Page 7, ligne 25. — *Diète à Spire...*

Quelque temps après cette diète, Luther écrivit la consultation suivante : « D'abord il serait bon que notre parti, à l'exclusion des zwingliens, parlât pour lui seul.

» En second lieu, qu'on écrivît à l'Empereur, et que les bienfaits du prince (l'électeur de Saxe), envers l'Église et l'État, fussent amplifiés, célébrés, etc. Il faudrait rappeler : 1° Qu'il a fait enseigner, de la manière la plus pure, le Christ et sa foi, comme on ne l'a jamais enseigné depuis mille ans ; qu'il a aboli une foule d'abus et de monstruosités nuisibles à l'Église et à l'État, comme les marchés de messes, les abus des indulgences, les violences de l'excommunication, et tant d'autres choses qui leur ont paru à eux-mêmes intolérables, et dont la noblesse a exigé l'abolition à Worms.

» 2° Qu'il a résisté aux séditieux, à ceux qui violaient les images et les églises.

» 3° Que la dignité impériale a été par lui honorée, glorifiée, réformée, plus qu'on ne l'avait fait en plusieurs siècles.

» 4° Que nous avons fait et supporté les plus grandes choses contre les partisans de Münzer, pour sauver la majesté et la paix publique.

» 5° Que c'est nous, et non d'autres, qui avons réprimé les sacramentaires ; que sans nous les papistes eussent été écrasés.

» 6° Que nous avons de même réprimé les anabaptistes.

» 7° Qu'en outre, nous avons étouffé les mauvais germes que de méchantes gens avaient répandus en divers endroits sur la sainte Trinité, sur la foi du Christ, etc. Je parle d'Érasme, d'Egranus et de leurs pareils. » (mai 1529.)

Page 7, ligne 28. — *Le parti de la Réforme éclata...*

Luther essaya encore de retenir les siens; le 22 mai 1529, il écrivit à l'Électeur pour le dissuader d'entrer dans aucune ligue contre l'Empereur, et l'exhorter à s'en remettre à la protection divine. Dans une lettre à Agricola, il approuva la conduite prudente de l'Électeur à l'égard de l'Empereur : « Notre prince a bien fait de reconnaître un seigneur dans une ville étrangère, et de n'avoir point cherché à être le maître, comme il aurait pu le faire. Christ a dit : *Si vous êtes persécuté dans une ville, fuyez dans une autre;* et encore : *Sortez de cette maison.* Ainsi je pense que notre prince, comme un membre qui ne peut se séparer du corps, ne devait point rompre avec César. Mais par son silence il a comme fui dans une autre ville, il est sorti de cette maison. » (30 juin 1530.)

Page 8, ligne 11. — *Le Landgrave essaya de réconcilier Luther et les sacramentaires...*

Au landgrave de Hesse. « Grâce et paix en Jésus-Christ. Sérénissime seigneur ! j'ai reçu la lettre par laquelle votre Altesse veut bien m'engager à me rendre à Marbourg, pour conférer avec Œcolampade et les siens, au sujet de nos opinions sur le saint Sacrement. Je ne saurais cacher à votre Altesse que je mets peu d'espoir dans une pareille conférence, et que je doute qu'on en voie sortir la paix et l'union. Néanmoins il faut rendre grâce à votre Altesse, de la sollicitude qu'elle montre en cette affaire, et je suis disposé, pour ma part, à me rendre au lieu désigné, bien que je regarde cette démarche comme inutile. Je ne veux pas laisser non plus à nos adversaires la gloire de pouvoir dire qu'ils aiment plus que nous la paix et la concorde. Mais je vous prie humblement, gracieux prince et seigneur, de vouloir bien, avant que nous nous réunissions, vous informer s'ils sont disposés à céder quelque point de leurs doctrines, autrement je craindrais fort que le mal ne fît qu'empirer par cette conférence, et que le résultat ne fût précisément le contraire de ce que votre Altesse recherche si loyalement et si sérieusement. A quoi servirait-il de se réunir et de discuter, si les deux parties arrivaient avec la résolution de ne céder en quoi que ce fût?... » (23 juin 1529.)

Dans une consultation qui nous reste sur le même sujet, et que l'on attribue généralement à Luther, il exprime le désir que quelques papistes, « hommes graves et instruits, » assistent à la conférence comme témoins.

A sa femme. « Grâce et paix en Jésus-Christ. Cher seigneur Catherine! Apprenez que notre conférence amicale de Marbourg est finie, et que nous sommes d'accord en tout point, si ce n'est que nos adversaires persistent à ne voir que du pain dans l'Eucharistie, et à n'admettre qu'une présence spirituelle de Jésus-Christ. Aujourd'hui le Landgrave nous parlera encore une fois, pour tâcher de nous unir ou de nous porter du moins à nous reconnaître pour frères et membres du même corps. Il y travaille avec ardeur. Nous leur accordons la paix et la charité, mais nous ne voulons pas de ce nom de frères. Demain ou après-demain, je pense, nous partirons pour nous rendre au Voigtland, où l'Électeur nous a appelés.

» Dis à Pommer que les meilleurs argumens de Zwingli ont été : *Que le corps ne peut exister sans espace, et que, par conséquent, le corps du*

Christ n'est pas dans le pain, et le meilleur d'OEcolampade : *Que le saint Sacrement est un signe du corps du Christ.* Dieu les a vraiment aveuglés ; ils n'ont su que nous répondre. — Adieu. Le messager me presse. Priez pour nous. Nous sommes bien portans et vivons comme les princes. Embrasse pour moi Leinette (Madeleine) et le petit Jean. Le jour de saint François. Votre dévoué serviteur, Martin LUTHER. » (4 octobre 1529.)

Luther écrivit au landgrave de Hesse dans une autre lettre (20 mai 1530), au sujet de ses tentatives de conciliation : « ... J'ai supporté de si grands dangers et de si longs tourmens pour ma doctrine, que certes j'ai lieu de désirer de n'avoir pas travaillé en vain. Ce n'est donc point par haine ou par orgueil que je leur résiste ; il y a bien long-temps que j'aurais adopté leur doctrine, Dieu, mon Seigneur, le sait, s'ils avaient pu m'en montrer la vérité ; mais les raisons qu'ils donnent sont trop faibles pour que j'y puisse engager ma conscience... »

Page 11, ligne 18. — *L'Électeur amena...*

Il partit de Torgaw le 3 avril, et arriva à Augsbourg le 2 mai. Sa suite se composait de cent soixante chevaux. Les théologiens qu'il avait avec lui furent Luther, Mélanchton, Jonas, Agricola, Spalatin et Osiander. Luther, excommunié et mis au ban de l'Empire, resta à Cobourg. (Ukert. t. I, p. 232.)

Page 11, ligne 19. — *L'Électeur amena Luther le plus près possible d'Augsbourg.*

« Je suis sur les confins de la Saxe, à moitié chemin entre Wittemberg et Augsbourg. Il y aurait eu trop de danger pour moi dans cette dernière ville. » (juin 1530.)

Page 13, ligne 22. — *Les nobles seigneurs qui forment nos comices...*

« Ma résidence est maintenant au milieu des nuages, dans l'empire des oiseaux. Sans parler de la foule des autres oiseaux, dont les chants confus feraient taire une tempête, il y a près d'ici un certain bois tout peuplé, de la première à la dernière branche, de corbeaux et de corneilles. Du matin au soir, et quelquefois pendant toute la nuit, il y a là une crierie si infatigable, si incessante, que je doute qu'en aucun lieu du monde tant d'oiseaux se soient jamais réunis. Pas un qui se repose un instant ; bon gré mal gré, il faut les entendre, vieux et jeunes, mères et filles, glorifier à qui mieux mieux, par leurs croassemens, le nom de corbeaux. Peut-être, par ces chants si harmonieux, veulent-ils faire descendre doucement le sommeil sur mes paupières ; avec la grâce de Dieu, j'en ferai cette nuit l'expérience. C'est une noble race d'oiseaux, et, comme tu le sais, fort utiles au monde. Il me semble, en les voyant, que j'ai sous les yeux toute l'armée des sophistes et des Cochleistes, réunis de toutes les parties du monde, afin que j'apprécie mieux leur sagesse et leur doux langage, et que je voie à mon aise ce qu'ils sont et ce qu'ils peuvent pour le monde de l'esprit et pour le monde de la chair. Jusqu'à ce jour, personne n'a entendu philomèle, et cependant le coucou, qui annonce et accompagne son chant, s'enorgueillit magnifiquement dans la gloire de sa voix. De la résidence des corbeaux. (22 avril 1530.)

Page 14, ligne 23. — *Luther le tançait rudement...*

Quelquefois cependant il compâtit à ses douleurs. « Vous avez confessé Christ, offert la paix, obéi à César, souffert les injures, épuisé les blasphèmes. Vous n'avez point rendu le mal pour le mal; enfin vous avez dignement travaillé à la sainte œuvre de Dieu, comme il convient à des saints; réjouissez-vous donc dans le Seigneur. Assez long-temps vous avez été contristés par le monde. Regardez et levez la tête, votre rédemption approche. Je vous canoniserai comme de fidèles membres de Christ; que faut-il de plus à votre gloire? » (15 septembre 1530.)

Page 19, ligne 15. — *J'aurais voulu être la victime sacrifiée par ce dernier concile, comme Jean Huss...*

« Plaise à Dieu que nous soyons dignes d'être brûlés ou égorgés par lui (par le pape.) Cependant si nous ne méritons pas de rendre témoignage par notre sang, implorons du moins Dieu pour qu'il nous accorde cette grâce de témoigner par notre vie et nos paroles que Jésus-Christ est seul notre Seigneur, et que nous l'adorerons dans tous les siècles des siècles. Amen. » (T. II des œuvres latines, p. 270.)

Page 19, ligne 19. — *La profession de foi des protestans...*

« A la diète d'Augsbourg, le duc Guillaume de

Bavière, qui était fort opposé à la doctrine évangélique, ayant dit au docteur Eck : « Peut-on renverser cette opinion par l'Écriture sainte ? » « Non, dit-il, mais par les Pères. » L'évêque de Mayence se mit à dire : « Voyez ! nos théologiens nous défendent joliment ! Les luthériens montrent leur opinion dans l'Écriture, et nous la nôtre hors de l'Écriture. » Le même évêque disait alors : « Les luthériens ont un article auquel on ne peut contredire, quand même tous les autres ne vaudraient rien ; c'est celui du mariage. » (Tischreden, p. 99.)

Page 20, ligne 10. — *L'archevêque de Mayence est très porté pour la paix...*

Luther, pour l'exhorter à montrer des sentimens pacifiques, lui avait écrit une lettre qui se terminait ainsi : « Je ne puis cesser de penser à la pauvre Allemagne, si malheureuse, si abandonnée, si méprisée, vendue à tant de traîtres en même temps. C'est ma chère patrie ; je désirerais tant la voir heureuse ! » (6 juillet 1530, de Cobourg.)

Page 21, ligne 7. — *Si l'Empereur veut faire un édit, qu'il le fasse; après Worms aussi il en fit un...*

. . . .

Luther a conscience de sa force. « Si j'étais tué par les papistes, ma mort protégerait nos descendans, et ces bêtes féroces en seraient peut-être plus cruellement punies que je ne voudrais moi-même. Car, il y a quelqu'un qui dira un jour : *Où est ton frère Abel?* Et celui-là les marquera au front, et ils erreront fugitifs par toute la terre... Notre race est maintenant sous la protection du Seigneur, puisqu'il est écrit : Je ferai miséricorde jusqu'à la millième génération à ceux qui m'ont aimé. Et moi je crois à ces paroles. » (30 juin 1530.)

« Si j'étais tué dans une émeute papiste, j'emmènerais à ma suite un grand nombre d'évêques, de prêtres, de moines, si bien que tous diraient : « Le docteur Martin Luther est conduit au sépulcre avec une grande procession; certes, c'est un grand docteur, au-dessus de tous évêques, prêtres, moines; aussi faut-il qu'à son enterrement, ils aillent avec lui, étendus sur le dos. » C'est ainsi que nous ferions ensemble notre dernier voyage. » (1531. Cochlæus, p. 211. Extrait du livre de Luther intitulé : *Avis aux Allemands.*)

Les catholiques, lui disait-on, vous reprochent plusieurs fausses interprétations dans votre traduction de l'Écriture. Il répondit : « Ils ont encore de trop longues oreilles, et leur *hihan! hihan!* est trop faible pour juger une traduction du latin en allemand... Dis-leur que le docteur Martin Luther veut qu'il en soit ainsi, et qu'un papiste et un âne c'est la même chose.

Sic volo, sic jubeo, sit pro ratione voluntas.

(Passage cité par Cochlæus, 201, verso.)

Page 21, ligne 15. — *Qu'ils nous rendent Léonard Keiser...*

« Non-seulement le titre de roi, mais celui de César lui est bien mérité, puisqu'il a vaincu celui dont le pouvoir ne trouve point d'égal sur la terre. Ce n'est pas seulement un prêtre, c'est un souverain pontife et un véritable pape, celui qui a offert ainsi son corps en sacrifice à Dieu. Avec juste raison l'appelait-on Léonhard, c'est-à-dire force du lion ; c'était un lion fort et intrépide. » (22 octobre 1527.)

A Hausmann. « Je pense que tu auras vu l'histoire de Gaspard Tauber, le nouveau martyr de

Vienne, qui a été décapité et brûlé dans cette ville pour la parole de Dieu. Il en est arrivé autant à un libraire de Bude, en Hongrie, qu'on a brûlé au milieu de ses livres. » (12 novembre 1524.)

Il y avait à Vienne des partisans de la nouvelle doctrine. « Lorsqu'après la diète d'Augsbourg le cardinal Campeggio entra dans la ville avec le roi Ferdinand, on habilla un petit homme de bois en cardinal, on lui attacha au cou des indulgences et le sceau du pape, et on le mit sur un chien qui avait à la queue une vessie de porc pleine de pois. On fit courir ce chien à travers toutes les rues. » (Tischr., p. 251.)

Page 21, ligne 16. — *Qu'ils nous rendent Keiser et tant d'autres qu'ils ont fait injustement mourir...*

Si l'on en croyait Cochlæus, Luther se serait montré persécuteur à son tour. En 1532, un luthérien s'étant éloigné de ses opinions, Luther le fit enlever et conduire à Wittemberg, où il fut emprisonné; un procès fut commencé. Comme on ne trouva pas de charges suffisantes, il fallut le relâcher. Mais il fut toujours depuis sourdement persécuté par les luthériens. (Cochlæus, p. 218.)

Page 22, ligne 22. — *On se prépare à combattre...*

Cependant on craignait tant de part et d'autre l'issue de la lutte, que, contre toute probabilité, la paix se maintint. « J'admire ce miracle de Dieu, que tant de menaces soient allées en fumée. Tout le monde en effet croyait qu'au printemps éclaterait en Allemagne une guerre atroce. » (juin 1531.)

La crainte d'un nouveau soulèvement des paysans contribuait à entretenir les intentions pacifiques des princes. « Les paysans, écrit Luther, recommencent à s'assembler. Une soixantaine d'entre eux ont cherché à surprendre la nuit le château de Hohenstein. Tu vois que malgré la présence de l'Empereur, il faut prendre des précautions contre cette révolte; que serait-ce si les papistes commençaient la guerre? » (19 juillet 1530.)

Page 22, ligne 25. — *Luther fut accusé d'avoir poussé les protestans à prendre cette attitude hostile...*

Bien loin de là, il avait dès 1529 dissuadé l'Électeur d'entrer dans aucune ligue dirigée contre l'Empereur... « Nous ne saurions approuver une pareille alliance; s'il en résultait quelque malheur, peut-être même la guerre ouverte, tout retomberait sur notre conscience, et nous aimerions mieux être dix fois morts que d'avoir à nous reprocher du sang versé pour l'Évangile. Nous sommes ceux qui devons souffrir, comme dit le prophète, ceux qui ne doivent pas se venger eux-mêmes, mais tout remettre entre les mains de Dieu... Je supplie donc humblement votre Grâce électorale de ne pas se laisser abattre par ce danger. Nous allons élever nos prières à Dieu; mais nos mains doivent rester pures de sang et de crime. S'il arrivait (contre mon opinion) que l'Empereur allât jusqu'à me réclamer moi ou mes amis, nous irions, sous la protection de Dieu, comparaître devant lui, plutôt que de causer préjudice à votre Grâce électorale, comme je l'ai plusieurs fois déclaré à votre auguste frère, feu l'électeur Frédéric.... » (18 novembre 1529.)

Page 22, ligne 28. — *Résistance à l'Empereur...*

Dans le livre des *Propos de table* (p. 397, verso et suiv.) Luther parle plus explicitement : « Ce n'est point pour la religion que l'on combattra.

L'Empereur a pris les évêchés d'Utrecht et de Liége; il a offert au duc de Brunswick de lui laisser prendre Hildesheim. Il est affamé et altéré des biens ecclésiastiques; il les dévore. Nos princes ne le souffriront pas; ils voudront manger avec lui. Alors on en viendra à se prendre aux bonnets. » (1530.)

« J'ai souvent été interrogé par mon gracieux seigneur, sur la question de savoir ce que je ferais si un voleur de grand chemin, un meurtrier, venait m'attaquer. Je résisterais, dans l'intérêt du prince dont je suis sujet et serviteur; je puis tuer le voleur, mettre le couteau sur lui, et même ensuite recevoir les sacremens. Mais si c'est pour la parole de Dieu, et comme prédicateur, que l'on m'attaque, je dois souffrir et recommander la vengeance à Dieu. Aussi je ne prends point de couteau en chaire, mais sur la route. Les anabaptistes sont des coquins désespérés, ils ne portent aucune arme et se vantent d'une grande patience. »

(1536.) « Comme je parlais pour la paix, le landgrave de Hesse me disait : Seigneur docteur, vous conseillez très bien; mais quoi? Si nous ne suivons pas vos conseils? »

(1539.) Luther répond sur la question du droit de résistance « que, selon le droit public, le droit naturel et la raison, la résistance à l'autorité injuste est permise. Il n'y a de difficulté que dans le domaine de la théologie.

» La question n'eût pas été difficile à résoudre au temps des apôtres, car toutes les autorités étaient alors païennes et non chrétiennes. Mais maintenant que tous les princes sont chrétiens ou prétendent l'être, il est difficile de conclure, car un prince et un chrétien sont les plus proches parens. — Qu'un chrétien puisse se défendre contre l'autorité, il y a là matière à de grandes réflexions. — ... Au fond, c'est au pape que j'arrache l'épée, et non à l'Empereur.

Il résume ainsi lui-même les argumens qu'il eût pu adresser aux Allemands, s'il eût fait une exhortation à la résistance :

« 1. L'Empereur n'a ni droit ni puissance pour ordonner cela; c'est chose certaine, s'il l'ordonne, on ne doit point lui obéir. 2. Ce n'est pas moi qui excite le trouble, je l'empêche et je m'y oppose. Qu'ils voient s'ils n'en sont pas les auteurs, lorsqu'ils ordonnent ce qui est contre Dieu. 3. Ne badinez pas tant. Si vous faites boire le fou (narren Luprian), prenez garde qu'il ne vous crache au visage. Il est, d'ailleurs, assez altéré, et ne demande pas mieux que de boire son soûl. 4. Eh bien ! vous voulez combattre; courbez vos têtes pour recevoir la bénédiction. Ayez bon succès ! Dieu vous donne joyeuse victoire ! Moi, docteur

Martin Luther, votre apôtre, je vous ai parlé, je vous ai avertis, comme c'était mon devoir ! »

Il dit encore ailleurs : « Vous méprisez ma doctrine. Vous voulez prendre le Luther dans ses paroles, comme faisaient les Pharisiens au Christ. Mais si je voulais (je ne le veux point), j'aurais une glose pour vous embarrasser ; je dirais que cette résistance n'est point contre l'Empereur, mais contre Dieu. D'un autre côté : qu'un politique, un citoyen, un sujet, n'est pas un chrétien, que ce n'a pas été la pensée de Christ de détruire les droits, la police et le gouvernement du monde. Rends à Dieu ce qui est à Dieu, et à César ce qui est à César. N'obéis point dans ce qui est contre Dieu et sa parole.

» Je condamne la révolte au péril de mon corps, de ma vie, de mon honneur et de mes biens. Je voudrais bien vous arrêter et vous retenir. Si vous commencez, je me tairai et périrai avec vous. Vous irez en enfer au nom de tous les diables, et moi au ciel au nom du Christ. Ils veulent abuser de notre doctrine, mais ils verront du moins qu'elle n'est point erronée en soi.

» ... Tuer un tyran n'est pas chose permise à l'homme qui n'est dans aucune fonction publique, car le cinquième commandement dit : Tu ne dois pas tuer. Mais si je surprends un homme près de ma femme ou de ma fille, quoiqu'il ne soit point un tyran, je pourrai fort bien le tuer. *Item*, s'il prend par force à celui-ci sa femme, à l'autre sa fille, au troisième ses terres et ses biens, que les bourgeois et sujets s'assemblent, ne sachant plus comment supporter sa violence et sa tyrannie, ils pourront le tuer, comme tout autre meurtrier ou voleur de grand chemin. » (Tischr., p. 397, verso, sqq.)

» Le bon et vraiment noble seigneur Gaspard de Kokritz m'a demandé, mon cher Jean, que je t'écrivisse mon jugement sur le cas où César voudrait faire la guerre à nos princes, au sujet de l'Évangile. Serait-il alors permis aux nôtres de résister et de se défendre? J'avais déjà écrit mon opinion sur ce sujet, du vivant du duc Jean. Aujourd'hui il est un peu tard pour me demander mon avis, puisqu'il a été décidé parmi les princes qu'ils peuvent et veulent résister et se défendre, et qu'on ne s'en tiendra pas à mon dire... Ne fortifie pas le bras des impies contre nos princes; laisse le champ libre à la colère et au jugement de Dieu; ils l'ont cherché jusqu'à ce jour avec fureur, avec rire et avec joie. Cependant intimide les nôtres par cet exemple, que les Machabées ne suivirent pas ceux qui voulaient se défendre contre Antiochus, mais que dans la simplicité de leur cœur ils se laissèrent plutôt tuer. » (8 février 1539.)

Dans son livre *De seculari potestate*, dédié au duc de Saxe, il dit : « En Misnie, en Bavière et en d'autres lieux, les tyrans ont promulgué un édit pour qu'on ait à livrer partout aux magistrats les Nouveaux Testamens. Si les sujets obéissent à l'édit, ce n'est pas un livre, qu'ils remettent au péril de leur salut, c'est Christ lui-même qu'ils livrent aux mains d'Hérode. Cependant, si on veut les enlever par la violence, il faut le souffrir; on ne doit point résister à la témérité. — Les princes sont du monde, et le monde est ennemi de Dieu. »

« On ne doit pas obéir à César s'il veut faire la guerre à notre parti. Le Turc n'attaque pas son Alcoran, l'Empereur ne doit pas davantage attaquer son Évangile. » (Cochlæus, p. 210.)

Page 22, ligne 30. — *Voici mon avis...*

L'Électeur avait demandé à Luther s'il serait permis de résister à l'Empereur les armes à la main. Luther répondit négativement, en ajoutant seulement : « Si cependant l'Empereur, non content d'être le maître des états des princes, allait jusqu'à exiger d'eux de persécuter, de mettre à mort, ou de chasser leurs sujets pour la cause de l'Évangile, les princes convaincus que ce serait agir contre la volonté de Dieu, devront lui refuser l'obéissance; autrement ils violeraient leur foi et se rendraient complices du crime. Il suffit qu'ils laissent faire l'Empereur, qui aura à en rendre compte, et qu'ils ne défendent pas leurs sujets contre lui. » Plus loin il dit, en parlant de la guerre civile : « Quel carnage et quelles lamentations couvriraient alors la terre allemande ! Un prince devrait mieux aimer perdre trois fois ses états, ou mourir trois fois, que d'être la cause de si horribles bouleversemens, ou seulement d'y consentir. Quelle conscience pourrait le supporter ! Le diable verrait cela avec plaisir; Dieu veuille nous en préserver à jamais ! » (6 mars 1530.)

Page 26, ligne 8. — *Que l'on m'accuse ou non d'être trop violent...*

L'Électeur avait réprimandé Luther au sujet de deux écrits (*Avertissement à ses chers Allemands*, et *Gloses sur le prétendu édit impérial*) qu'il trouvait trop violens. Luther lui répondit (16 avril 1531) qu'il n'avait fait que repousser les attaques plus violentes encore de ses ennemis, et qu'il serait injuste de lui imposer silence lorsqu'on laissait tout dire à ses adversaires...

« Il m'a été impossible de me taire plus longtemps dans cette affaire qui me concerne plus que tout autre. Si je gardais le silence devant une telle condamnation publique de ma doctrine, ne serait-ce pas l'abandonner, la renier? Plutôt que de le souffrir, je braverais la colère de tous les diables, celle du monde entier, sans parler de celle des conseillers impériaux. — On dit que mes deux écrits sont tranchans et bien affilés; l'on a raison : je ne les ai pas non plus faits pour être doux; le seul regret que j'aie c'est qu'ils ne soient pas plus tranchans encore. Si l'on considère la violence de mes adversaires, l'on sera forcé d'avouer que j'ai été trop bénin... Tout le monde crie contre nous; l'on vocifère les calomnies les plus odieuses; et moi, pauvre homme, j'élève la voix à mon tour, et voilà que personne n'aura crié que Luther... En somme, tout ce que nous disons et faisons est injuste, quand même nous ressusciterions les morts; tout ce qu'ils font, eux, est juste, quand même ils noieraient l'Allemagne dans les larmes et dans le sang. »

Page 26, ligne 16. — *Eh bien! puisqu'ils sont incorrigibles..... je romps avec eux.....*

« Toujours jusqu'à présent (1534), particulièrement à la diète d'Augsbourg, nous avons humblement offert au pape et aux évêques de recevoir d'eux la consécration et l'autorité spirituelle, et de les aider à conserver ce droit; ils nous ont toujours repoussés. Et s'il arrive un jour, pour la consécration sacerdotale, ce qui est arrivé pour les indulgences, à qui sera la faute. J'ai offert aussi de me taire sur les indulgences si l'on voulait se taire sur ce que j'avais écrit; ils n'ont pas voulu, et aujourd'hui il n'y a plus assez de mépris par tout le monde pour les indulgences; indulgences, lettres papales, sceaux brisés gisent à terre. Ainsi disparaîtra le pouvoir de consacrer et le chrême et les tonsures, de sorte qu'on ne reconnaîtra plus où est l'évêque, où est le prêtre. » (Cochlæus, p. 245. extrait du *De angulari missâ*, Luth., op. lat., VII, p. 220.)

Page 28, ligne 3. — *Anabaptistes.*

Il y avait déjà long-temps qu'ils remuaient en Allemagne. « Nous avons ici une nouvelle espèce de prophètes, venus d'Anvers, qui prétendent que l'Esprit saint n'est autre chose que le génie et la raison naturelle. (27 mars 1525.)

» Il n'y a rien de nouveau, sinon que l'on dit que les anabaptistes augmentent et se répandent de tous côtés. (28 décembre 1527.)

» La nouvelle secte des anabaptistes fait d'étonnans progrès ; ce sont des gens qui mènent une vie d'excellente apparence, et qui meurent avec grande audace par l'eau ou par le feu. (31 décembre 1527.)

» Il y a beaucoup de troubles en Bavière.... il ne me semble pas à propos que tu les livres aux magistrats ; ils se livreront eux-mêmes, et alors le conseil les bannira de la ville. Je vois partout la tradition de Münzer, sur la perdition future des impies et le règne des justes sur la terre. C'est ce que prophétise Cellarius dans un livre qu'il vient de publier ; cet esprit est un esprit de révolte. (27 janvier 1528.) »

Le 12 mai 1528 il écrit à Link : « Tu as vu, je pense, mon *Antischwermerum* et ma dissertation sur la digamie des évêques. Le courage des anabaptistes mourans, ressemble à celui des donatistes dont parle Augustin, ou à la fureur des juifs dans Jérusalem dévastée. Les saints martyrs, comme notre Léonard Keiser, meurent avec crainte, humilité, et en priant pour leurs bourreaux ; l'opiniâtreté de ceux-ci au contraire, lorsqu'ils vont à la mort, semble augmenter avec l'indignation de leurs ennemis. »

Page 51, ligne 2. — *Exécution...*

Extrait d'un ancien livre de chant des anabaptistes. « Les paroles d'Algérius sont des miracles : « Ici, dit-il, les autres gémissent et pleurent, et moi j'y ressens de la joie. Dans ma prison, l'armée du ciel m'apparaît; je ne sais combien de martyrs habitent avec moi tous les jours. Dans la joie, dans les délices, dans l'extase de la grâce, je vois le Seigneur sur son trône. »

» Mais ta patrie, lui disaient-ils, tes amis, tes parens, ta profession, peux-tu les quitter volontiers? Il dit aux envoyés : « Nul homme ne me bannit de ma patrie; elle est aux pieds du trône céleste, là où mes ennemis deviendront mes amis pour chanter le même cantique.

» Médecins, artistes, ouvriers, ne peuvent ici-bas réussir; qui ne reconnaît la force de Dieu, n'a qu'une force aveugle. » Les juges furieux le menacèrent du feu. « Dans la puissance des flammes, dit Algérius, vous reconnaîtrez la mienne. » (Wunderhorn, t. I.)

Page. 55. — *Fin du chapitre...*

Les passages suivans de Ruchat (Réformation de la Suisse), font bien connaître le bizarre enthousiasme des anabaptistes. « L'an 1529, neuf anabaptistes furent saisis à Bâle, et mis en prison. On les fit venir devant le sénat, et on appela aussi les ministres pour conférer avec eux. D'abord Œcolampade leur expliqua en deux mots le symbole des apôtres et celui de saint *Athanase*, et leur représenta que c'était là la véritable et indubitable foi chrétienne, que Jésus-Christ et ses apôtres avaient prêchée. Ensuite le bourgmeistre, Adelbert Meyer, dit aux anabaptistes, qu'ils venaient d'entendre une bonne explication de la foi chrétienne, et que, « puisqu'ils se plaignaient des ministres, ils devaient présentement parler à cœur ouvert et exposer hardiment ce qui leur faisait de la peine. » Mais il n'y en eut pas un seul qui lui répondît un mot, ils se contentèrent de se regarder les uns les autres. Alors le premier huissier de la chambre dit à l'un d'eux, qui était tourneur de sa profession : « D'où vient que tu ne parles pas présentement, après avoir tant jasé ailleurs, dans la rue, dans les boutiques, et dans la prison? » Comme ils gardaient encore le silence, Marc Hedelin, chef des tribus, s'adressa au principal de ces gens-là, et lui dit : « Que réponds-tu, frère, à ce qui t'a été proposé? » L'anabaptiste lui répondit : « Je ne vous reconnais point pour frère. » « Comment? » lui dit ce seigneur. « Parce, dit l'autre, que vous n'êtes point chrétien. Amendez-vous premièrement, corrigez-vous, et quittez la magistrature. » « En quoi penses-tu donc, lui dit Hedelin, que je pèche tant? » « Vous le savez bien, » lui répondit l'anabaptiste.

» Le bourgmeistre prit la parole, lui ordonna de répondre avec modestie et avec douceur, et le pressa vivement de parler sur la question dont il s'agissait. Sur quoi il répondit : « Qu'il ne croyait pas qu'un chrétien pût être dans une magistrature mondaine, parce que celui qui combat avec l'épée, périra par l'épée : Que le baptême des enfans est du diable, et une invention du pape; on doit baptiser les adultes, et non les petits enfans, selon l'ordre de Jésus-Christ. »

» Œcolampade entreprit de le réfuter, avec toute la douceur possible, et de lui faire voir, que les passages qu'il avait cités, avaient un autre sens, comme tous les anciens docteurs en faisaient foi. « Mes chers amis, dit-il, vous n'entendez pas l'Écriture sainte et vous la maniez fort grossièrement. » Et comme il allait leur montrer le véritable sens de ces passages, l'un d'entre eux, qui était meunier, l'interrompit, le traitant de séducteur, qui caquetait beaucoup, et dit : « Que ce qu'il avait là allégué contre eux, ne faisait rien au sujet. Qu'ils avaient entre les mains la pure et propre parole de Dieu, et qu'ils voulaient s'y attacher toute leur vie, que le Saint-Esprit parlait maintenant par lui. Il s'excusait en même temps de ne pas parler éloquemment, disant qu'il n'avait pas étudié, qu'il n'avait été dans aucune université, et que dès sa jeunesse il avait haï la sagesse humaine, qui est pleine de tromperies. Qu'il connaissait bien la ruse des scribes, qui cherchaient perpétuellement à offusquer les yeux des simples. » Après quoi il se mit à crier et à pleurer, disant : « Qu'après avoir ouï la parole de Dieu, il avait renoncé à sa vie déréglée; et que maintenant que par le baptême il avait reçu le pardon de ses péchés, il était persécuté de chacun, au lieu que dans le temps qu'il était plongé dans toutes sortes de vices, personne ne l'avait châtié, ni mis en prison, comme on faisait présentement. Qu'on l'avait enfermé dans la tour, comme un meurtrier; quel était donc son crime? etc. La conférence ayant duré jusqu'à l'heure du dîner, le sénat se leva.

» Après dîner, le sénat s'étant rassemblé, les ministres entrèrent en conférence avec les anabaptistes, au sujet de la magistrature. Et comme l'un d'eux eut donné des réponses assez satisfaisantes sur les questions qu'on lui avait proposées, cela fit chagrin aux autres, de ce qu'il n'était pas ferme dans leur doctrine. C'est pourquoi ils l'interrompirent. « Laisse-nous parler, lui dirent-ils, nous qui entendons mieux l'Écriture; nous pourrons mieux répondre sur ces articles, que toi, qui es encore un novice, et qui n'es pas capable de défendre notre foi contre les renards. » Alors le tourneur entrant en dispute, soutint que saint Paul (*Rom. XIII*) parlant des puissances supérieures, n'entend point les magistrats, mais les supérieurs ecclésiastiques. Œcolampade lui nia cela, et lui demanda en quel endroit de la Bible il le trouvait, et comment il le prouverait? L'autre lui dit : « Feuilletez aussi tout l'Ancien et le Nouveau Testament, et vous y trouverez que vous devez recevoir une pension; vous avez meilleur temps que moi, qui suis obligé de me nourrir du travail de mes mains, pour n'être à charge à personne. » Cette saillie fit un peu rire les assistans. Œcolampade leur dit : « Messieurs, il n'est pas temps maintenant de rire : si je reçois de l'Église mon entretien et ma nourriture, je puis prouver par l'Écriture, que cela est raisonnable : ainsi ce sont là des discours séditieux. Priez plutôt pour la gloire du Seigneur, afin que Dieu amollisse leurs cœurs endurcis et les éclaire. »

« Après plusieurs autres discours, comme le temps de se lever approchait, il y en eut un, qui n'avait rien dit de tout le jour, qui se mit à hurler et à pleurer. « Le dernier jour est à la porte, disait-il, amendez-vous, la cognée est déjà mise à l'arbre ; ne noircissez donc pas notre doctrine sur le baptême. Je vous en prie, pour l'amour de Jésus-Christ, ne persécutez pas les gens de bien. Certainement le juste juge viendra bientôt, et fera périr tous les méchans. »

« Le bourgmeistre l'interrompit pour lui dire qu'on n'avait pas besoin de cette lamentation ; qu'il devait raisonner sur les articles dont il était question. Il voulut continuer sur le même ton, mais on ne le lui permit pas. Enfin le bourgmeistre justifia la conduite du sénat, à l'égard des anabaptistes : il représenta qu'on les avait arrêtés, non pas à cause de l'Évangile, ni à cause de leur bonne conduite, mais à cause de leurs déréglemens, de leur parjure et de leur sédition. Que l'un deux avait commis un meurtre ; un autre avait enseigné qu'on ne doit point payer les dîmes : un troisième avait excité des troubles, etc. Que c'était pour ces crimes qu'on les avait saisis, jusqu'à ce qu'on eût décidé quel traitement on leur ferait, etc.

» Dans ce moment, l'un d'entre eux se mit à crier : « Mes frères, ne résistez point au méchant. Quand même l'ennemi serait devant votre porte, ne la fermez pas. Laissez-les venir, ils ne peuvent rien faire contre nous, sans la volonté du

Père, puisque nos cheveux sont comptés. Je dis bien plus : il ne faut pas même résister à un brigand dans un bois. Ne croyez-vous pas que Dieu ait soin de vous ? » On lui imposa silence. (Ruchat, *Réforme suisse*, II, p. 498.)

Autre dispute. — « Le ministre zwinglien leur parla amiablement et avec douceur, leur remontrant que, s'ils enseignaient la vérité, ils avaient tort de se séparer de l'Église, et de prêcher dans les bois, et dans d'autres lieux écartés. Ensuite il leur exposa en peu de mots la doctrine de l'Église. Un des anabaptistes l'interrompit, pour lui dire : « Nous avons reçu le Saint-Esprit par le baptême, nous n'avons pas besoin d'instruction. » Un des seigneurs députés leur dit : « Nous avons ordre de vous dire, qu'on veut bien vous laisser aller sans autre châtiment, pourvu que vous quittiez le pays et que vous promettiez de n'y plus revenir, à moins que vous ne vous amendiez. » L'un des anabaptistes lui répondit : « Quel ordre est-ce-là? le magistrat n'est point maître de la terre pour nous ordonner de sortir ou d'aller ailleurs. Dieu a dit : Habite le pays. Je veux obéir à ce commandement, et demeurer dans le pays où je suis né, où j'ai été élevé, et personne n'a le droit de s'y opposer. » Mais on lui fit bientôt éprouver le contraire. (Ruchat, t. III, p. 102.)

« On vit à Bâle un anabaptiste nommé *Conrad*

in Gassen, qui proférait des blasphèmes étranges, par exemple : « Que Jésus-Christ n'était point notre Rédempteur ; qu'il n'était point Dieu, et qu'il n'était point né d'une Vierge. » Il ne faisait aucun cas de la prière, et comme on lui représentait que Jésus-Christ avait prié sur la montagne des Oliviers, il répondait avec une brutale insolence : « Qui est-ce qui l'a ouï? » Comme il était incorrigible, il fut condamné à avoir la tête tranchée. — Cet impie fanatique me fait souvenir d'un autre de nos jours, qui a séduit certaines personnes de notre voisinage, il y a quelques années, en leur persuadant qu'il ne fallait user ni de pain ni de vin. Et comme on lui objectait un jour à Genève, que le premier miracle de Jésus-Christ avait été de changer l'eau en vin, il répondit : « Que Jésus-Christ était encore jeune dans ce temps-là, et que c'était une petite faute qu'il fallait lui pardonner. » (Ruchat, *Réforme suisse*, t. III, p. 104.)

La Réforme, née dans la Saxe, avait promptement gagné les bords du Rhin, et était allée, remontant le fleuve, s'associer dans la Suisse au rationalisme vaudois ; elle osa même passer dans la catholique Italie. Mélanchton, qui entretenait correspondance habituelle avec Bembo et Sadolet, tous deux secrétaires apostoliques, fut d'abord beaucoup plus connu que Luther des érudits italiens. C'est à lui qu'on rapportait la gloire des premières attaques contre Rome. Mais la réputation de Luther grandissant avec l'importance de sa réforme, il apparut bientôt aux Italiens comme le chef du parti protestant. C'est à ce titre qu'Altieri lui écrit en 1542 au nom des églises protestantes du nord-est de l'Italie :

« Au très excellent et très intègre docteur et maître dans les saintes Écritures, le seigneur Martin Luther, notre chef (princeps) et notre frère en Christ, les frères de l'église de Venise, Vicence et Trévise.

» Nous avouons humblement notre faute et notre ingratitude, pour avoir tardé si long-temps à reconnaître ce que nous te devions à toi qui nous as ouvert la voie du salut... Nous sommes exposés à toute la rage de l'Antichrist, et sa cruauté augmente de jour en jour contre les élus de Dieu... Errans, dispersés, nous attendons que vienne le fort du Seigneur... Vous que Dieu a placés à la garde de son troupeau, jusqu'à sa venue, veillez, nous vous en supplions, chassez les loups qui nous dévorent... Sollicitez les sérénissimes princes de l'Allemagne qui suivent l'Évangile, d'écrire pour nous au sénat de Venise, afin de modérer et de suspendre les mesures violentes que l'on prend contre le troupeau du Seigneur, à la suggestion des ministres du pape..... Vous savez quel accroissement ont pris ici vos églises; combien est large la porte ouverte à l'Évangile... travaillez donc encore pour la cause commune.» (Seckendorf, lib. III, p. 401.)

Charles-Quint contribua lui-même à répandre dans la péninsule le nom et les doctrines de Luther, en appelant sans cesse dans cette contrée de nouvelles bandes de landsknechts, parmi lesquels se trouvaient beaucoup de protestans. On sait que George Frundsberg, le chef des troupes allemandes du connétable de Bourbon, jurait d'étrangler le pape avec la chaîne d'or qu'il portait au cou. — L'auteur d'une histoire luthérienne rapporte qu'un de ces Allemands se vantait de manger bientôt un morceau du pape (*ut ex corpore papæ frustum devoret*). Il ajoute qu'après la prise de Rome plusieurs hommes d'armes changèrent une chapelle en écurie, et firent des bulles du pape une litière pour leurs chevaux, puis, se revêtant d'habits sacerdotaux, ils proclamèrent pape un landsknecht qui, dans son consistoire, déclara faire abandon de la papauté à Luther. (Cochlæus, p. 156). — Luther fut même solennellement proclamé. « Un certain nombre de soldats allemands s'assemblèrent un jour dans les rues de Rome, montés sur des chevaux et des mules. Un d'eux, nommé Grunwald, remarquable par sa taille, s'habilla comme le pape, se mit sur la tête une triple couronne, et monta sur une mule richement caparaçonnée; d'autres s'étaient habillés en cardinaux, avec une mitre sur la tête, et vêtus d'écarlate ou de blanc, suivant les personnages qu'ils représentaient. Ils se mirent ainsi en marche au bruit des tambours et des fifres, entourés d'une foule innombrable, et avec toute la pompe usitée dans les processions pontificales. Lorsqu'ils passaient devant quelques maisons où se trouvait un cardinal, Grunwald bénissait le peuple. Il descendit ensuite de sa mule, et les soldats, le plaçant sur un siége, le portèrent sur leurs épaules. Arrivé au château Saint-Ange, il prend alors une large coupe et boit à la santé de Clément, et ceux qui l'environnent suivent son exemple. Il prête ensuite serment à ses cardinaux, et ajoute qu'il les engage à rendre hommage à l'Empereur comme à leur légitime et unique souverain; il leur fait promettre qu'ils ne troubleront plus la paix de l'Empire par leurs intrigues, mais que, suivant les préceptes de l'Écriture et l'exemple de Jésus-Christ et des apôtres, ils demeureront soumis au pouvoir civil. Après une harangue dans laquelle il récapitula les guerres, les parricides et les sacriléges des papes, le prétendu pontife promit solennellement de transférer, par voie de testament, son autorité et sa puissance à Martin Luther. Lui seul, disait-il, pouvait abolir tous ces abus et réparer la barque de saint Pierre, de sorte qu'elle ne fût plus le jouet des vents et des flots. Élevant alors la voix, il dit aux assistans : « Que tous ceux qui sont de cet avis, le fassent connaître en levant la main. » Aussitôt la multitude des soldats leva la main en s'écriant : « *Vive le pape Luther !* » Toute cette scène se passait sous les yeux de Clément VII. (Macree, Réf. en Italie, p. 66-7.)

Les ouvrages de Zwingli étant écrits en langue latine, circulaient plus facilement en Italie que ceux des réformateurs du nord de l'Allemagne, qui n'écrivaient point toujours dans la langue savante et universelle. Cette circonstance est sans doute une des causes du caractère que prit la réforme italienne, particulièrement dans l'académie de Vicence, où naquit le socinianisme. Cependant les livres de Luther passèrent de bonne heure les Alpes. Le 14 février 1519, le premier magistrat lui écrit : « Blaise Salmonius, libraire de Leipzig, m'a présenté quelques-uns de vos traités ; comme ils ont eu l'approbation des savans, je les ai livrés à l'impression, et j'en ai envoyé six cents exemplaires en France et en Espagne. Ils se vendent à Paris, et mes amis m'assurent que même, dans la Sorbonne, il y a des gens qui les lisent et les approuvent. Dès savans de ce pays désiraient aussi depuis long-temps voir traiter la théologie avec indépendance. Calvi, libraire de Pavie, s'est chargé de faire passer une grande partie de l'édition en Italie. Il nous promet même un envoi de toutes les épigrammes composées en votre honneur par les savans de son pays. Telle est la faveur que votre courage et votre habileté ont attirée sur vous et sur la cause de Christ. »

Le 19 septembre 1520, Burchard Schenk écrit de Venise à Spalatin : « J'ai lu ce que vous me mandez du seigneur Martin Luther ; il y a déjà long-temps que sa réputation est arrivée jusqu'à nous, mais on dit par la ville qu'il se garde du pape ! Il y a deux mois, dix de ses livres furent apportés dans notre ville, et aussitôt vendus... Que Dieu le conduise dans la voie de la vérité et de la charité. » (Seckendorf, p. 115.)

Quelques ouvrages de Luther pénétrèrent même dans Rome, et jusque dans le Vatican, sous la sauve-garde de quelque pieux personnage dont le nom remplaçait en tête du livre celui de l'auteur hérétique. C'est ainsi que plusieurs cardinaux eurent à se repentir d'avoir loué hautement le *Commentaire sur l'Épître aux Romains*, et le *Traité sur la justification* d'un certain cardinal Fregoso, qui n'était autre que Luther. Il en advint de même pour les *Lieux communs* de Mélanchton. (Maccree, Réforme italienne, p. 39.)

« Je m'occupe, dit Bucer dans une lettre à Zwingli, d'une interprétation des psaumes. Les instances de nos frères de la France et de l'Allemagne inférieure, me décident à les publier sous un nom étranger, afin que les libraires puissent les vendre. Car c'est un crime capital d'introduire dans ces deux pays des livres qui portent nos noms. Je me donnerai donc pour un Français, et je ferai paraître mon livre sous le nom d'Aretius Felinus. » — Il dédia ce livre au Dauphin. (Lugduni iii idus julii anno MDXXIX.)

Page 56, ligne 5. — *Les catholiques et les protestans réunis un instant contre les anabaptistes...*

Pour repousser les reproches des catholiques qui attribuaient aux prédicateurs protestans la révolte des anabaptistes, les Réformés de toutes les sectes cherchèrent encore une fois à se réunir. Une conférence eut lieu à Wittemberg (1536). Bucer, Capiton et plusieurs autres s'y rendirent au mois de mai, pour conférer avec les théologiens saxons. La conférence dura du 22 au 25, jour où fut signée la *Formule de concorde* rédigée par Mélanchton. Le 28, Luther et Bucer prêchèrent à Wittemberg, et proclamèrent l'union qui venait de se conclure entre les deux partis. (Ukert, I, 307.)

Avant de signer la formule de concorde, Luther voulut qu'elle fût approuvée explicitement par les réformés de la Suisse, « de peur, dit-il, que par des réticences, cette *Concorde* ne donne lieu dans la suite à des discordes encore plus fâcheuses. » (janvier 1535.) Cette approbation fut donnée. « Les Suisses, écrit-il au duc Albert de Prusse, les Suisses, qui jusqu'ici n'étaient pas d'accord avec nous sur la question du saint Sacrement, sont en bon chemin; Dieu veuille ne pas nous abandonner! Bâle, Strasbourg, Augsbourg, Berne et plusieurs autres villes, se sont rangées de notre côté. Nous les recevons comme frères, et nous espérons que Dieu finira le scandale, non pas à cause de nous, car nous ne l'avons pas mérité, mais pour glorifier son nom et faire dépit à cet abominable pape. La nouvelle a beaucoup effrayé ceux de Rome. Ils sont dans la terreur et n'osent assembler un concile. » (6 mai 1538.)

Dans le même temps, des négociations étaient entamées avec Henri, duc de Brunswick, pour le rattacher aux doctrines luthériennes, mais elles restèrent sans résultat. — Le 23 octobre 1539, Luther écrivit à l'Électeur pour lui annoncer que les négociations avec les envoyés du roi d'Angleterre étaient également infructueuses. La lettre est signée de Luther, de Mélanchton, et de plusieurs autres théologiens de Wittemberg.

Page 57, ligne 25. — *Les armes seules pouvaient décider...*

« Le docteur Jean Pommer m'a dit une fois qu'à Lubeck, dans la maison de ville, on avait trouvé dans une vieille chronique, une prophétie d'après laquelle en l'an 1550, il s'élèverait dans l'Allemagne un grand tumulte à cause de la religion; et que, lorsque l'Empereur s'en serait mêlé, il perdrait tout ce qu'il avait. Mais je ne crois point que l'Empereur commence la guerre pour la cause du pape; la guerre coûte trop d'argent. »

L'éditeur Aurifaber ajoute que Charles-Quint, dans sa retraite de Saint-Just, avait fait tendre les murs d'une vingtaine de tapisseries qui représentaient les principales actions de son règne; qu'il aimait à se promener en les regardant, et que, lorsqu'il s'arrêtait devant celle qui représentait la prise de l'électeur de Saxe à Muhlberg, il soupirait et disait : Si je l'eusse laissé tel qu'il était, je serais resté tel que j'étais. »

(Tischred., p. 6.)— Ce mot que l'éditeur a l'air de ne pas comprendre, peut-être à dessein, est fort raisonnable; car rien ne fut plus funeste à Charles-Quint que d'avoir donné l'électorat au jeune Maurice.

Page 58, ligne 7. — *Ratisbonne...*

« Je veux devancer tes lettres et te prédire ce qui se passe à Ratisbonne même. Tu as été appelé par l'Empereur, il t'a dit de songer aux conditions de la paix. Toi, tu lui as répondu en latin, tu as fait tout ce que tu as pu, mais tu es resté au-dessous d'un si grand sujet. Eck, selon son habitude, a vociféré : « Très gracieux Empereur, je prétends prouver que nous avons raison et que le pape est la tête de l'Eglise. » Voilà votre histoire. » (25 juin 1541.)

Page 59, ligne 3. — *Notre prince... accourut avec Pontanus et tous deux arrangèrent la réponse à leur façon...*

La cour cherchait à exercer une sorte de contrôle, de haute surveillance sur les ouvrages même de Luther. En 1531, il avait écrit un livre intitulé : *Contre l'hypocrite de Dresde*, sans en avoir fait part à l'Électeur; il lui fallut s'en excuser auprès du chancelier Brück.

« ... Si mes petits ouvrages, dit-il, étaient envoyés à la cour, avant de paraître, ils y rencontreraient tant de critiques et de censures qu'ils ne paraîtraient jamais, et, s'ils paraissaient, nos ennemis soupçonneraient chaque fois une foule de gens d'y avoir pris part. De cette manière, l'on sait et l'on voit qu'ils sont tout uniment de Luther; et c'est à lui seul de s'en justifier. »

Dans une autre circonstance plus sérieuse, il eut encore à lutter contre l'intervention de la cour. Albert, archevêque de Mayence, avait fait mettre à mort l'un de ses officiers, nommé Schanz, contrairement aux lois, et à en croire la voix publique, par haine personnelle. Luther lui adressa à cette occasion deux lettres pleines d'indignation. Il commençait ainsi la première (31 juillet 1535) : « Je ne vous écris plus, cardinal, dans l'espoir de changer votre cœur profondément perverti. C'est une pensée à laquelle j'ai renoncé. Je vous écris pour satisfaire à ma conscience devant Dieu et les hommes, et ne pas approuver, par mon silence, l'acte horrible que vous venez de commettre.» Dans ce qui suit, il l'appelle cardinal d'enfer, et le menace du bourreau éternel qui viendra lui demander compte du sang versé. Dans la seconde lettre (mars 1536), il dit : « L'écrit ci-joint vous fera voir que le sang de Schanz ne se tait pas en Allemagne comme dans les appartemens de votre Grâce électorale, au milieu de vos courtisans. Abel vit en Dieu et son sang crie contre les meurtriers !... J'ai reconnu par la lettre de votre Grâce à Antoine Schanz que vous allez jusqu'à accuser sa famille d'être cause de sa mort. J'ai vu et entendu raconter mainte scélératesse de cardinal, mais je n'aurais jamais cru que vous fussiez une si cruelle et impudente vipère pour railler encore les malheureux, après cette abominable, cette infernale action !... J'ai recueilli les derniers cris de Schanz, au moment de sa détresse, ses dernières protestations contre la violence, lorsque votre Sainteté lui fit arracher les dents pour tirer de lui un faux aveu ; je publierai ces paroles, et Dieu aidant, votre Sainteté dansera une danse qu'elle n'a jamais dansée !... Si Caïn sait dire : *Suis-je fait pour garder mon frère?* Dieu sait aussi lui répondre : *Sois maudit sur la terre*... Je vous recommande à Dieu, dit-il à la fin de la lettre, si toutefois le chapeau de sang (le chapeau rouge de cardinal) vous laisse désirer de lui être recommandé. »

L'électeur de Saxe et le duc Albert de Prusse, parens du cardinal, trouvèrent trop violent l'écrit dont Luther parlait dans cette lettre. Ils lui firent dire qu'il attaquait l'honneur de la famille dans la personne de l'archevêque, et lui commandèrent d'user de ménagemens. Luther n'en publia pas moins son écrit quelque temps après.

Page 59, ligne 18. — *Ils regardent toute cette affaire comme une comédie...*

Dès le commencement des conférences, Luther avait prévu qu'elles ne mèneraient à rien. Il se défiait même de la fermeté de Bucer et du landgrave de Hesse. Il dit dans une lettre au chancelier Brück : « Je crains que le Landgrave ne se laisse entraîner trop loin par les papistes, et qu'il ne veuille nous entraîner avec lui. Mais il nous a déjà suffisamment tiraillés et je ne me laisserai plus mener par lui. Je reprendrais plutôt tout le fardeau sur mes épaules, et je marcherais seul, à mes risques et périls, comme dans le commencement. Nous savons que c'est la cause de Dieu ; c'est lui qui nous a suscités, qui nous a conduits jusqu'ici, il saura bien faire triompher sa cause. Ceux qui ne voudront pas nous suivre, n'ont qu'à rester en arrière. Ni l'Empereur, ni le

Turc, ni tous les Démons ensemble, ne pourront rien contre cette cause, quoi qu'il en puisse advenir de nous et de ce corps mortel. — Je m'indigne qu'ils traitent ces affaires comme des affaires mondaines, des affaires d'Empereur, de Turcs, de princes, dans lesquelles on puisse transiger à volonté, avancer ou reculer. C'est une cause dans laquelle Dieu et Satan combattent avec tous leurs anges. Ceux qui ne le croient pas, ne peuvent pas la défendre. » (avril 1541.)

Page 59, ligne 24. — *Je suis indigné qu'on se joue ainsi de si grandes choses...*

« Je vais à Haguenau; je verrai de près ce formidable Syrien, ce Behemoth dont se rit, au psaume II, l'habitant du ciel... Mais ils ne comprendront point ce rire, jusqu'au moment où finira ce chant funèbre : Vous périrez dans la route, quand se lèvera sa colère, parce qu'ils ont refusé un baiser au Fils (peribitis in viâ, cum exarserit ira ejus, quia Filium nolunt osculari). — Amen, amen, que cela arrive. Ils l'ont mérité, ils l'ont voulu. » (2 juillet 1540.)

Page 64, ligne 15. — *Fait à Wittemberg...*

On trouve dans les *Propos de table*, p. 320 :

« Le mariage secret des princes et des grands seigneurs est un vrai mariage, devant Dieu ; il n'est pas sans analogie avec le concubinat des patriarches. » (Ceci expliquerait la consultation en faveur du Landgrave.)

Page 65, ligne 19. — *Depuis cette époque, les lettres de Luther, comme celles de Mélanchton, sont pleines de dégoût et de tristesse.*

« L'ingratitude des hommes, c'est le cachet d'une bonne œuvre ; si nos efforts plaisaient au monde, à coup sûr ils ne seraient point agréables à Dieu. » (6 août 1539.)

« La tristesse et la mélancolie viennent de Satan ; c'est pour moi une chose sûre. Dieu n'afflige, ni n'effraie, ni ne tue ; il est le Dieu des vivans. Il a envoyé son fils unique, pour que nous vivions par lui, pour qu'il surmonte la mort. C'est pourquoi l'Écriture dit : Soyez contens et joyeux, etc. » (Tischreden, p. 205, verso.)

Sur la tristesse. — « Vous ne pouvez empêcher, disait un sage, que les oiseaux ne volent au-dessus de votre tête ; mais vous empêcherez qu'ils ne fassent leurs nids dans vos cheveux. » (19 juin 1530.)

Jean de Stockhausen avait demandé à Luther

des remèdes contre les tentations spirituelles et la mélancolie. Luther lui conseilla dans une lettre d'éviter la solitude et de fortifier sa volonté par une vie active, laborieuse. Il lui recommanda, outre la prière, la lecture du livre de Gerson : *De cogitationibus blasphemiæ*. (27 novembre 1532.)

Il donna des conseils semblables au jeune prince Joachim d'Anhalt, « La gaîté, dit-il, et le bon courage (en tout bien et tout honneur) sont la meilleure médecine des jeunes gens, disons mieux, de tous les hommes. Moi-même qui ai passé ma vie dans la tristesse et les pensées sombres, j'accepte aujourd'hui la joie partout où elle se présente, je la recherche même. La joie criminelle vient de Satan, il est vrai, mais la joie qu'on trouve dans le commerce d'hommes honnêtes et pieux, celle-là plaît au Seigneur..... Montez à cheval, allez à la chasse avec vos amis, amusez-vous avec eux. La solitude et la mélancolie sont un poison; c'est la mort des hommes, et surtout des hommes jeunes. » (26 juin 1534.)

Mélanchton raconta un jour à la table de Luther la fable suivante : « Un paysan traversant une forêt, rencontra une caverne où se trouvait un serpent. Une grande pierre roulée devant, empêchait l'animal d'en sortir. Il supplia le paysan d'enlever la pierre, lui promettant la plus belle récompense. Le paysan se laissa tenter, délivra le serpent, et lui demanda le prix de sa peine. A quoi le serpent répondit qu'il allait lui donner la récompense que le monde donne à ses bienfaiteurs, qu'il allait le tuer. Tout ce que le paysan put obtenir par ses supplications, fut qu'ils remettraient leur différend au jugement du premier animal qu'ils rencontreraient. Ce fut d'abord un vieux cheval qui n'avait plus que la peau et les os. Pour toute réponse, il dit : « J'ai consumé tout ce que j'avais de force au service de l'homme ; pour récompense, il va me tuer, m'écorcher. » Ils rencontrèrent ensuite un vieux chien que son maître venait de rouer de coups ; ce nouvel arbitre donna même décision. Le serpent voulait alors tuer son bienfaiteur. Celui-ci obtint qu'ils prendraient un nouveau juge, et que la sentence de ce dernier serait décisive. Après avoir marché quelques pas, ils virent venir à eux un renard. Dès que le paysan l'aperçut, il invoqua son secours, et lui promit tous ses poulets, s'il rendait une décision favorable. Le renard ayant entendu les parties, dit qu'avant de prononcer, il fallait remettre toutes choses dans leur premier état ; que le serpent devait retourner dans la caverne pour entendre le jugement. Le serpent consentit, et, dès qu'il y fut, le paysan boucha le trou de son mieux. Le renard vint la nuit suivante prendre les poulets qui lui étaient promis; mais la femme et les valets du paysan le tuèrent. » Mélanchton ayant fini ce conte, le docteur dit : « Voilà bien l'image de ce qu'on voit dans le monde. Celui que vous avez sauvé de la potence vous fait pendre. Si je n'avais d'autre exemple, je n'aurais qu'à penser à Jésus-Christ qui, après avoir racheté le monde entier du péché, de la mort, du diable et de l'enfer, fut crucifié par les siens mêmes. » (Tischreden, p. 56.)

Les plaisanteries, les jeux de mots qui se rencontrent si souvent dans les lettres des années précédentes, ont disparu dans celles-ci; la correspondance de Luther devient triste; c'est à peine si on le voit sourire une seule fois; le récit grotesque d'une expédition militaire de quelques bourgeois contre des brigands, peut tout au plus le dérider : « Voici encore une nouvelle victoire de Kohlhase (fameux brigand dont la vie est racontée dans un curieux roman historique); il a pris et enlevé un riche meunier. Sitôt que nous avons su la chose, nous nous sommes courageusement précipités à travers les campagnes, pas trop loin cependant de nos murailles, et comme il convient à des saints Christophes en peinture ou à des saints Georges de bois, nous avons effrayé les nuées de quelques coups de fusil... Nous avons fait transporter dans la ville nos bois, nos arbres, de peur que, la nuit, Kohlhase n'en fasse un pont pour passer nos petits fossés. Nous sommes tous des Hectors et des Achilles, ne craignant personne, bien que nous soyons seuls et sans ennemis. »

Page 67, ligne 25. — *Poison...*

En 1541, un bourgeois de Wittemberg, nommé Clémann Schober, suivit Luther l'arquebuse à la main, dans l'intention probable de le tuer. Il fut arrêté et puni. (Ukert I, 323.)

Page 71, ligne 4. — *Famille...*

A Marc Cordel. « Comme nous en sommes convenus, mon cher Marc, je t'envoie mon fils Jean, afin que tu l'emploies à exercer des enfans dans la grammaire et la musique, et en même temps, pour que tu surveilles et corriges ses mœurs... Si tes soins prospèrent pour ce fils, tu en auras, de mon vivant, deux autres... Je suis en travail de théologiens, mais je veux enfanter aussi des grammairiens et des musiciens. » (26 août 1542.)

Le docteur Jonas avait dit un jour que la malédiction de Dieu sur les enfans désobéissans, s'était accomplie dans la famille de Luther ; le jeune homme dont il parlait était toujours malade et souffrant. Le docteur Luther ajouta « C'est la punition due à sa désobéissance. Il m'a presque tué une fois, et, depuis ce temps, j'ai perdu toutes les forces de mon corps. Grâce à lui, j'ai compris le passage où saint Paul parle des enfans qui tuent leurs parens, non par l'épée, mais par la désobéissance. Ils ne vivent guère, et n'ont pas de bonheur... O mon Dieu ! que le monde est impie, et dans quels temps nous vivons ! Ce sont les temps dont Jésus-Christ a dit : « Quand le fils de l'homme viendra, croyez-vous qu'il trouvera de la foi et de la charité ? » Heureux ceux qui meurent avant de voir des temps pareils. » (Tischreden, p. 48.)

Page 71, ligne 4. — *La femme...*

« La femme est le plus précieux des trésors. Elle est pleine de grâces et de vertus ; elle garde la foi. »

— « Le premier amour est violent, il nous enivre et nous enlève la raison. L'ivresse passée, les âmes pieuses conservent l'amour honnête ; les impies n'en conservent rien. »

— « Mon doux Seigneur ! si c'est ta volonté sainte que je vive sans femme, soutiens-moi contre les tentations ; sinon, veuille m'accorder une bonne et pieuse jeune fille, avec laquelle je passe doucement ma vie, que j'aime et dont je sois aimé en retour. » (Tischreden, p. 329-31.)

Page 71, ligne 8. — *Asseyons-nous à sa table...*

Il y était toujours entouré de ses enfans et de ses amis, Mélanchton, Jonas, Aurifaber, etc., qui l'avaient soutenu dans ses travaux. Une place à cette table était chose enviée. — « J'aurais volontiers, écrit-il à Gaspard Muller, reçu Kégel au nombre de mes pensionnaires, pour différentes raisons ; mais le jeune Porse de Jéna allant bientôt revenir, la table sera pleine, et je ne puis pourtant congédier mes anciens et fidèles compagnons. Si cependant il se trouve plus tard une place vacante, comme cela pourrait arriver après Pâques, je ferai avec plaisir ce que vous désirez, à moins que *le seigneur* Catherine, ce que je ne pense pas, ne veuille nous refuser sa grâce. » (19 janvier 1536.) *Dominus Ketha*, c'était le nom qu'il donnait souvent à sa femme. Il commence ainsi une lettre qu'il lui écrit le 26 juillet 1540 : « A la riche et noble dame de Zeilsdorf, [1] madame la *doctoresse* Catherine Luther, domiciliée à Wittemberg, quelquefois se promenant à Zeilsdorf, ma bien-aimée épouse. »

Page 77, ligne 8. — *Mariage...*

« Le mariage, que l'autorité approuve et qui n'est point contre la parole de Dieu, est un bon mariage, quel que soit le degré de parenté. » (Tischreden, page 321.)

Il blâmait fort les juristes qui, « contre leur propre conscience, contre le droit naturel, divin et impérial, maintenaient comme valables les promesses secrètes de mariage. On doit laisser chacun s'arranger avec sa conscience. On ne peut forcer personne à l'amour.

« Les dots, présens de lendemain, biens, héritages, etc., ne regardent que l'autorité. Je veux les lui renvoyer, afin qu'elle en charge ses gens, ou qu'elle décide elle-même. Nous sommes pasteurs des consciences, non des corps ou des biens. » (Tischreden, p. 315.)

Consulté dans un cas d'adultère, il dit : « On doit les citer et ensuite les séparer. De tels cas

[1] Nom d'un village près duquel Luther possédait une petite terre.

regardent proprement l'autorité, car le mariage est une chose temporelle. Il n'intéresse l'Église qu'en ce qui touche la conscience. » (Tischreden, p. 322.)

L'an 1539, 1er février, il disait : « Quoique les affaires relatives aux mariages nous obligent tous les jours d'étudier, de lire, de prêcher, d'écrire et de prier, je me réjouis que les consistoires soient établis, surtout pour ce genre d'affaires... On trouve beaucoup de parens, particulièrement des beaux-pères qui, sans raison, défendent le mariage à leurs enfans. L'autorité et les pasteurs doivent y voir, et favoriser les mariages, même contre la volonté des parens, selon les diverses occurences... Les enfans doivent citer à leurs parens l'exemple de Samson. Nous ne sommes plus au temps de la papauté, où l'on suivait la loi contre l'équité. » (Tischreden, p. 322.)

Page 81, ligne 12. — *Ma femme et mes petits enfans...*

Durant la diète d'Augsbourg, il écrivit à son fils Jean : « Grâce et paix à toi, en Jésus-Christ, mon cher petit enfant. Je vois avec plaisir que tu apprends bien et que tu pries sans distraction. Continue, mon enfant, et, quand je reviendrai à la maison, je te rapporterai quelque belle chose.

» Je sais un beau et riant jardin, tout plein d'enfans en robes d'or, qui vont jouant sous les arbres avec de belles pommes, des poires, des cerises, des noisettes et des prunes; ils chantent, ils sautent, et sont tout joyeux; ils ont aussi de jolis petits chevaux avec des brides d'or et des selles d'argent. En passant devant ce jardin, je demandais à l'homme à qui il appartient, quels étaient ces enfans? Il me répondit : « Ce sont ceux qui aiment à prier, à apprendre, et qui sont pieux. » Je lui dis alors : « Cher ami, j'ai aussi un enfant, c'est le petit Jean Luther; ne pourrait-il pas aussi venir dans ce jardin manger de ces belles pommes et de ces belles poires, monter sur ces jolis petits chevaux, et jouer avec les autres enfans? » L'homme me répondit : « S'il est bien sage, s'il prie et apprend volontiers, il pourra aussi venir, le petit Philippe et le petit Jacques avec lui; ils trouveront ici des fifres, des timbales et autres beaux instrumens pour faire de la musique; ils danseront et tireront avec de petites arbalètes. » En parlant ainsi, l'homme me montra, au milieu du jardin, une belle prairie pour danser, où l'on voyait suspendus les fifres, les timbales, et les petites arbalètes. Mais il était encore matin, les enfans n'avaient pas dîné, et je ne pouvais attendre que la danse commençât. Je dis alors à l'homme : « Cher seigneur, je vais vite écrire à mon cher petit Jean, afin qu'il soit bien sage, qu'il prie et qu'il apprenne, pour venir aussi dans ce jardin ; mais il a une tante Madeleine qu'il aime beaucoup, pourra-t-il l'amener avec lui? » L'homme me répondit : « Oui, ils pourront venir ensemble, faites-le-lui savoir. » Sois donc bien sage, mon cher enfant ; dis à Philippe et à Jacques de l'être aussi, et vous viendrez tous ensemble jouer dans ce beau jardin. — Je te recommande à la protection de Dieu. Salue de ma part la tante Madeleine, et donne-lui un baiser pour moi. Ton père qui te chérit. Martin LUTHER. » (19 juin 1530.)

Page 84. — *Fin du chapitre...*

« Dieu sait tous les métiers mieux que personne. Comme tailleur, il fait au cerf une robe qui lui sert neuf cents ans sans se déchirer. Comme cordonnier, il lui donne une chaussure qui dure encore plus long-temps que lui. Et ne s'entend-il pas à la cuisine, lui qui par le feu du soleil fait tout cuire et tout mûrir. Si notre Seigneur vendait les biens qu'il donne, il en ferait passablement d'argent; mais parce qu'il les donne gratis, on n'en tient pas compte. » (Tischr., p. 27.)

Ce passage bizarre et un assez grand nombre d'autres, nous montrent dans Luther le modèle probable d'Abraham de Sancta Clara. Au dix-septième siècle, on n'imitait plus que les défauts de Luther.

Page 87, ligne 15. — *Le décalogue...*

« Me voilà devenu disciple du décalogue. Je commence à comprendre que le décalogue est la dialectique de l'Évangile, et l'Évangile la rhétorique du décalogue; Christ a tout ce qui est de Moïse, mais Moïse n'a pas tout ce qui est de Christ. » (20 juin 1530.)

Page 88, ligne 9. — *Il y aura un nouveau ciel, une nouvelle terre...*

« Le grincement de *dents dont parle l'Évangile*, c'est la dernière peine qui suivra une mauvaise conscience, la désolante certitude d'être à jamais séparé de Dieu. » (Tischr., p. 366.) Ainsi Luther semble avoir une idée plus spirituelle de l'enfer que du paradis.

Page 89, ligne 10. — *Autrefois on faisait des pélerinages...*

A Jean de Sternberg, en lui dédiant la traduction du psaume CXVII : « ... Si je vous ai nommé en tête de ce petit travail, ce n'a pas seulement été pour attirer l'attention des gens qui méprisent tout art et tout savoir, mais aussi pour témoigner qu'il y a encore des gens pieux parmi la noblesse. La plupart des nobles sont aujourd'hui si insolens et si dépravés, qu'ils excitent la colère du pauvre homme... S'ils voulaient être respectés, ils devraient avant tout respecter eux-mêmes Dieu et sa parole. Qu'ils continuent de vivre ainsi dans l'orgueil, dans l'insolence, dans le mépris de toute vertu, et ils ne seront bientôt plus que des paysans; ils le sont déjà, quoiqu'ils portent encore le nom de nobles et le chapeau à plumes... Ils devraient cependant se souvenir de Münzer...

» ... Je souhaite que ce petit livre, et d'autres qui lui ressemblent, touchent votre cœur, et que vous y fassiez un pélerinage plus utile au salut, que celui que vous avez fait autrefois à Jérusalem. Non que je méprise ces pélerinages ; j'en ferais moi-même bien volontiers, si je pouvais, et j'aime toujours à en entendre parler ;

mais je veux dire que nous ne les faisions pas dans un bon esprit. Quand j'allai à Rome, je courus comme un fou à travers toutes les églises, tous les couvens ; je crus tout ce que les imposteurs y avaient jamais inventé. J'y dis une dizaine de messes, et je regrettais presque que mon père et ma mère fussent encore en vie. J'aurais tant aimé à les tirer du purgatoire par ces messes et autres bonnes œuvres ! On dit à Rome ce proverbe : Heureux la mère dont le fils dit la messe la veille de la Saint-Jean ! Que j'aurais été aise de sauver ma mère !

» Nous faisions ainsi, ne sachant pas mieux ; le pape tolère ces mensonges. Aujourd'hui, Dieu merci, nous avons les évangiles, les psaumes, et autres paroles de Dieu ; nous pouvons y faire des pélerinages plus utiles, y visiter et contempler la véritable terre promise, la vraie Jérusalem, le vrai paradis. Nous n'y marchons pas sur les tombeaux des saints et sur leurs dépouilles mortelles, mais dans leurs cœurs, dans leurs pensées et leur esprit... » (Cobourg, 29 août 1530.)

Page 89, ligne 13. — *Pour visiter les saints.*

« Les saints ont souvent péché, souvent erré. Quelle fureur de nous donner toujours leurs actes et leurs paroles pour des règles infaillibles ! Qu'ils sachent, ces sophistes insensés, ces pontifes ignares, ces prêtres impies, ces moines sacriléges, et le pape avec toute sa sequelle.... que nous n'avons pas été baptisés au nom d'Augustin, de Bernard, de Grégoire, au nom de Pierre ni de Paul, au nom de la bienfaisante faculté théologique de la Sodome (Sorbonne) de Paris, de la Gomorrhe de Louvain, mais au nom du seul Jésus-Christ notre maître. » (*De abrogandâ missâ privatâ.* Op. lat. Lutheri, Witt., II, 245.)

« Les véritables saints, ce sont toutes les autorités, tous les serviteurs de l'Église, tous les parens, tous les enfans qui croient en Jésus-Christ, qui ne commettent point de péché, et qui accomplissent, chacun dans sa condition, les devoirs que Dieu leur impose. » (Tischreden, 134, verso.)

Luther croit peu aux légendes des saints, et déteste surtout celles des anachorètes. « ... Si l'on a fait quelque excès du côté du boire ou du manger, on peut l'expier avec le jeûne et la maladie... »

« La légende de saint Christophe est une belle poésie chrétienne. Les Grecs qui étaient des gens doctes, sages et ingénieux, ont voulu montrer ce que doit être un chrétien (*christoforos*, qui porte le Christ). Il en est de même du chevalier saint George. La légende de sainte Catherine est contraire à toute l'histoire romaine, etc. »

Page 89, ligne 16. — *Les prophètes.*

« Je sue sang et eau pour donner les prophètes en langue vulgaire. Bon Dieu! quel travail! comme ces écrivains juifs ont de la peine à parler allemand. Ils ne veulent pas abandonner leur hébreu pour notre langue barbare. C'est comme si Philomèle, perdant sa gracieuse mélodie, était obligée de chanter toujours avec le coucou une même note monotone. » (14 juin 1528.) — Il dit ailleurs qu'en traduisant la Bible, il mettait souvent plusieurs semaines à chercher le sens d'un mot. (Ukert, II, p. 337.)

A Jean Frédéric, duc de Saxe, en lui envoyant sa traduction du prophète Daniel. « ... Les historiens racontent avec éloge que le grand Alexandre portait toujours Homère sur lui et le mettait même la nuit sous sa tête : combien serait-il plus juste que le même honneur, ou un plus grand encore, fût rendu à Daniel par tous les rois et princes de la terre! Ils ne devraient pas le mettre sous leur tête, mais le déposer dans leur cœur, car il enseigne des choses bien plus hautes. » (février ou mars 1530.)

Page 92, ligne 10. — *Psaumes*...

A l'abbé Frédéric, de Nuremberg, en lui dédiant la traduction du psaume CXVIII : « ... C'est mon psaume à moi, mon psaume de prédilection. Je les aime bien tous ; j'aime toute l'Écriture sainte, qui est toute ma consolation et ma vie ; cependant je me suis attaché particulièrement à ce psaume, et j'ai en vérité le droit de l'appeler mien. Il a aussi bien mérité de moi ; il m'a sauvé de mainte grande nécessité d'où ni Empereur, ni rois, ni sages, ni saints, n'eussent pu me tirer. C'est mon ami, qui m'est plus cher que tous les honneurs, toute la puissance de la terre. Je ne le donnerais pas en échange, si l'on m'offrait tout cela.

» Mais, dira-t-on, ce psaume est commun à tous ; personne n'a le droit de le dire sien. Oui, mais le Christ est bien aussi commun à tous, et pourtant le Christ est mien. Je ne suis pas jaloux de ma propriété ; je voudrais la mettre en commun avec le monde entier... Et plût à Dieu que tous les hommes revendiquassent ce psaume comme étant à eux ! Ce serait la querelle la plus touchante, la plus agréable à Dieu, une querelle d'union et de charité parfaite. » (Cobourg, 1er juillet 1530.)

Page 94, ligne 12. — *Des Pères...*

Dès le commencement de l'année 1519, il écrivait à Jérôme Düngersheim une lettre remarquable sur l'importance et l'autorité des Pères de l'Église. « L'évêque de Rome est au-dessus de tous par sa dignité. C'est à lui qu'il faut s'adresser dans les cas difficiles et dans les grandes nécessités. J'avoue cependant que je ne saurais défendre contre les Grecs cette suprématie que je lui accorde.

» Si je reconnaissais au pape le pouvoir de tout faire dans l'Église, je devrais, comme conséquence de cette doctrine, traiter d'hérétiques, Jérôme, Augustin, Athanase, Cyprien, Grégoire et tous les évêques d'Orient qui ne furent pas établis par lui ni sous lui. Le concile de Nicée ne fut pas réuni par son autorité; il n'y présida ni par lui-même, ni par un légat. Que dirai-je des décrets de ce concile? Les connaît-on bien? Sait-on lesquels d'entre eux il faut reconnaître?... C'est votre coutume à toi et à Eck, d'accepter les paroles de tout le monde, de modifier l'Écriture par les Pères, comme s'il fallait plutôt croire en eux. Pour moi, je fais tout autrement. Comme Augustin et saint Bernard, en respectant toutes les autorités, je remonte des ruisseaux jusqu'au fleuve qui leur donne naissance. » — Suivent plusieurs exemples des erreurs dans lesquelles les Pères sont tombés. Luther les critique en philologue, montrant qu'ils n'ont pas compris le texte hébreu. « De combien d'autorités Jérôme n'abuse-t-il pas contre Jovinien ? Augustin contre Pélage? — Ainsi Augustin dit que ce verset de la Genèse : Faisons l'homme à notre image, est une preuve de la Trinité, mais il y a dans le texte hébreu : Je ferai l'homme, etc.— Le Maître des sentences a donné un bien funeste exemple en s'efforçant de faire accorder les paroles de tous les Pères. Il résulte de là que nous devenons la risée des hérétiques, quand nous nous présentons devant eux avec ces phrases obscures ou à double sens. Eck se fait le champion de toutes les opinions diverses et contraires. C'est là-dessus que roulera notre dispute. » (1519.)

— « J'admire toujours comment après les apôtres, Jérôme a pu mériter le nom de Docteur de l'Église, Origène celui de Maître des Églises... On ne pourrait faire un seul chrétien avec leurs livres... tant ils sont séduits par la pompe des œuvres. Augustin lui-même ne vaudrait pas davantage, si les Pélagiens ne l'avaient rudement exercé, et contraint de défendre la foi. » (26 août 1530.)

— « Celui qui a osé comparer le monachat au baptême était complètement fou; c'était plutôt une bûche qu'une bête. Eh! quoi, crois-tu donc Jérôme, lorsqu'il parle d'une manière si impie contre Dieu, lorsqu'il veut qu'immédiatement après soi-même, ce soient ses parens que l'on considère le plus? Ecouteras-tu Jérôme, tant de fois dans l'erreur, tant de fois dans le péché? croiras-tu un homme enfin, plutôt que Dieu lui-même? Va donc, et crois avec Jérôme qu'il faut passer sur le corps à ses parens pour fuir au désert. » (Lettre à Severinus, moine autrichien; 6 octobre 1527.)

Page 97, ligne 19.— *Les Scolastiques...*

Grégoire de Rimini a convaincu les scolastiques d'une doctrine pire que celle des pélagiens... Car bien que les pélagiens pensent que l'on peut faire une bonne œuvre sans la grâce, ils n'affirment pas qu'on puisse sans la grâce obtenir le ciel. Les scolastiques parlent comme Pélage, lorsqu'ils enseignent que sans la grâce on peut faire une bonne œuvre, et non une œuvre méritoire. Mais ils enchérissent sur les pélagiens, en ajoutant que l'homme a l'inspiration de la droite raison naturelle à laquelle la volonté peut se conformer naturellement, tandis que les pélagiens avouent que l'homme est aidé par la loi de Dieu. (1519.)

Page 102, ligne 14. — *Biens ecclésiastiques...*

Luther écrivit au roi de Danemarck (2 décembre 1536), pour approuver la suppression de l'épiscopat, et pour engager ce prince à faire un bon usage des biens ecclésiastiques, c'est-à-dire (comme il l'écrivait le 18 juillet 1529 au margrave George de Brandebourg), à les appliquer à des fondations d'écoles et d'universités.

« L'Empereur dissimule, et cependant il prend, il dévore les évêchés, Utrecht, Liége, etc. Ceux de la noblesse devraient y prendre garde. Je me suis durement travaillé pour que les fondations ecclésiastiques et les possessions des princes abbés ne fussent point dispersées, mais conservées aux pauvres de la noblesse. Malheureusement cela n'aura pas lieu. » (Tischreden, p. 351.)

Page 104, ligne 7. — *Des cardinaux et évêques...*

« Maître Philippe louait devant le docteur Luther la haute intelligence et l'esprit rapide du cardinal, évêque de Saltzbourg, Mathieu Lang. Il disait qu'en 1530, il s'était trouvé six heures avec lui à Augsbourg, et qu'ils avaient causé de la religion. Le cardinal lui avait dit à la fin : « Mon cher *domine Philippe,* nous autres prêtres, nous n'avons encore jamais rien valu. Nous savons bien que votre doctrine est bonne ; mais ignorez-vous donc que jusqu'ici on n'a jamais rien pu gagner sur les prêtres ? Ce n'est pas vous qui commencerez. » « Ce cardinal était fils d'un messager d'Augsbourg. Son père était d'une bonne et ancienne famille, mais réduit à l'état de serviteur par sa pauvreté. — Ce fut le premier cardinal qu'il y ait eu en Allemagne. Appuyé par sa sœur, il se fit connaître à la cour de Maximilien, fut ensuite envoyé à Rome auprès du pape, et plus tard nommé coadjuteur de l'évêché de Salzbourg. » (Tischreden, p. 272.)

« J'ai, jusqu'ici, prié pour cet évêque, *categoricè, affirmativè, positivè*, de cœur, pour que Dieu voulût le convertir. J'ai essayé aussi par écrit de l'amener à la pénitence. Maintenant je prie pour lui *hypotheticè* et *desperabundè*... Celui-là n'est point *frater ignorantiæ*, *sed malitiæ*.

» Il m'a souvent écrit amicalement, et m'a fait espérer qu'il prendrait femme, comme je lui en avais donné le conseil par écrit.

» Il s'est moqué de nous jusqu'à la diète d'Augsbourg. Là, j'ai appris à le connaître. Cependant il veut encore être mon ami au point qu'il me réclame pour arbitre dans l'affaire de... (Tischreden, p. 274.)

« A la diète d'Augsbourg, l'évêque de Saltzbourg disait : « Il y a quatre moyens pour réconcilier les deux partis : ou que nous cédions ou qu'ils cèdent ; or, ni les uns ni les autres n'en veulent rien faire ; ou bien encore, il faut que l'on oblige d'autorité un des partis à céder, et comme il en doit résulter un grand soulèvement, reste le quatrième moyen, savoir : qu'un parti extermine l'autre, et que le plus fort mette le plus faible dans le sac. » Voilà de beaux plans d'unité pour un évêque chrétien. » (Ibidem, p. 19.)

Page 105, ligne 8. — *Moines*...

« Les seuls mendians sont divisés en sept partis ou ordres, et les mineurs à leur tour en sept espèces de mineurs. Toutes ces sectes, le très saint père les nourrit et les entretient lui-même, tant il a peur qu'elles ne viennent à s'unir. (Lettre à la diète de Prague, 15 juillet 1522.)

Page 107, ligne 22. — *Un seul coin de l'Allemagne, celui où nous sommes, fleurit encore par la culture des arts libéraux...*

Luther écrivit à l'Électeur, le 20 mai 1530, pour relever son courage et le consoler des chagrins que lui causait la Réforme : « Voyez comme Dieu a fait éclater sa grâce et sa bonté dans les états de votre Altesse! n'est-ce pas là que son Évangile a le plus de ministres pieux et fidèles, ceux qui l'enseignent avec le plus de pureté, de zèle et de fruit? Vous voyez grandir autour de vous toute une jeunesse aimable, de bonnes mœurs et qui sera bientôt savante dans la sainte Écriture. Cela me ravit le cœur de voir nos jeunes enfans, garçons et petites filles, connaître mieux aujourd'hui Dieu et le Christ, avoir une foi plus pure et savoir mieux prier, qu'autrefois toutes les écoles épiscopales et les couvens les plus célèbres.

» Cette jeunesse vous a été accordée comme un signe de faveur et de miséricorde divine. Dieu vous dit en quelque sorte : Cher duc Jean, je te confie mon plus précieux trésor; sois le père de ces enfans. Je veux que tu les gouvernes, que tu les protéges; sois le jardinier de mon paradis, etc.»

Le duc ne paraît pas avoir tenu grand compte de cette recommandation, car Luther dit dans plusieurs de ses lettres qu'il y avait à Wittemberg grand nombre d'étudians qui ne vivaient guère que de pain et d'eau.

Page 112, ligne 4. — *Je regrette de n'avoir pas plus de temps à donner à l'étude des poètes et des orateurs....*

A Wenceslas Link de Nuremberg. « Si cela ne vous donne pas trop de peines, mon cher Wenceslas, je vous prie de faire rassembler pour moi tous les dessins, livres, cantiques, chants de Meistersanger et bouts rimés, qui auront été composés en allemand et imprimés cette année chez vous; envoyez-en autant que vous en pourrez trouver. Je désirerais vivement les avoir. Nous savons ici composer des ouvrages latins; mais pour les livres allemands, nous ne sommes que des apprentis. Toutefois, avec l'ardeur que nous y mettons, j'espère que nous réussirons bientôt de manière à vous satisfaire. » (20 mars 1536.)

Page 112, ligne 23. — *Ce n'est point un seul homme qui a fait ces fables...*

En 1530, Luther traduisit un choix des fables d'Ésope. Dans la préface il dit qu'il n'y a peut-être jamais eu d'homme de ce nom, et que ces fables ont vraisemblablement été recueillies de la bouche du peuple. (Luth. Werke IX, 455.)

Page 116, ligne 13. — *Chanter est le meilleur exercice...*

Heine, *Revue des deux Mondes*, 1er mars 1834 : « Ce qui n'est pas moins curieux et significatif que ces écrits en prose, ce sont les poésies de Luther, ces chansons qui lui ont échappé dans le combat et dans la nécessité. On dirait une fleur qui a poussé entre les pierres, un rayon de la lune qui éclaire une mer irritée. Luther aimait la musique, il a même écrit un traité sur cet art, aussi ses chansons sont-elles très mélodieuses. Sous ce rapport, il a aussi mérité son surnom de Cygne d'Eisleben. Mais il n'était rien moins qu'un doux cygne dans certains chants où il ranime le courage des siens, et s'exalte lui-même jusqu'à la plus sauvage ardeur. Le chant avec lequel il entra à Worms, suivi de ses compagnons, était un véritable chant de guerre. La vieille cathédrale trembla à ces sons nouveaux, et les corbeaux furent effrayés dans leurs nids obscurs, à la cime des tours. Cet hymne, la Marseillaise de la réforme, a conservé jusqu'à ce jour sa puissance énergique, et peut-être entonnerons-nous bientôt dans des combats semblables ces vieilles paroles retentissantes et bardées de fer : »

Notre Dieu est une forteresse,
Une épée et une bonne armure;
Il nous délivrera de tous les dangers
Qui nous menacent à présent.
Le vieux méchant démon
Nous en veut aujourd'hui sérieusement,
Il est armé de pouvoir et de ruse,
Il n'a pas son pareil au monde.

Votre puissance ne fera rien,
Vous verrez bientôt votre perte;
L'homme de vérité combat pour nous,
Dieu lui-même l'a choisi.
Veux-tu savoir son nom ?
C'est Jésus-Christ,
Le seigneur Sabaoth.
Il n'est pas d'autre Dieu que lui,
Il gardera le champ, il donnera la victoire.

Si le monde était plein de démons,
Et s'ils voulaient nous dévorer,
Ne nous mettons pas trop en peine,
Notre entreprise réussira cependant.
Le prince de ce monde,
Bien qu'il nous fasse la grimace,
Ne nous fera pas de mal.
Il est condamné,
Un seul mot le renverse.

Ils nous laisseront la parole,
Et nous ne dirons pas merci pour cela :
La parole est parmi nous
Avec son esprit et ses dons.
Qu'ils nous prennent notre corps,
Nos biens, l'honneur, nos enfans.
Laissez-les faire,
Ils ne gagneront rien à cela;
A nous restera l'empire.

Page 117, ligne 25. — *Peinture...*

« Le docteur parla un jour de l'habileté et du talent des peintres italiens. « Ils savent imiter la nature si parfaitement, dit-il, qu'indépendamment de la couleur et de la forme convenables, ils expriment encore les gestes et les sentimens de manière à faire croire que leurs tableaux sont choses vivantes. — La Flandre suit la trace de l'Italie. Ceux des Pays-Bas, et surtout les Flamands ont l'esprit éveillé, ils ont aussi de la facilité pour apprendre les langues étrangères. C'est un proverbe que si l'on portait un Flamand dans un sac à travers l'Italie ou la France, il n'en apprendrait pas moins la langue du pays. » (Tischreden, p. 424 verso.)

Page 122, ligne 3. — *Banque*...

Il dit dans son traité *de Usuris* : « J'appelle usuriers ceux qui prêtent à cinq et six pour cent. L'Écriture défend le prêt à intérêt ; on doit prêter de l'argent comme on prête un vase à son voisin. Les lois civiles même défendent l'usure. Ce n'est pas faire acte de charité que d'échanger une chose avec quelqu'un en gagnant sur l'échange ; c'est voler. Un usurier est un voleur digne de la potence. Aujourd'hui, à Leipsig, celui qui prête cent florins en reçoit au bout d'une seule année quarante pour l'intérêt de son argent. — On ne doit pas observer les promesses faites aux usuriers ; ils ne peuvent être admis aux sacremens ni ensevelis en terre sainte. — Voici le dernier conseil que j'aie à donner aux usuriers ; ils veulent de l'argent, de l'or ; eh bien ! qu'ils s'adressent à quelqu'un qui ne leur donnera pas dix ou vingt pour cent, mais cent pour dix. Celui-là a de quoi satisfaire à leur avidité ; ses trésors sont inépuisables; il peut donner sans s'appauvrir (Oper. lat. Luth. Witt. t. VII, p. 419-37.)

Le docteur Henning proposait cette question à Luther : « Si j'avais amassé de l'argent, que je ne voulusse pas en disposer, et qu'un homme vînt me prier de le lui prêter; pourrais-je en bonne conscience lui répondre : Je n'ai point d'argent? — Oui, dit Luther, on peut le faire en conscience. C'est comme si on disait : Je n'ai point d'argent dont je veuille disposer... Christ, en ordonnant de donner, ne dit pas de donner à tous les prodigues et dissipateurs... Dans cette ville, il n'y a personne de plus nécessiteux que les étudians. La pauvreté y est grande à la vérité, mais la paresse encore plus... Je ne veux point ôter le pain de la bouche à ma femme et à mes enfans pour donner à ceux à qui rien ne profite (Tischred. p. 64).

Page 122, à la fin du chapitre IV.

On peut attacher à la fin de ce chapitre diverses paroles de Luther sur les papes, les rois, les princes.

« Il n'y a jamais eu de plus rusé trompeur sur la terre que le pape Clément (Clément VII). C'est qu'il était de Florence, etc. »

« Le pape Jules, deuxième du nom, était un homme excellent pour le gouvernement et la guerre..... Lorsqu'il apprit que son armée avait été battue à Ravenne, il blasphéma Dieu dans le ciel; il lui disait : Au nom de mille diables, es-tu donc devenu si bon Français? est-ce ainsi que tu protéges ton Église? Il tourna les yeux vers la terre, et dit : Saints Suisses, priez pour nous! Et il envoya aussitôt le cardinal de Saltzbourg, Mathieu Lang, pour traiter avec l'empereur Maximilien. »

« Si j'avais été de ce temps-là, on m'aurait fait venir à Paris avec grand honneur, mais j'étais encore trop jeune et Dieu ne le voulait point, de crainte que l'on ne pensât que c'était la puissânce du roi de France, etc. »

« Le pape Jules II, un homme plein d'audace et d'habileté, un vrai diable incarné, avait définitivement résolu de réformer les Franciscains. Mais ils recoururent aux rois et aux princes, les firent agir et envoyèrent au pape quatre-vingt mille couronnes. Le pape dit : Comment résister à des gens si bien cuirassés? »

« L'an 1532, l'astrologue Gauric raconta au margrave de Brandebourg, Joachim, que, comme on faisait à Clément VII le reproche d'être bâtard, il répondit : Et Jésus-Christ? Dès-lors le Margrave devint favorable à Luther. »

« Lorsque ceux de Bruges tenaient prisonnier l'empereur Maximilien, et voulaient lui couper la tête, ils écrivirent au sénat de Venise pour demander conseil. Les Vénitiens répondirent : *Homo mortuus non facit guerram*... Les Vénitiens firent faire une farce contre Maximilien. Le doge paraissait d'abord, puis venait le Français qui avait une poche au côté; il y prenait des couronnes (pièces de monnaie), et les couronnes débordaient la poche. Derrière venait l'Empereur, peint en habit gris, avec un petit cor de chasse. Il avait aussi une poche, mais quand il y mettait la main, les doigts passaient à travers. — Les Florentins en firent autant. Ils représentèrent le Français assis sur un siége percé, et .... de l'argent. L'empereur Maximilien ramassait. Mais ils ont eu depuis une bonne leçon. Le petit-fils de l'empereur Maximilien, l'empereur Charles, leur a bien appris à vivre. Dieu applique volontiers aux orgueilleux le verset que l'on chante au Magnificat : *Deposuit potentes de sede.* »

« L'empereur Maximilien disait : Si on mettait du sang des princes d'Autriche et de Bavière bouillir ensemble dans un pot, on le verrait en même temps sauter dehors. »

« On dit que l'empereur Maximilien partit un jour d'un éclat de rire; il en avoua la cause le lendemain. Je riais, dit-il, de voir que Dieu a confié le gouvernement spirituel à un ivrogne de prêtre, comme le pape Jules, et le gouvernement temporel à un chasseur de chamois, comme je suis. »

« Dans le château de Prague l'on voit toute la suite des *portraits des rois*. Ferdinand est le dernier, et il n'y a plus de place. Il en est de même dans la salle ronde du château de Wittemberg. Cela ne signifie rien de bon.

L'empereur Maximilien disait : « L'Empereur est bien le roi des rois, car les princes de l'Empire font tout ce qu'ils veulent; le roi de France est celui des ânes, les siens exécutent tout ce qu'il commande ; le roi d'Angleterre est le roi des hommes, car ils lui obéissent et ils l'aiment. »

« Maximilien demandait à un de ses secrétaires comment il fallait traiter un serviteur qui le volait ; et comme l'autre répondait qu'il était juste de le pendre : Nous n'en ferons rien, dit l'Empereur en lui frappant sur l'épaule, nous avons encore besoin de vos services. »

« Après l'élection de l'empereur Charles, l'électeur de Saxe demanda au seigneur Fabian de Feilitzsch, son conseiller, s'il lui plaisait qu'on eût élu empereur le roi d'Espagne. Cet homme sage répondit : « Il est bon que les corbeaux aient un vautour. »

On lisait dans un vieux livre cette prophétie : « L'empereur Charles soumettra toute l'Europe, réformera l'Église; sous lui, les ordres mendians et les sectes seront anéantis. »

« La nouvelle vint qu'Antonio de Leyva et André Doria avaient conseillé à l'Empereur d'aller en personne contre le Turc et de ne point emmener son frère; car, disaient-ils, il n'a point de bonheur. En effet, Ferdinand est trop fin et trop réfléchi; il n'agit que par conseil et délibération, jamais par impulsion divine. » — L'Empereur devient malheureux; il ne sait pas profiter de l'occasion; il perd aujourd'hui Milan.

« Le roi de France aime les femmes... Au contraire, l'Empereur passant par la France en 1544, trouva après un grand festin une belle et noble vierge dans son lit, que le roi de France y avait fait conduire. L'Empereur la renvoya honorablement chez ses parens.

» L'Empereur n'a appelé à son couronnement que des princes et seigneurs italiens et espagnols, qui ont porté devant lui les drapeaux et les armes des électeurs. J'avais touché cela dans un petit livre, mais l'Électeur en a fait acheter tous les exemplaires.

» Le roi de France dépense autant d'argent en trahison que pour ses armées. Aussi, dans sa guerre contre le pape Jules et Venise, il a dissipé vingt mille hommes avec quatre mille.

» Tant que le Français a eu des hommes de guerre allemands, il a obtenu la victoire. Ce sont en effet les meilleurs; ils se contentent de leur solde et protégent le peuple. Aussi Antonio de Leyva conseilla, en mourant, à l'Empereur de s'attacher ses soldats allemands ; que s'il les perdait, ce serait fait de lui; car ils tenaient tous ensemble comme un seul homme. »

Après la défaite de François Ier de Pavie, Luther écrivait : « Que le roi de France soit de chair ou autre chose, je ne me réjouis pas de le voir vaincu et pris. Vaincu, cela se peut souffrir, mais captif, c'est une monstruosité... Peut-être l'heure du royaume de France est-elle venue, comme cet autre le disait de Troie : *Venit summa dies et ineluctabile fatum*..... Ce sont, à ce qu'il me semble, des signes qui annoncent le dernier jour du monde. Ces signes sont plus graves qu'on ne serait tenté de le croire... Il n'y a qu'une chose qui me fait plaisir, c'est de voir frustrés les efforts de l'Anti-Christ, qui commençait à s'appuyer sur le roi de France. » (mars 1525.)

(Février 1537). « Le roi de France est persuadé que chez nous autres luthériens, il n'y a plus ni mariage, ni autorité, ni église, ni rien de tout ce qu'on regarde comme sacré. Son envoyé, le docteur Gervais, nous l'a assuré positivement. Mais d'où vient cela? certainement de ce qu'on ne laisse pénétrer en ce pays, non plus qu'en Italie, aucun écrit des nôtres, et que le scélérat de Mayence, ainsi que ses pareils, y envoient toutes les calomnies qui se débitent contre nous. »

« Nous avons ici un Français, François Lambert, qui était il y a deux ans prédicateur apostolique, comme on les appelle parmi les mineurs, et qui vient de prendre pour femme une des nôtres : il espère mieux vivre dans le voisinage de la France (à Strasbourg)... Il gagnera sa vie à traduire en français mes ouvrages allemands. » (4 décembre 1523.)

« Les rois de France et d'Angleterre sont luthériens pour prendre, point pour donner. Ils ne cherchent point l'intérêt de Dieu, mais le leur.

» Sept universités ont approuvé le divorce du roi d'Angleterre ; mais nous autres de Wittemberg et ceux de Louvain, nous avons soutenu le contraire, eu égard aux circonstances particulières, à la longue cohabitation, à l'existence d'une fille, etc.

» Quelques-uns qui avaient reçu des écrits d'Angleterre annoncèrent comment le roi s'était séparé de l'Évangile. Je suis charmé, dit Luther, que nous soyons quitte de ce blasphémateur. J'ai seulement regret de voir que Mélanchton ait adressé ses plus belles préfaces aux plus méchantes gens.

» Le duc George de Saxe disait qu'il ne forcerait personne à communier sous une espèce, mais que ceux qui voulaient le faire autrement, devaient sortir du pays.

» Lorsque le duc George déclara au duc Henri de Saxe, son frère, qu'il ne lui laisserait ses états qu'à condition d'abandonner l'Évangile, il répondit : « Par la vierge Marie (c'était le mot ordinaire de sa Grâce), avant que je consente à renier mon Christ, j'irai avec ma Catherine, un petit bâton à la main, mendier par le pays. » Je voudrais que l'Empereur fît pape le duc George; les évêques supporteraient sa réforme encore moins que la mienne. Il réduirait l'évêque de Mayence à quatorze chevaux, etc.

» Le duc George a sucé le sang bohémien avec le lait de sa mère, fille du roi de Bohême, Casimir. Il aurait fini par s'arranger avec l'électeur Frédéric pour frapper les évêques, les abbés, etc. Il est de sa nature ennemi du clergé. Mais les lettres et les flatteries de l'Empereur, du pape, des rois d'Angleterre et de France, l'ont tellement enflé, que, etc.....

» Lorsque le duc George voyait son fils Jean à l'agonie, il le consolait en lui rappelant l'article de la justification par la foi en Christ, et l'exhortait à ne regarder que le Sauveur, sans se reposer sur ses œuvres ni sur l'invocation des saints. Alors, l'épouse du duc Jean, sœur du landgrave Philippe de Hesse, dit au duc George : « Cher seigneur et père, pourquoi ne laisse-t-on pas prêcher publiquement cette doctrine dans le pays ? » — « Ma chère fille, répondit-il, on la doit enseigner seulement aux mourans, mais point aux gens en santé. » (1537.) — Ce duc Jean avait été obligé par son père de jurer une haine éternelle à la doctrine luthérienne, et il l'avait fait connaître au docteur Luther par le vieux peintre Lucas Cranach. »

Leipsig était la capitale et la résidence du duc George. Aussi les protestans, surveillés de près par le duc, n'y pouvaient faire de nombreux prosélytes, et Luther en marque souvent son dépit par sa colère contre cette ville.

« Je hais, dit-il, ceux de Leipsig comme je ne hais rien sous le soleil, tant il y a là d'orgueil, d'arrogance, de rapacité et d'usure. (15 mai 1540.)

» Je hais cette Sodome (Leipsig), sentine des usures et de tous les maux. Je n'y entrerais qu'autant qu'il le faut pour arracher Loth. » (26 octobre 1539.)

» L'électorat de Saxe est pauvre et rapporte peu. Si l'Électeur n'avait pas la Misnie, il ne pourrait entretenir quarante chevaux ; mais il a des tributs de princes et seigneurs, des droits de sauf-conduit, des douanes, des rentes, etc... Sa Grâce électorale a cédé, pour de l'argent, les régales, entre autres le droit de grâce.

» L'électeur Frédéric était économe. Il savait bien remplir ses caves et ses greniers de grains et d'autres denrées. On compte neuf châteaux qu'il a fait bâtir, et cependant il lui restait toujours assez d'argent ; c'est qu'il suivait le bon conseil que son fou lui avait donné. Un jour, qu'il se plaignait de manquer d'argent, le fou lui dit : Fais-toi percepteur. Il exigeait des comptes sévères de ses serviteurs. Quand il venait dans un de ses châteaux, il mangeait, buvait, se faisait donner du fourrage comme un hôte ordinaire, et payait tout comptant. Par là il ôtait à ses gens l'occasion de s'excuser, en disant : On a tant consommé de choses, quand le prince est venu !

» L'électeur Frédéric-le-Sage disait à Worms, en 1521 : « Je ne trouve point d'église romaine dans ma croyance ; mais une commune église chrétienne, je l'y trouve. »

« Ce même prince avait, dit Mélanchton, près de Wittemberg un cerf apprivoisé, qui, pendant bien des années, allait, au mois de septembre, dans la forêt voisine, et revenait exactement en octobre. Lorsque l'Électeur fut mort, le cerf partit et l'on ne le revit plus.

» En 1525, l'électeur Jean de Saxe me demanda s'il devait accorder aux paysans leurs douze articles. Je le détournai entièrement d'en approuver un seul.

» Le duc Jean disait en 1525, en apprenant la révolte des paysans : « Si le Seigneur veut que je reste prince, que sa volonté soit faite, mais je puis aussi être un autre homme. »

Luther blâme la patience de ce prince, qui avait appris des moines, ses confesseurs, à supporter la désobéissance de ses gens.

Il disait à Luther : « Mon fils, le duc Ernest, m'a écrit une lettre latine pour me demander à courir un cerf. Je veux qu'il étudie ; il sera toujours à même d'apprendre à laisser pendre deux jambes sur un cheval. »

« Le même prince avait toujours pour sa garde six nobles jeunes garçons, qui restaient dans sa chambre et qui lui lisaient la Bible six heures par jour. Sa Grâce électorale s'endormait quelquefois, mais il n'en citait pas moins à son réveil quelques belles paroles qu'il avait remarquées et retenues. — Pendant la prédication il tenait près de lui des écrivains, et lui-même de sa propre main recueillait les paroles de la bouche du prédicateur.

» Lorsque Ferdinand fut élu roi des Romains à Cologne, le jeune duc Jean-Frédéric y fut envoyé pour protester de la part de son seigneur et père. Dès qu'il eut exécuté ses ordres, il repartit au grand galop, et comme il avait à peine passé la porte, on envoya des gens pour courir après lui et le prendre. (1531.)

» On dit que l'Empereur a fait entendre, après avoir lu notre *Confession et apologie*, qu'il voulait que l'on enseignât et que l'on prêchât dans le même sens par tout le monde. Le duc George aurait dit aussi qu'il savait très bien qu'il y avait beaucoup d'abus à réformer dans l'Église, mais qu'il ne voulait pas de cette réforme, quand elle venait d'un moine défroqué.

» La dernière fois que l'électeur Jean alla à la chasse, tout le gibier lui échappait. Les bêtes ne voulaient plus le reconnaître pour maître, c'était un présage de sa mort. (1532.)

» Le duc Jean-Frédéric, qui a été si bien pillé et dépouillé par ceux de la noblesse, a appris à ses dépens à les connaître.

» L'électeur Jean-Frédéric est naturellement colère, mais il sait à merveille dompter son courroux. — Il aime à bâtir et à boire; il est vrai qu'un si grand corps doit tenir plus qu'un petit. — Il donne par an mille florins pour l'université; pour le pasteur, deux cents, avec soixante boisseaux de froment ; de plus soixante florins à cause des leçons publiques. » Il envoya une fois cinq cents florins à Luther sur les fonds d'une abbaye pour marier quelque pauvre religieuse.

» Quoique le docteur Jonas l'y engageât, Luther refusa de demander à l'Électeur une nouvelle visitation des églises. « Il a soixante-dix conseillers qui crient à le rendre sourd. Ils lui disent : Quel bon conseil peut donner le scribe? contentons-nous de prier Dieu qu'il dirige le cœur du prince. »

Du landgrave Philippe de Hesse. — Le Landgrave est un pieux, intelligent et joyeux seigneur; il maintient une bonne paix dans sa terre, qui n'est que pierres et forêts ; de sorte que les gens y peuvent voyager et commercer sans crainte. Le Landgrave est un guerrier, un Arminius, petit de sa personne, mais, etc. Il consulte et suit aisément les bons conseils ; la résolution une fois prise, il exécute pomptement. — L'Empereur lui a offert, pour lui faire quitter l'Évangile, la possession paisible du comté de Katzenellenbogen, et le duc George l'aurait fait à ce prix son héritier... Il a une tête hessoise ; il ne peut se reposer, il faut qu'il ait quelque chose à faire... C'était une grande audace de vouloir, en 1528, envahir les possessions des évêques; et ça été un acte plus grand d'avoir rétabli le duc de Wurtemberg et chassé le roi Ferdinand de ce pays. Moi et Mélanchton, nous fûmes appelés à cette occasion à Weimar, et nous employâmes toute notre rhétorique à empêcher sa Grâce de rompre la paix de l'Empire... Il en devint tout rouge et s'emporta. Cependant c'est une âme tout-à-fait loyale.

» Dans le colloque de Marbourg, en 1529, sa Grâce vint avec un petit habit, de sorte que personne ne l'aurait reconnu pour le Landgrave; et cependant, il était occupé de grandes pensées. Il consulta Mélanchton, et lui dit : « Cher maître Philippe, dois-je souffrir que l'évêque de Mayence me chasse par violence mes prédicateurs évangéliques? » Philippe répondit : « Si la juridiction du lieu appartient à l'évêque de Mayence, votre Grâce ne peut l'empêcher. » Permis à vous de conseiller, répondit le Landgrave, mais je n'agirai pas moins. »

» A la diète d'Augsbourg, en 1530, le landgrave dit publiquement aux évêques : « Faites la paix, nous vous le demandons. Si vous ne la faites point et qu'il me faille descendre de mes montagnes, j'en saisirai au moins un ou deux. »

» Dieu a jeté le Landgrave au milieu de l'Empire. Il a autour de lui quatre électeurs et le duc de Brunswick ; et il les fait tous trembler. C'est que le commun peuple lui est attaché. Avant de rétablir le duc de Wurtemberg, il était allé en France, et le roi de France lui avait prêté beaucoup d'argent pour la guerre.

» Si le Landgrave s'enflamme une fois... ! C'est ce qui nous est arrivé, à moi et à maître Philippe, lorsque nous le détournions humblement et faiblement de la guerre ; « Qu'arrivera-t-il si je souffre vos conseils et si je n'agis point ?» — C'est un miracle de Dieu. Le Landgrave est un prince peu puissant, cependant on le redoute ; c'est un héros. Il a renvoyé les évêques au chœur... Les Saxons et ceux de la Hesse, lorsqu'ils sont en selle, sont de vrais cavaliers. Les cavaliers des hautes terres (du midi de l'Allemagne) ne sont que des danseurs. Dieu nous conserve le Landgrave..... Dieu nous préserve de la guerre ! les gens de guerre sont des diables incarnés. Je ne parle parle pas seulement des Espagnols, mais aussi des Allemands.

» Après la diète de Francfort, en 1539, environ neuf mille soldats d'élite furent rassemblés autour de Brême et de Lunebourg pour être employés contre les états protestans. Mais l'électeur de Saxe et le landgrave de Hesse leur firent parler par le chevalier Bernard de Mila, leur donnèrent de l'argent comptant et les attirèrent à eux. Ensuite mourut subitement le duc George, etc. »

« Le *landgrave de Hesse* et de Thuringe, Louis-le-Fameux, était un seigneur dur et colérique. Il était tenu prisonnier par l'évêque de Hall, il sauta par une fenêtre du haut du château et du rocher dans la Sals, nagea, s'aida d'un tronc d'arbre et échappa. Il sévissait toujours cruellement contre ses sujets. Sa femme s'avisa de lui servir de la viande un vendredi saint, et comme il n'en voulait pas manger; elle lui dit : « Cher seigneur, vous craignez ce péché, lorsque vous en faites tous les jours de plus grands et de plus horribles. » Mais elle fut obligée de s'enfuir et de quitter ses enfans. Au moment de son départ, à minuit, elle baisa son enfant qui était encore au berceau, le bénit, et, dans un transport d'amour maternel, elle le mordit à la joue[1]. Accompagnée d'une jeune fille, elle descendit par une corde du château de Wartbourg, tout le long du précipice. Son maître-d'hôtel l'attendait avec un chariot, et la conduisit secrètement à Francfort-sur-le-Mein.

[1] Luther appelle *Louis* ce landgrave, qui s'appelait effectivement *Albert-le-Dénaturé*, et vivait en 1288. Sa femme, Marguerite était fille de l'empereur Frédéric II; son fils est Frédéric I, dit le *Mordu*.

— Quand ce landgrave mourut, on l'affubla d'un habit de moine, ce qui faisait beaucoup rire tous ses chevaliers.

« En Italie, les hôpitaux sont bien pourvus, bien bâtis. On y donne une bonne nourriture ; il y a des serviteurs attentifs et de savans médecins. Les lits et les habits sont très propres; l'intérieur des bâtimens orné de belles peintures. Aussitôt qu'un malade y est amené, on lui ôte ses habits en présence d'un notaire qui en dresse une note et une description exacte pour qu'ils lui soient bien gardés. On le revêt d'un sarreau blanc, on le met dans un lit bien fait et dans des draps blancs ; on ne tarde pas à lui amener deux médecins, et les serviteurs viennent lui apporter à manger et à boire dans des verres bien propres, qu'ils touchent du bout du doigt. Il vient aussi des dames et matrones honorables qui se voilent pendant quelques jours pour servir les pauvres, de sorte qu'on ne sait point qui elles sont, et elles retournent ensuite chez elles. — J'ai vu aussi à Florence que les hôpitaux étaient servis avec tous ces soins ; de même les maisons des enfans-trouvés, où les petits enfans sont nourris au mieux, élevés, enseignés et instruits. Ils les ornent tous d'un costume uniforme, et en prennent le plus grand soin.

» Je ne manque point de drap, mais je ne puis me décider à me faire faire des culottes. Les miennes ont été raccommodées quatre fois, et le seront encore. Les tailleurs ne font rien de bon et prennent trop cher. Cela va bien mieux en Italie; les tailleurs ont une corporation particulière qui ne fait que des culottes.

» En Espagne, pour les couches de l'impératrice, trente hommes se sont fouettés jusqu'au sang, afin de lui obtenir un heureux enfantement, deux même en sont morts, et cependant la mère ni le fœtus n'ont pu être délivrés. Qu'a-t-on fait de plus chez les païens? (14 août 1539.)

» En Italie et en France, les curés sont généralement des ânes. Si on leur demande : *Quot sunt sacramenta?* ils répondent : *Tres.* — *Quæ?* Réponse : Le goupillon, l'encensoir et la croix.

» En France, il y a eu tant de superstition, que les serfs et serviteurs voulaient pour la plupart se faire moines. Il fallut que le roi défendît la moinerie. La France est abîmée dans la superstition. Les Italiens de même sont ou superstitieux ou épicuriens. C'est un propos commun en Italie, quand ils vont à l'église de dire : Allons au préjugé populaire.

» Lorsque je vis Rome, je tombai à genoux, levai les mains au ciel et dis : Salut, sainte Rome, sanctifiée par les saints martyrs et par leur sang qui y a été versé... ; mais elle est maintenant déchirée, und der teufel hat den papst, seinen dreck, darauss geschissen. — Cent ans avant Jesus-Christ, Rome avait quatre millions de citoyens ; peu après, neuf millions ; certes, cela devait faire un peuple, si toutefois la chose est vraie. — A Venise, trois cent mille feux ; à Erfurt, dix-huit mille murs à feu (murs mitoyens) ; à Nuremberg, à peine la moitié. — Rome n'est plus qu'une charogne et un tas de cendres...... Les maisons sont aujourd'hui où étaient les toits de l'ancienne Rome ; telle est l'épaisseur des décombres, qu'il y en a la hauteur de deux lances de landsknecht[1]. Rien n'y est à louer que le consistoire et la cour de Rote, où les affaires sont instruites et jugées avec beaucoup de justice.

Le docteur Staupitz avait entendu dire à Rome, en 1511, que d'après une vieille prophétie, un ermite s'élèverait sous le pape Léon X, et attaquerait la papauté ; or, les augustins s'appellent aussi ermites.

» Je ne voudrais pas, pour cent mille florins, ne pas avoir vu Rome ; je me serais toujours inquiété si je ne faisais pas injustice au pape. » — Il répète trois fois ces paroles.

[1] Voyez le *Voyage de Montaigne*.

« Il y avait en Italie un ordre particulier, qui s'appelait *les Frères de l'ignorance*. Ils devaient jurer de ne rien savoir et de ne vouloir rien apprendre. Tous les moines méritent le même nom. »

Un soir, à la table de Luther, il se trouvait un vieux prêtre qui racontait beaucoup de choses de Rome. Il y était allé quatre fois et y avait officié pendant deux ans. Quand on lui demanda pourquoi il y était allé si souvent, il répondit : « La première fois j'y cherchais un filou, la seconde je le trouvais, la troisième je l'emportais avec moi, et la quatrième je l'y rapportais et le plaçais derrière l'autel de Saint-Pierre. »

« Christoff Gross, qui avait été long-temps à Rome, trabant du pape, parla beaucoup des pays par où l'on va vers la Terre-Sainte, de l'Aragon et de la Biscaye. Ils ont pour signe du baptême une petite cicatrice au nez, juste sous les yeux. »

« Les Écossais sont la nation la plus fière; beaucoup se sont réfugiés en Allemagne, à Erfurth et à Wurtzbourg; ils n'admettent personne comme moine dans leurs couvens. Les Écossais sont méprisés des autres nations, comme les Samaritains par les Juifs. »

« Les Anglais ont été chassés de France après

leur défaite à Montlhéri, entre Paris et Orléans [1]. — Ils ne laissent personne à Calais, à moins qu'il ne parle anglais dans tant d'heures. »

« La peste règne toujours en Angleterre. — L'Angleterre est un morceau de l'Allemagne. — Les langues danoise et anglaise sont du saxon, c'est-à-dire du véritable allemand, tandis que la langue de l'Allemagne supérieure n'est point la vraie langue allemande. — La Souabe et la Bavière sont hospitalières ; au contraire la Saxe. — Luther préfère le dialecte de la Hesse à tous les autres de l'Allemagne, parce que les Hessois accentuent les mots comme s'ils chantaient. »

Diversité des langues. — « Supériorité de l'allemande : elle fait sentir que les Allemands sont gens plus simples et plus vrais. Au contraire, c'est un proverbe : les Français écrivent autrement qu'ils ne parlent, et parlent autrement qu'ils ne pensent. — L'allemand se rapporte au grec. Le latin est sec, il n'a pas de lettres doubles. — Finesse des Saxons et bas Allemands ; ils sont pires que les Italiens, quand ils adoptent les idées de l'Italie. — Les habitations et l'aspect des pays changent ordinairement dans l'espace d'un siècle.

[1] Il est inutile de relever les erreurs grossières dont fourmille ce chapitre.

Il y a peu d'années que la Hesse, la Franconie, la Westphalie, n'étaient qu'un désert. Au contraire, autour de Halle, d'Halberstadt, et chez nous, on fait jusqu'à trois milles sans trouver rien que bruyères, tandis qu'autrefois il y avait des terres cultivées. Dieu aura ôté la fertilité au pays, pour punir les habitans. »

« Nous sommes de bons compagnons, nous autres Allemands, nous buvons, nous mangeons, nous cassons nos vitres, nous perdons en une soirée cent, mille florins ou plus, et nous oublions *le Turc* qui, en trente jours, peut être avec sa cavalerie légère à Wittemberg. »

« En France, chacun a son verre à table. — Les Français se préservent de l'air; s'ils suent, ils se couvrent, s'approchent du feu, se mettent au lit; sans cela ils auraient la fièvre. Deux personnes dansent à la fois, les autres regardent; au contraire en Allemagne. — Les prêtres d'Italie et de France ne savent pas même leur langue. »

« Dans mon voyage sur le Rhin, je voulus dire la messe, mais un prêtre me dit : « Vous ne le pouvez : nous suivons ici le rit ambroisien. »

» George Fœgeler, chancelier du margrave, disait que dans la Bavière il y avait plus de cent vingt-cinq cures vacantes, parce qu'on ne pouvait trouver aucun ecclésiastique.

» Dans la Bohême, il y a environ trois cents cures vacantes, de même chez le duc George.

» La Thuringe avait autrefois un sol très fertile en grain, surtout autour d'Erfurt; mais maintenant elle est frappée de malédiction. Le blé y est plus cher qu'à Wittemberg. C'est ce que j'ai vu, il y a un an, lorsque j'étais à Smalkald; ils n'avaient qu'un mauvais pain noir... Ils ont de telles vendanges qu'on pourrait donner la pinte pour trois liards; si elles étaient moitié moins bonnes, ils seraient très riches; mais maintenant ils donnent le vin pour le tonneau.

» L'électorat de Saxe a eu douze couvens de moines déchaux, mineurs, cinq de prêcheurs, moines de saint Paul et carmélites, et quatre d'augustins. Voilà seulement pour les moines mendians qui, aujourd'hui se dissipent d'eux-mêmes. — Alors, un Anglais qui se trouvait à table chez le docteur, se mit à dire qu'en Angleterre, il n'y avait guère de milles carrés d'Allemagne, où l'on ne trouvât trente-deux cloîtres de moines mendians.

» Le vieil électeur de Brandebourg, Joachim, disait une fois au duc de Saxe Frédéric : Comment pouvez-vous, vous autres princes de Saxe, frapper de la monnaie si forte? Nous y avons gagné trois tonnes d'or (en renvoyant une monnaie inférieure dans la Saxe).

La princesse de A. (Anhalt), venant à Wittemberg, se rendit chez Luther, et insista vivement pour discuter avec lui, quoiqu'il fût malade et que ce fût à une heure indue. Il s'excusa en lui disant : « Noble dame, je suis rarement bien portant dans toute l'année; je souffre presque toujours ou du corps ou de l'esprit. » Elle lui répondit : « Je le sais, mais nous, nous ne pouvons pas non plus vivre tous dans la piété. » Le docteur lui dit alors : « Vous autres de la noblesse, cependant, vous devriez tous être pieux et irréprochables, car vous êtes peu, vous formez un cercle étroit. Nous, gens du commun et des basses classes, nous nous corrompons par la multitude; nous sommes en grand nombre, il n'est donc pas étonnant qu'il y ait si peu de gens pieux parmi nous. C'est chez vous, personnes nobles et illustres, que nous devrions trouver des exemples de piété, d'honnêteté, etc. » Et il continua de lui parler sur ce ton. (Tischreden, p. 341, verso.)

Luther avait dans sa maison et à sa table un Hongrois, nommé Mathias de Vai. De retour en Hongrie, il y prêcha, et fut accusé par un prédicateur papiste devant le moine George, frère du Vayvode, alors gouverneur et régent à Bude. Le moine George fit apporter deux tonneaux de poudre sur le marché, et dit : « Si l'un de vous deux prêche la bonne doctrine, asseyez-vous dessus, j'y mettrai le feu ; nous verrons lequel des deux restera vivant. » Le papiste refusa, Mathias s'élança sur un des tonneaux. Le papiste et les siens furent condamnés à payer quatre cents florins de Hongrie, et à entretenir pendant un certain temps deux cents hommes d'armes. Mathias eut la permission de prêcher l'Évangile. (Tischr., p. 13.)

Un seigneur hongrois, nommé Jean Huniade, se trouvant à Torgau, comme ambassadeur du roi Ferdinand auprès de l'électeur Jean-Frédéric, pria celui-ci de faire venir Luther pour qu'il pût le voir et lui parler. Luther y vint ; à table, l'ambassadeur dit qu'en Hongrie les prêtres donnaient la communion tantôt sous une, tantôt sous deux espèces, et qu'ils prétendaient que la chose était indifférente. « Révérend père, ajouta-t-il, en s'adressant à Luther, me permettez-vous de vous demandez ce que vous pensez de ces prêtres ? » Le docteur répondit qu'il les regardait comme de méprisables hypocrites. « Car, dit-il, s'ils étaient bien convaincus que la communion sous deux espèces est d'institution divine, ils ne pourraient continuer de la donner sous une seule. »

Luther cacha le dépit que la question de l'ambassadeur lui avait causé, et quelque temps après, il se tourna vers lui, en disant : « Seigneur, j'ai répondu à ce que votre Grâce me demandait. Me permettra-t-elle de lui faire une question à mon tour ? » L'ambassadeur le lui permettant, il continua : « Je suis étonné que vos pareils, les conseillers des rois et des princes, qui savent bien que la doctrine de l'Évangile est la véritable, ne laissent pas de la persécuter de toutes leurs forces. Me pourriez-vous dire d'où cela vient? » A ces mots, André Pflug, l'un des convives, voyant l'ambarras du seigneur hongrois, interrompit Luther et parla vivement d'autre chose, de sorte que le seigneur fut dispensé de répondre. (Tischr., p. 148.)

Le chapitre des *Propos de table* où se trouve réuni tout ce que Luther a dit sur les Turcs, est fort curieux comme peinture des alarmes qu'éprouvaient alors toutes les familles chrétiennes. Chaque mouvement des barbares est marqué par un cri de terreur. C'est la même scène que celle de Goetz de Berlichingen, où le chevalier ne pouvant agir, se fait rendre compte par les siens du combat qui a lieu dans la plaine, et qu'ils contemplent du haut d'une tour ; c'est la même anxiété d'un péril toujours croissant, et qu'on est dans l'impuissance d'éviter ou de combattre.

« Le Turc ira à Rome, et je n'en suis pas trop fâché, car il est écrit dans le prophète Daniel, etc. Une fois le Turc à Rome, le Jugement dernier n'est pas loin.

» Le Christ a sauvé nos âmes; il faudra qu'il sauve aussi nos corps; car le Turc va donner un bon coup à l'Allemagne. Je pense souvent à tous les maux qui vont suivre, et il m'en vient la sueur... La femme du docteur s'écria : Dieu nous préserve des Turcs! Non, reprit-il, il faut bien qu'ils viennent et qu'ils nous secouent comme il faut.

» Qui m'eût dit que je verrais en face l'un de l'autre les deux empereurs, les rois du Midi et du Septentrion?... Oh! priez, car nos gens de guerre sont trop présomptueux, ils comptent trop sur leur force et sur leur nombre. Cela ne peut pas bien finir. Et il ajoutait : Les chevaux allemands sont plus forts que ceux des Turcs; ils peuvent les renverser; ceux-ci sont plus légers, mais plus petits.

» Je ne compte point sur nos murs, ni sur nos arquebuses, mais sur le *Pater noster*. C'est là ce qui battra les Turcs; le décalogue n'y suffit pas. »

Luther dit qu'après avoir depuis long-temps

désiré de connaître l'Alcoran, il en trouva enfin une mauvaise version latine de 1300, et qu'il la traduisit en allemand, afin de mieux faire connaître l'imposture de Mahomet. Dans son « Instruction tirée de l'Alcoran, » il prouve que ce n'est point Mahomet qui est l'Anti-Christ (car l'imposture, dit-il, est trop visible en celui-ci), mais plutôt le pape avec son hypocrisie. — « Il y a trois ans qu'un moine du pays des Maures vint ici. Nous disputâmes avec lui par l'intermédiaire d'un interprète, et comme il fut confondu en tous points par la Parole de Dieu, il dit à la fin : « C'est là une bonne croyance. »

Les juifs, à titre de juifs et d'usuriers, étaient fort mal avec Luther.

« Nous ne devons pas souffrir les juifs parmi nous. On ne doit ni boire ni manger avec eux. — Cependant, dit quelqu'un, il est écrit que les juifs seront convertis avant le Jugement... — Et il est écrit aussi, dit la femme de Luther, qu'il n'y aura qu'une bergerie et un berger. — Oui, chère Catherine, dit le docteur. Mais cela s'est déjà accompli, lorsque les païens ont embrassé l'Evangile. » (Tischr., p. 431.)

« Si j'étais à la place des seigneurs de **, je ferais venir ensemble tous les juifs, et je leur demanderais pourquoi ils appellent Christ un fils de p...., et sainte Marie une coureuse. S'ils parvenaient à le prouver, je leur donnerais cent florins; sinon je leur arracherais la langue. » (Tischr., p. 431, verso.)

Page 127, ligne 24. —*Je ne puis nier que je ne sois violent...*

Érasme disait : « Luther est insatiable d'injures et de violences; c'est comme Oreste furieux. » (Erasm., Epist. non sobria Luther.)

Page 142, ligne 9. — *Le droit impérial ne tient plus qu'à un fil...*

Cependant Luther le préférait encore au droit saxon.

« Le docteur Luther parlant de la grande barbarie et dureté du droit saxon, disait que les choses iraient au mieux si le droit impérial était suivi dans tout l'Empire. Mais l'opinion s'est établie à la cour, que le changement ne pouvait se faire sans grande confusion et grande dévastation. » (Tischreden, page 412.)

Page 143, ligne 17.—*Je te le conseille, juriste, laisse dormir le vieux dogue...*

Dans son avant-dernière lettre à Mélanchton

(6 février 1546), il dit en parlant des légistes : « O sycophantes, ô sophistes, ô peste du genre humain !... Je t'écris en colère, mais je ne sais si, de sang froid, je pourrais mieux dire. »

Page 143, ligne 24. — *Juristes pieux...*

Il souhaite qu'on améliore leur condition.

« Les docteurs en droit gagnent trop peu et sont obligés de se faire procureurs. En Italie, on donne à un juriste quatre cents ducats ou plus par an; en Allemagne, ils n'en ont que cent. On devrait leur assurer des pensions honorables, ainsi qu'aux bons et pieux pasteurs et prédicateurs. Faute de cela, ils sont obligés pour nourrir leurs femmes et leurs enfans, de s'occuper de l'agriculture et des soins domestiques. » (Tischreden, page 414.)

Page 143. — *Fin du chapitre.*

Au comte Albrecht de Mansfeld, au sujet d'une affaire de mariage : « Les paysans, les gens grossiers qui ne recherchent que la liberté de la chair, les légistes qui décident toujours contre la foi, m'ont rendu si las, que j'ai rejeté décidément le fardeau des affaires de mariages, et que j'ai dit à plusieurs de faire, au nom de tous les diables, ce qu'il leur plaira : *Sinite mortuos sepelire mortuos.* Le monde veut le pape ! qu'il l'ait, s'il n'en peut être autrement. Tous les légistes tiennent pour lui. Je ne sais vraiment si, moi mort, ils auront le courage d'adjuger, à mes enfans, le nom de Luther et mes guenilles ! Ils jugent toujours d'après le droit papal. A qui la faute ? A vous autres seigneurs, qui les rendez trop fiers, qui les soutenez dans tout ce qui leur plaît de décider, qui opprimez les pauvres théologiens, quelque raison qu'ils puissent avoir... » (5 octobre 1536.)

« Il faudrait dans un pays deux cents pasteurs contre un juriste. Nous devrions, en attendant, changer en pasteurs les juristes et les médecins. Vous verrez que cela viendra. » (Tischreden, page 4, verso.)

Page 151, *fin du chapitre.*

Discussion confidentielle entre Mélanchton et Luther. (1536.)

MÉLANCHTON trouve probable l'opinion de saint Augustin, qui soutient « que nous sommes justifiés par la foi, par la rénovation, » et qui, sous le mot de rénovation, comprend tous les dons et les vertus que nous tenons de Dieu[1]. « Quelle est votre opinion? demanda-t-il à Luther. Tenez-vous, avec saint Augustin, que les hommes sont justifiés par la rénovation, ou bien par imputation divine? » — LUTHER répond : « Par la pure miséricorde de Dieu. » — MÉLANCHTON propose de dire que l'homme est justifié *principaliter* par la foi, *et minùs principaliter* par les œuvres, en sorte que la foi rachète l'imperfection de celles-ci. — LUTHER. « La miséricorde de Dieu est seule la vraie justification. La justification par les œuvres n'est qu'extérieure; elle ne peut nous délivrer ni du péché ni de la mort. » — MÉLANCHTON. Je vous demande ce qui justifie saint Paul et le rend agréable à Dieu, après sa régénération par l'eau et l'esprit? — LUTHER. « C'est uniquement cette régénération même. Il est devenu juste et agréable à Dieu par la foi, et par la foi il reste tel à jamais. » — MÉLANCHTON. Est-il justifié par la seule miséricorde, ou bien l'est-il *principalement* par la miséricorde, et *moins principalement* par ses vertus et ses œuvres? — LUTHER. « Non pas. Ses vertus et ses œuvres ne sont bonnes et pures que parce qu'elles sont de saint Paul, c'est-à-dire

[1] Mélanchton fait remarquer que saint Augustin n'exprime pas cette opinion dans ses écrits de controverse.

d'un juste. Une œuvre plaît ou déplaît, est bonne ou mauvaise, à cause de la personne qui la fait. » — MÉLANCHTON. Mais vous enseignez vous-même que les bonnes œuvres sont nécessaires, et saint Paul qui croit, et qui en même temps fait les œuvres, est agréable à Dieu pour cela. S'il faisait autrement il lui déplairait. — LUTHER. « Les œuvres sont nécessaires, il est vrai, mais c'est par une nécessité sans contrainte, et toute autre que celle de la Loi. Il faut que le soleil luise, c'est une nécessité également; cependant ce n'est pas par suite d'une loi qu'il luit, mais bien par nature, par une qualité inhérente et qui ne peut être changée : il est créé pour luire. De même le juste, après la régénération, fait les œuvres, non pour obéir à quelque loi ou contrainte, car il ne lui est pas donné de loi, mais par une nécessité immuable. — Ce que vous dites de saint Paul, qui, sans les œuvres, ne plairait pas à Dieu, est obscur et inexact, car il est impossible qu'un croyant, c'est-à-dire un juste, ne fasse ce qui est bien. » — MÉLANCHTON. Sadolet nous accuse de nous contredire en enseignant que la foi seule justifie, et en admettant néanmoins que les bonnes œuvres sont nécessaires. — LUTHER. « C'est que les faux frères et les hypocrites, faisant semblant de croire, on leur demande les œuvres pour confondre leur fourberie... » — MÉLANCHTON.

Vous dites que saint Paul est justifié par la seule miséricorde de Dieu. A cela je réplique que si l'obéissance ne venait s'ajouter à la miséricorde divine, il ne serait point sauvé, conformément à la parole (I. Cor. IX) : « Malheur à moi, si je ne prêchais pas l'Évangile ! » — LUTHER. « Il n'est besoin de rien ajouter à la foi ; si elle est véritable, elle est à elle seule efficace toujours et en tout point. Ce que les œuvres valent, elles ne le valent que par la puissance et la gloire de la foi, qui est, comme le soleil, resplendissante et rayonnante par nécessité de nature. » — MÉLANCHTON. Dans saint Augustin, les œuvres sont incluses en ces mots : *Solâ fide.* — LUTHER. « Quoi qu'il en soit, saint Augustin fait assez voir qu'il est des nôtres, quand il dit : « Je suis effrayé, il est vrai, mais je ne désespère pas, car je me souviens des plaies du Seigneur. » Et ailleurs, dans ses Confessions : « Malheur aux hommes, quelque bonne et louable que leur vie puisse être, s'ils ne sollicitent la miséricorde de Dieu... » — MÉLANCHTON. Est-elle vraie, cette parole : « La justice est nécessaire au salut ? » — LUTHER. « Non pas dans ce sens, que les œuvres produisent le salut, mais qu'elles sont les compagnes inséparables de la foi qui justifie. C'est tout de même qu'il faudra que je sois là en personne lorsque je serai sauvé. »

« J'en serai aussi, » dit l'autre qu'on menait pour être pendu, et qui voyait les gens courir à toutes jambes vers le gibet... La foi qui nous est donnée de Dieu régénère l'homme incessamment et lui fait faire des œuvres nouvelles, mais ce ne sont pas les œuvres nouvelles qui font que l'homme est régénéré... Les œuvres n'ont pas de justice par elles-mêmes aux yeux de Dieu, quoiqu'elles ornent et glorifient accidentellement l'homme qui les fait... En somme, les croyans sont une création nouvelle, un arbre nouveau. Toutes ces manières de dire usitées dans la Loi, telles que : « Le croyant *doit* faire de bonnes œuvres, ne nous conviennent donc plus. On ne dit pas : Le soleil *doit luire*, un bon arbre *doit* porter de bons fruits, trois et sept *doivent* faire dix. Le soleil luit par sa nature, sans qu'on le lui commande ; le bon arbre porte de même ses bons fruits ; trois et sept ont de tout temps fait dix ; il n'est pas besoin de le commander pour l'avenir.

Le passage suivant est plus exprès encore. « Je pense qu'il n'y a point de qualité qui s'appelle foi ou amour, comme le disent les rêveurs et les sophistes, mais je reporte cela entièrement au Christ, et je dis *mea formalis justitia* (la justice certaine, permanente, parfaite, dans laquelle il n'y a ni manque, ni défaut ; celle qui est comme elle doit être devant Dieu), cette justice c'est le Christ, mon seigneur. (Tischr., p. 133.)

Ce passage est un de ceux qui font le plus fortement sentir le rapport intime de la doctrine de Luther avec le système d'identification absolue. On conçoit que la philosophie allemande ait abouti à Schelling et à Hegel.

Page 152.

Les papistes se moquaient beaucoup des quatre nouveaux Évangiles. Celui de Luther, qui condamne les œuvres; celui de Kuntius, qui rebaptise les adultes; celui d'Othon de Brunfels, qui ne regarde l'Écriture que comme un pur récit cabalistique, *surda sine spiritu narratio*; enfin, celui des mystiques (Cochlæus, p. 165.) Ils auraient pu y joindre celui du docteur Paulus Ricius, médecin juif, qui fit paraître, pendant la diète de Ratisbonne, un petit livre où Moïse et saint Paul montraient, dans un dialogue, comment toutes les opinions religieuses qui excitaient tant de disputes pouvaient être conciliées.

Page 155, ligne 6. — *J'ai vu dans l'air un petit nuage de feu... Dieu est irrité...*

« La comète me donne à penser que quelque malheur menace l'Empereur et Ferdinand. Elle a tourné sa queue d'abord vers le nord, puis vers le sud, désignant ainsi les deux frères. (oct. 1531.)

Page 156, ligne 24. — *Michel Stiefel croit être le septième ange...*

« Michel Stiefel, avec sa septième trompette, nous prophétise le jour du jugement pour cette année, vers la Toussaint. » (26 août 1533.)

Page 162, *fin du chapitre.*

Il se moque de l'importance donnée aux cérémonies extérieures dans une lettre à George Duchholzer, ecclésiastique de Berlin, qui lui avait demandé son avis sur la réforme récemment introduite dans le Brandbourg : « . . . . . Pour ce qui est de la chasuble, des processions et autres choses extérieures que votre prince ne veut pas abolir, voici mon conseil : S'il vous accorde de prêcher l'Évangile de Jésus-Christ purement et sans additions humaines, d'administrer le baptême et la communion tels que Christ les a institués, de supprimer l'adoration des saints et les messes des morts, de renoncer à bénir l'eau, le sel et les herbes, de ne plus porter les saints-sacremens dans les processions, enfin s'il n'y fait chanter que des cantiques purs de toute doctrine humaine : faites les cérémonies qu'il demande, à la garde de Dieu, portez une croix d'or ou d'argent, une chape, une chasuble de velours, de soie, de toile et tout ce que vous voudrez. Si votre seigneur ne se contente pas d'une seule chape ou chasuble, mettez-en trois, comme le grand prêtre Aaron qui mettait trois robes l'une sur l'autre, toutes belles et magnifiques. Si sa Grâce électorale n'a pas assez d'une seule procession que vous ferez avec chant et tintamare, faites-la sept fois, comme Josué et les enfans d'Israël allèrent sept fois autour de Jéricho en criant et sonnant des trompettes. Et pour peu que cela amuse sa Grâce électorale, elle n'a qu'à ouvrir elle-même la marche, et danser devant les autres, au son des harpes, des timbales et des sonnettes, comme fit David devant l'arche du Seigneur à Jérusalem; je ne m'y oppose point. Ces choses, quand l'abus ne s'y mêle point, n'ajoutent, n'ôtent rien à l'Évangile. Mais il faut se garder d'en faire des nécessités, des chaînes pour la conscience. Si seulement je pouvais en venir là avec le pape et ses adhérens, ah! que je remercierais Dieu! Vraiment, si le pape me cédait ce point, il pourrait me dire de porter je ne sais quoi, que je le porterais pour lui faire plaisir..... Pardonnez-moi, mon cher ami, de vous répondre si brièvement aujourd'hui ; j'ai la tête si faible, qu'il m'en coûte d'écrire... » (4 décembre 1539.)

Page 177, ligne 18. — *Elle tomba raide...*

« Une servante avait eu, pendant bien des années un invisible esprit familier qui s'asseyait près d'elle au foyer, où elle lui avait fait une petite place, s'entretenant avec lui pendant les longues nuits d'hiver. Un jour la servante pria Heinzchen (elle nommait ainsi l'esprit) de se laisser voir dans sa véritable forme. Mais Heinzchen refusa de le faire. Enfin, après de longues instances, il y consentit, et dit à la servante de descendre dans la cave, où il se montrerait. La servante prit un flambeau, descendit dans le caveau, et là, dans un tonneau ouvert, elle vit un enfant mort qui flottait au milieu de son sang. Or, longues années auparavant, la servante avait mis secrètement un enfant au monde, l'avait égorgé, et l'avait caché dans un tonneau. » (Tischreden, page 222, trad. d'Henri Heine. Voy. son bel article sur Luther, *Revue des deux Mondes*, 1er mars 1834.)

Page 182, ligne 15. — *Ils saisissaient la tête...*

« L'ennemi de tout bien et de toute santé (le diable), chevauche quelquefois à travers ma tête, de manière à me rendre incapable de lire ou d'écrire la moindre des choses. » (28 mars 1532.)

Page 183, ligne 9. — *Le diable n'est pas, à la vérité, un docteur qui a pris ses grades...*

« C'est une chose merveilleuse, dit Bossuet, de voir combien sérieusement et vivement il décrit son réveil, comme en sursaut, au milieu de la nuit, l'apparition manifeste du diable pour disputer contre lui. La frayeur dont il fut saisi, sa sueur, son tremblement et son horrible battement de cœur dans cette dispute; les pressans argumens du démon qui ne laisse aucun repos à l'esprit; le son de sa puissante voix; ses manières de disputer accablantes, où la question et la réponse se font sentir à la fois. Je sentis alors, dit-il, comment il arrive si souvent qu'on meure subitement vers le matin : c'est que le diable peut tuer et étrangler les hommes, et sans tout cela, les mettre si fort à l'étroit par ses disputes, qu'il y a de quoi en mourir, comme je l'ai plusieurs fois expérimenté. » (*De abrogandâ missâ privatâ*, t. VII, 222, trad. de Bossuet. Variations, II, p. 203.)

Page 201, ligne 8. — *Après avoir prêché à Smalkalde...*

Il écrivit à sa femme sur cette maladie : « ... J'ai été comme mort; je t'avais déjà recommandée, toi et nos enfans, à Dieu et à notre Seigneur, dans la pensée que je ne vous reverrais plus; j'étais bien ému en pensant à vous; je me voyais déjà dans la tombe. Les prières et les larmes de gens pieux qui m'aiment, ont trouvé grâce devant Dieu. Cette nuit a tué mon mal, me voilà comme rené... » (27 février 1537.)

Luther éprouva une rechute dangereuse à Wittemberg. Obligé de rester à Gotha, il se croyait près de la mort. Il dicta à Bugenhagen, qui était avec lui, sa dernière volonté. Il déclara qu'il avait combattu la papauté selon sa conscience, et demanda pardon à Mélanchton, à Jonas et à Cruciger des offenses qu'il pouvait leur avoir faites. (Ukert, t. I, p. 325.)

Page 202, ligne 2. — *Ma véritable maladie...*

Luther fut atteint de bonne heure de la pierre; cette maladie le faisait cruellement souffrir. Il fut opéré le 27 février 1537.

« Je commence à entrer en convalescence, avec la grâce de Dieu, je rapprends à boire et à manger, quoique mes jambes, mes genoux, mes os tremblent, et que je me porte à peine. (21 mars 1537.)

» Je ne suis, même sans parler des maladies et de la vieillesse, qu'un cadavre engourdi et froid. » (6 décembre 1537.)

Page 215, ligne 10. — *Les comtes de Mansfeld...*

Il avait essayé en vain de réconcilier les comtes de Mansfeld. « Si l'on veut, dit-il, faire entrer dans une maison un arbre coupé, il ne faut pas le prendre par la tête; toutes les branches l'arrêteraient à la porte. Il faut le prendre par la racine, et les branches plieront pour entrer. (Tischreden, p. 355.)

Page 222 — *A la fin du chapitre.*

Nous réunissons ici plusieurs particularités relatives à Luther.

Érasme dit de lui : « On loue unanimement les mœurs de cet homme; c'est un grand témoignage que ses ennemis même n'y trouvent pas matière à la calomnie. » (Ukert, t. II, page 5.)

Luther aimait les plaisirs simples : il faisait

souvent de la musique avec ses commensaux et jouait aux quilles avec eux.—Mélanchton dit de lui : « Quiconque l'aura connu et fréquenté familièrement, avouera que c'était un excellent homme, doux et aimable en société, nullement opiniâtre ni ami de la dispute. Joignez à cela la gravité qui convenait à son caractère. — S'il montrait de la dureté en combattant les ennemis de la vraie doctrine, ce n'était point malignité de nature, mais ardeur et passion pour la vérité. » (Ukert, t. II, p. 12.)

« Bien qu'il ne fût ni d'une petite stature ni d'une complexion faible, il était d'une extrême tempérance dans le boire et le manger. Je l'ai vu étant en pleine santé, passer quatre jours entiers sans prendre aucun aliment, et souvent se contenter, dans une journée entière, d'un peu de pain et d'un hareng pour toute nourriture. » (*Vie de Luther*, par Mélanchton.)

Mélanchton dit dans ses Œuvres posthumes : « Je l'ai souvent trouvé, moi-même, pleurant à chaudes larmes, et priant Dieu ardemment pour le salut de l'Église. Il consacrait, chaque jour, quelque temps à dire des psaumes et à invoquer Dieu de toute la ferveur de son âme. » (Ukert, t. II, p. 7.)

Luther dit de lui-même : « Si j'étais aussi éloquent et aussi riche en paroles qu'Érasme, aussi bon hellléniste que Joachim Camérarius, aussi savant en hébreu que Forscherius, et aussi un peu plus jeune, ah! quels travaux je ferais! » (Tischreden, p. 447.)

« Le licencié Amsdorf est naturellement théologien. Les docteur Creuziger et Jonas le sont par art et réflexion. Mais moi et le docteur Pomer, nous donnons peu de prise dans la dispute. » (Tischreden, p. 425.)

A Antoine Unruche, juge à Torgau «... Je vous remercie de tout mon cœur, cher Antoine, d'avoir pris en main la cause de Marguerite Dorst, et de n'avoir pas souffert que ces insolens hobereaux enlevassent à la pauvre femme le peu qu'elle a. Vous savez que le docteur Martin n'est pas seulement théologien et défenseur de la foi, mais aussi le soutien du droit des pauvres gens qui viennent de tous côtés lui demander ses conseils et son intercession auprès des autorités. Il sert volontiers les pauvres, comme vous faites vous-même, vous et ceux qui vous ressemblent. Tous les juges devraient être comme vous. Vous êtes pieux, vous craignez Dieu, vous aimez sa parole ; aussi Jésus-Christ ne vous oubliera-t-il pas... » (12 juin 1538.)

Luther écrit à sa femme au sujet d'un vieux domestique qui allait quitter sa maison : « Il faut congédier notre vieux Jean honorablement ; tu sais qu'il nous a toujours servis loyalement, avec zèle, et comme il convenait à un serviteur chrétien. Combien n'avons-nous pas donné à des vauriens, à des étudians ingrats, qui ont fait un mauvais usage de notre argent? Il ne faut donc pas lésiner, dans cette occasion, à l'égard d'un si honnête serviteur, chez lequel notre argent sera placé d'une manière agréable à Dieu. Je sais bien que nous ne sommes pas riches ; je lui donnerais volontiers dix florins si je les avais ; en tous cas, ne lui en donne pas moins de cinq, car il n'est pas habillé. Ce que tu pourras faire de plus, fais-le, je t'en prie. Il est vrai que la caisse de la ville devrait bien aussi lui donner quelque chose, parce qu'il a fait toutes sortes de services dans l'église ; qu'ils agissent comme ils voudront. Vois de quelle manière tu pourras avoir cet argent. Nous avons un gobelet d'argent à mettre en gage. Dieu ne nous abandonnera pas, j'en suis sûr. Adieu. » (17 février 1532.)

« Le prince m'a donné un anneau d'or ; mais

afin que je visse bien que je n'étais pas né pour porter de l'or, l'anneau est aussitôt tombé de mon doigt (car il est un peu trop large). J'ai dit : Tu n'es qu'un ver de terre, et non un homme. Il fallait donner cet or à Faber, à Eckius ; pour toi, du plomb, une corde au cou te conviendraient davantage. » (15 septembre 1530.)

L'Électeur, établissant une contribution pour la guerre des Turcs, en avait fait exempter Luther. Il lui répondit qu'il acceptait cette faveur pour ses deux maisons, dont l'une (l'ancien couvent) lui coûtait beaucoup d'entretien sans rien rapporter, et dont l'autre n'était pas payée encore. « Mais, continue-t-il, je prie votre Grâce électorale, en toute soumission, de permettre que je contribue pour mes autres biens. J'ai encore un jardin estimé à cinq cents florins, une terre à quatre-vingt-dix, et un petit jardin qui en vaut vingt. J'aimerais bien à faire comme les autres, à combattre le Turc de mes liards, à ne pas être exclu de l'armée qui doit nous sauver. Il y en a déjà assez qui ne donnent pas volontiers ; je ne voudrais pas faire des envieux. Il vaut mieux qu'on ne puisse se plaindre, et que l'on dise : Le docteur Martin est aussi obligé de payer. » (26 mars 1542.)

A l'électeur Jean. « Grâce et paix en Jésus-Christ. Sérénissime seigneur! j'ai long-temps différé de remercier votre Grâce des habits qu'elle a bien voulu m'envoyer ; je le fais par la présente de tout mon cœur. Cependant je prie humblement votre Grâce de ne pas en croire ceux qui me présentent comme dans le dénument. Je ne suis déjà que trop riche selon ma conscience ; il ne me convient pas, à moi, prédicateur, d'être dans l'abondance, je ne le souhaite ni ne le demande. — Les faveurs répétées de votre Grâce commencent vraiment à m'effrayer. Je n'aimerais pas à être de ceux à qui Jésus-Christ dit : Malheur à vous, riches, parce que vous avez déjà reçu votre consolation! Je ne voudrais pas non plus être à charge à votre Grâce, dont la bourse doit s'ouvrir sans cesse pour tant d'objets importans. C'était donc déjà trop de l'étoffe brune qu'elle m'a envoyée; mais, pour ne pas être ingrat, je veux aussi porter en son honneur l'habit noir, quoique trop précieux pour moi ; si ce n'était un présent de votre Grâce électorale, je n'aurais jamais voulu porter un pareil habit.

» Je supplie en conséquence votre Grâce de vouloir bien dorénavant attendre que je prenne la liberté de demander quelque chose. Autrement cette prévenance de sa part m'ôterait le courage d'intercéder auprès d'elle pour d'autres qui sont bien plus dignes de sa faveur. Jésus-Christ récompensera votre âme généreuse : c'est la prière que je fais de tout mon cœur. Amen. » (17 août 1529.)

Jean-le-Constant avait fait présent à Luther de l'ancien couvent des Augustins à Wittemberg. — L'électeur Auguste le racheta de ses héritiers, en 1564, pour le donner à l'université. (Ukert, t. I, p. 347.)

Lieux habités par Luther et objets qu'on a conservés de lui. — La maison dans laquelle Luther naquit n'existe plus ; elle fut brûlée en 1689. — A la Wartbourg, on montre encore sur le mur une tache d'encre que Luther aurait faite en jetant son écritoire à la tête du diable. — On a conservé aussi la cellule qu'il occupait au couvent de Wittemberg, avec différens meubles qui lui appartenaient. Les murs de cette cellule sont couverts de noms de visiteurs. On remarque celui de Pierre-le-Grand écrit sur la porte. — A Cobourg, l'on voit la chambre qu'il habitait pendant la diète d'Augsbourg (1530).

Luther portait au doigt une bague d'or, émaillée, sur laquelle on voyait une petite tête de mort avec ces mots : *Mori sæpe cogita* ; autour du chaton était écrit : *O mors, ero mors tua*. Cette bague est conservée à Dresde, ainsi qu'une médaille en argent dorée, que la femme de Luther portait au cou. Dans cette médaille, un serpent se dresse sur les corps des Israélites, avec ces mots : *Serpens exaltatus typus Christi crucifixi*. Le revers présente Jésus-Christ sur la croix avec cette légende : *Christus mortuus est pro peccatis nostris*. D'un côté on lit encore : *D. Mart. Luter Caterinæ suæ dono. D. H. F.*; et de l'autre : *Quæ nata est anno* 1499, 29 *januarii*.

Il avait lui-même un cachet dont il a donné la description dans une lettre à Lazare Spengler : « Grâce et paix en Jésus-Christ. — Cher seigneur et ami ! vous me dites que je vous ferais plaisir en vous expliquant le sens de ce qu'on voit sur mon sceau. Je vais donc vous indiquer ce que j'ai voulu y faire graver, comme symbole de ma théologie. D'abord, il y a une croix noire avec un cœur au milieu. Cette croix doit me rappeler que la foi au Crucifié nous sauve : qui croit en lui de toute son ame est justifié. Cette croix est noire pour indiquer la mortification, la douleur par laquelle le chrétien doit passer. Le cœur néanmoins conserve sa couleur naturelle; car la croix n'altère pas la nature, elle ne tue pas, elle vivifie. *Justus fide vivit, sed fide crucifixi*. Le cœur est placé au milieu d'une rose blanche, qui indique que la foi donne la consolation, la joie et la paix; la rose est blanche et non rouge, parce que ce n'est point la joie et la paix du monde, mais celle des esprits : le blanc est la couleur des esprits, et de tous les anges. La rose est dans un champ d'azur, pour montrer que cette joie dans l'esprit et dans la foi est un commencement de la joie céleste qui nous attend; celle-ci y est déjà comprise, elle existe déjà en espoir, mais le moment de la consommation n'est pas encore venu. Dans ce champ vous voyez aussi un cercle d'or. Il indique que la félicité dans le ciel durera éternellement, et qu'elle est supérieure à toute autre joie, à tout autre bien, comme l'or est le plus précieux des métaux. — Que Jésus-Christ, notre seigneur, soit avec vous jusque dans la vie éternelle. Amen. De mon désert de Cobourg, 8 juillet 1530. »

A Altenbourg, l'on a conservé long-temps un verre de table dans lequel Luther avait bu la dernière fois qu'il visita son ami Spalatin. (Ukert. t. I, page 245 et suiv.)

RENVOIS

DU TOME TROISIÈME.

Page 3, ligne 19. *Otto Pack.* — Cochlœus, 171.

4, 11. *Cette ligue.* — Ukert, 216.

5, 15. *Tu crains que.* — Luther Werke, t. IX, 231.

6, 24. *Mémoire de Luther.* — *Ibid.* t. IX, 297.

20, 23. *L'Espagnol disait.* — *Ibid.* t. IX, 414.

25, 14. *Luther écrit.* — *Ibid.* t. IX, 459.

29, 15. *Comment l'Evangile.*—*Ibid.* t. II, 391, 199.

35, 17. *Nouvelle sur les Anabaptistes.* — *Ibid.* t. II, 328.

40, 20. *Les anabaptistes soumis.* — *Ibid.* t. II, 365.

42, 4. *Entretien.* — *Ibid.* t. II, 376.

49, 11. *Le 19 janvier.* — *Ibid.* t. II, 400.

51, 5. *Préface de Luther.* — *Ibid.* t. II, 332.

60, 14. *Les instructions.* — Bossuet en a donné le texte dans son histoire des *Variations de l'Église protestante.* — t. I, 328, 199.

72, 3. *Celui qui insulte.* — Tischr. 241.

72, 8. *Le droit saxon.* — *Ibid.* 315 *bis.*

72, 14. *Il n'y a point de doute.* — *Ibid.* 116.

72, 22. *On disait à Luther.* — *Ibid.* 312 *bis.*

73, 11. *Lettre à un ami.* — *Ibid.* 313 *bis.*

73, 20. *Il n'est guère plus possible.* — *Ibid.* 315 *bis.*

74, 4. *La plus grande grace.* — *Ibid.* 313.

74, 20. *Au jour de la.* — *Ibid.* 316 *bis.*

75, 6. *Le docteur M.* — *Ibid.* 320.

75, 18. *En 1541.* — *Ibid.* 264 *bis.*

76, 4. *La première année.* — *Ibid.* 313 *bis.*

76, 19. *Lucas Cranach.* — *Ibid.* 314.

77, 19. *On trouve l'image.* — *Ibid.* 312 *bis.*

78, 6. *Les petits enfans.* — *Ibid.* 42 *bis.*

78, 3. *On amena.* — *Ibid.* 124.

78, 20. *Servez.* — *Ibid.* 10 *bis.*

79, 3. *Au premier jour.* — *Ibid.* 314 *bis*

79, 13. *Après qu'il eut.* — *Ibid.* 47.
79, 21. *Il disait à son.* — *Ibid.* 49 *bis.*
79, 25. *Les enfans sont les plus heureux.*—*Ibid.* 134.
80, 10. *Une autre fois.* — *Ibid.* 134 *bis.*
80, 19. *Comme maître.* — *Ibid.* 45 *bis.*
81, 1. *Quels ont dû être.* — *Ibid.* 47.
81, 17. *Il est touchant.* — *Ibid.* 42-43 *passim.*
81, 24. *Le* 9 *avril* 1539. — *Ibid.* 363.
82, 16. *Le* 18 *avril.* — *Ibid.* 423.
83, 13, *Supportons.* — Lettre V, 726.
83, 22. *Un soir.* — Tischr. 43 *bis.*
84, 1. *Vers le soir.* — *Ibid.* 24 *bis.*
85, 10. *Le petit enfant.* — Tischred, 32, verso.
86, 23. *Dans les choses divines.* — *Ibid.* 69.
87, 14. *Le décalogue.* — *Ibid.* 112 verso.
87, 18. *On demandait au docteur.*—*Ibid.* 362
88, 1. *Cicéron.* — *Ibid.* 425.
88, 12. *On demandait à Luther.* — *Ibid.* 106.
88, 25. *Le docteur soupirait.* — *Ibid.* 11 verso.
89, 11. *Autrefois.* — *Ibid.* 311.
89, 21. *Que sont les saints.*— Cochlœus, Vie de Luther, 226.
90, 10. *Nos adversaires.* — Tischred, 447.
90, 18. *Pourquoi enseigne-t-on?*—Luth. Werke, t. II, 16.
92. 8. *Le Pater noster.* — Tischreden, 153.

93, 3. *L'évangile de saint Jean.* — Ukert, 18.
95, 28. *Ambroise.* — Tischreden, 383.
96, 7. *Saint Augustin.* — *Ibid.* 98.
97, 11. *Les nominaux.* — *Ibid.* 384.
98, 15. *Le D. Staupitz.* — *Ibid.* 385.
99, 11. *Jean Huss.* — *Ibid.* 386.
99, 26. *Jean Huss était.* — *Ibid.* 127.
100, 4. *La tête de l'antichrist.* — *Ibid.* 241.
100, 6. *C'est ma pauvre condition.*—*Ibid.* 249.
100, 18. *Les papistes.* — *Ibid.* 255.
100, 28. *Le pape le dit.* — *Ibid.* 259.
101, 6. *D'autres ont attaqué les mœurs.*—*Ibid.* 192.
101, 10. *Des conciles.* — *Ibid.* 371-76.
102, 14. *Des biens ecclésiastiques.* — *Ibid.* 380.
103, 17. *Le proverbe a raison.* — *Ibid.* 60.
104, 7. *En Italie.* — *Ibid.* 275.
104, 26. *Dans les disputes.* — *Ibid.* 271.
105, 3. *La moinerie.* — *Ibid.* 272.
123, 4. *Oh ! combien je tremblais.* — *Ibid.* 181.
124, 9. *Je n'aime pas que Philippe.* — *Ibid.* 197.
124, 14. *Le docteur Jonas lui disait.* — *Ibid.* 113.
124, 24. *Je veux que l'on enseigne.* — *Ibid.* 116.

125, 4. *Le docteur Erasmus Alberus.* — *Ibid.* 184.

125, 16. *Albert Durer.* — *Ibid.* 425.

125, 20. *Oh! que j'eusse été heureux.* — Luth. Werke, t. IX, 245.

125, 27. *Rien n'est plus agréable.* — Tischreden, 182.

126, 3. *Parmi les qualités.* — *Ibid.* 183.

126, 7. *Dans le traité.* — Seckendorf, livre I, 202.

128, 4. *Le docteur Luther disait.* — Tischreden, 105.

128, 8. *Si je meurs.* — *Ibid.* 356.

128, 13. *Dans la colère.* — *Ibid.* 145.

131, 4. *Il n'est pas d'alliance.* — *Ibid.* 331.

132, 19. *La nouvelle étant venue.* — *Ibid.* 274.

134, 12. *La nuit qui précéda la mort.* — *Ibid.* 360.

138, 3. *Il vaut mieux.* — *Ibid.* 347.

139, 13. *Le droit est une belle fiancée.* — *Ibid.* 273.

139, 28. *Avant moi, il n'y a eu.* — *Ibid.* 402.

142, 22. *Voilà comme agissent.* — *Ibid.* 405.

143, 12. *Bon peuple, veuillez agréer.* — *Ibid.* 407.

145, 11. *Je suis maintenant.* — *Ibid.* 102.

146, 8. *La loi sans doute.* — *Ibid.* 128.

146, 17. *Pour me délivrer entièrement.* — Tischreden, 133.

147, 1. *Il n'est qu'un seul point.* — *Ibid.* 140.

147, *Luther en parlant.* — *Ibid.* 147.

147, 8. *Le diable veut seulement.* — *Ibid.* 142.

147, 15. *Un docteur anglais.* — *Ibid.* 144.

148, 1. *Pour résister.* — *Ibid.* 124.

149, 8. *Dieu dit à Moïse.* — *Ibid.* 125.

153, 6. *Le docteur Martin Luther disait au sujet.* — *Ibid.* 292.

153, 11. *Quand je commençai à écrire.* — *Ibid.* 193.

155, 22. *En* 1521, *il vint chez moi.* — *Ibid.* 282.

155, 27. *Maître Stiefel.* — *Ibid.* 367.

156, 26. *Bileas.* — *Ibid.* 192.

157, 4. *Le docteur Jeckel.* — *Ibid.* 287.

158, 1. *Le docteur Luther faisant reproche.* — *Ibid.* 290.

158, 19. *Des antinomiens.* — *Ibid.* 287.

159, 15. *Qui aurait pensé.* — *Ibid.* 288.

160, 8. *J'ai eu tant de confiance.* — *Ibid.* 291.

161, 1. *En* 1540, *Luther.* — *Ibid.* 129.

161, 22. *Maître Jobst.* — *Ibid.* 124.

162, 12. *Si au commencement.* — *Ibid.* 125.

163, 4. *Maître Philippe dit.* — *Ibid.* 445.

164, 4. *Philippe me demandait.* — *Ibid.* 29.

164, 8. *Si Philippe n'eût pas été.* — *Ibid.* 195.

164, 11. *Le Paradis de Luther.* — *Ibid.* 305.

164, 21. *Les paysans ne sont pas dignes.* — *Ibid.* 52.

164, 28. *Le docteur Jonas.* — *Ibid.* 137.

165, 14. *Un méchant et horrible.* — *Ibid.* 70.

165, 22. *La femme du docteur.* — *Ibid.* 150.

166, 2. *Le docteur exhortait sa femme.* — *Ibid.*

166, 22. *Le pater noster.* — *Ibid.* 155.

166, 25. *J'aime ma Catherine,* — *Ibid.* 140.

169, 3. *Une jeune fille.* — *Ibid.* 92, verso.

169, 9. *Un pasteur.* — *Ibid.* 208.

172, 5. *Il y a des lieux.* — *Ibid.* 212.

172, 18. *Un jour de grand orage.* — *Ibid.* 219.

173, 3. *Suivent deux histoires.* — *Ibid.* 214.

173, 11. *Le diable promène.* — *Ibid.* 213.

173, 18. *Aux Pays-Bas et en Saxe.* — *Ibid.* 221.

173, 21. *Les moines conduisaient.* — *Ibid.* 222.

173, 24. *On racontait à table.* — *Ibid.* 205.

174, 8. *Un vieux curé.* — *Ibid.* 205.

175, 14. *Une autre fois, Luther.* — *Ibid.* 205.

176, 23. *Il y avait à Erfurth.* — *Ibid.* 215.

177, 18. *Le docteur Luc Gauric.* — *Ibid.* 216.

177, 21. *Le diable peut se changer.* — *Ibid.* 216.

182, 9. *Le docteur Luther devenu plus âgé.* — *Ibid.* 222.

182, 16. *Cela m'est arrivé.* — *Ibid.* 220.

182, 23. *Je sais, grâce à Dieu.* — *Ibid.* 224.
183, 9. *Le Diable n'est pas.* — *Ibid.* 202.
183, 20. *Au mois de janvier* 1532. — Ukert, t. I, 320.
184, 8. *Ma maladie qui consiste.* — Tischreden. 210.
184, 15. *En* 1536, *il maria.* — Ukert, t. I, 322.
184, 20. *Pendant que le docteur Luther.* — Tischreden, 229.
185, 8. *Quand le diable me trouve.* — *Ibid.* 8.
186, 1. *La nuit, quand je me réveille.* — *Ibid.* 218.
186, 6. *Aujourd'hui comme je.* — *Ibid.* 220.
186, 15. *Un jour que l'on parlait à souper.* — *Ibid.* 12.
187, 1. *Le diable me fait regarder.* — *Ibid.* 220.
187, 4. *Le diable nous a juré* — *Ibid.* 362.
187, 6. *La tentation de la chair.* — *Ibid.* 318.
187, 15. *Si je tombe.* — *Ibid.* 226.
187, 19. *Le grain d'orge a bien à souffrir.* — *Ibid.* 216.
188, 15. *Quand le diable vient.* — *Ibid.* 227.
189, 4. *On peut consoler.* — *Ibid.* 231.
189, 10. *La meilleure médecine.* — 238.
189, 19. *Préface du docteur.* — Luth. Werke, t. II, 1.

200, 3. *Le mal de dents.* — Tischreden, 356.

200, 12. *Un homme se plaignait.* — *Ibid.* 357.

201, 8. *Après avoir prêché.* — *Ibid.* 362.

203, 3. *Si j'avais su.* — *Ibid.* 6.

203, 8. *On disait une fois.* — *Ibid.* 5.

203, 18. *On disait un jour.* — *Ibid.* 5, verso.

204, 13. *C'est vous qui.* — *Ibid.* 195, verso.

204, 15. *Il sortit un jour.* — *Ibid.* 189, verso.

204, 17. *Le 16 février.* — *Ibid.* 414.

204, 23. *Le chancelier du comte.* —*Ibid.* 19

205, 16. *Dieu a un beau jeu.* — *Ibid.* 32, verso.

205, 22. *Le monde.* — *Ibid.* 448, verso.

205, 26. *Luther.* — *Ibid.* 449.

206, 15. *Un des convives.* — *Ibid.* 295.

206, 23. *Il sera si mauvais sujet.* 15.

207, 3. *On parlait à table.* — *Ibid.* 304. verso.

207, 23. *Pauvres gens.* — *Ibid.* 46.

210, 17. *Je l'ai dit d'avance.* — *Ibid.* 416.

211, 7. *La vieille électrice.* — *Ibid.* 361-2.

211, 15. *Je voudrais.* — *Ibid.* 147.

211. 18. 16 *février* 1546. — *Ibid.* 362.

211, 25. *Impromptu de Luther sur la fragilité.* — *Ibid.* 358.

212, 19. *Prédiction du Révérend.* — Opera latina, Iena, 1612, Ier vol. après la table des matières.

303, 23. *Il n'y a jamais eu.* — Tischreden, 243.

304, 1. *Le Pape Jules II*[e] *du nom.* — *Ibid.* 242.

304, 12. *Si j'avais été.* — *Ibid.* 243.

304, 17. *Le Pape Jules II, un homme.* — *Ibid.* 269.

304, 25. *L'an* 1532. — *Ibid.* 341.

305, 1. *Lorsque ceux de Bruges.* — *Ibid.* 448.

305, 27. *L'empereur Maximilien.* — *Ibid.* 343.

305, 22. *On dit que.* — *Ibid.* 184, verso.

306. 22. *Après l'élection.* — *Ibid.* 55.

307. 5. *La nouvelle vint.* — *Ibid.* 349.

307, 14. *Les rois de France.* — *Ibid.* 349, verso.

309, 17. *Sept universités.* — *Ibid.* 348.

309, 25. *Quelques-uns qui avaient.* — *Ibid.* 343, verso.

310, 3. *Le duc George.* — *Ibid.* 265.

310, 7. *Lorsque le duc George déclara.* — *Ibid.* 156.

310, 17. *Le duc George a sucé.* — *Ibid.* 343, verso.

310, 25. *Lorsque le duc George voyait.* — *Ibid.* 142, verso.

312, 6. *L'électeur Frédéric.* — *Ibid.* 451, verso.

313. 5. *En* 1525. — *Ibid.* 152.

314, 8. *On dit que l'empereur.* — *Ibid.* 353.

315, 6. *Quoique le docteur Jonas.* — *Ibid.* 354.

517, 21. *Après la diète.* — *Ibid.* 156.

519, 4. *En Italie les hôpitaux.* — *Ibid.* 145.

520, 1. *Je ne manque point.* — *Ibid.* 424.

520, 14. *En Italie et en France.* — *Ibid.* 281, verso.

520, 18. *En France.* — *Ibid.* 271, verso.

520, 25. *Lorsque je vis Rome.* — *Ibid.* 442.

522, 1. *Il y avait en Italie.* — *Ibid.* 269, verso.

522, 6. *Un soir à la table.* — *Ibid.* 442, verso,

522, 15. *Christoff Gross.* — *Ibid.* 441, verso.

523, 4. *La peste règne toujours.* — *Ibid.* 440, verso.

524, 21. *Dans mon voyage.* — *Ibid.* 166.

524, 25. *George Siegeler.* — *Ibid.* 184.

525, 5. *La Thuringe.* — *Ibid.* 62.

525, 14. *L'électorat de Saxe.* — *Ibid.* 269.

525, 24. *Le vieil électeur.* — *Ibid.* 61, verso.

529, *Le Turc ira à Rome.* — *Ibid.* 452.

529, 7. *Le Christ a sauvé.* — *Ibid.* 452.

529, 15. *Qui m'eût dit.* — *Ibid.* 456.

529, 23. *Je ne compte point.* — *Ibid.* 456, verso.

523, 27. *Luther dit qu'après.* Luth. Werke. — *Ibid.* T. II. 402.

FIN DU TOME TROISIÈME.

TABLE

DU TROISIEME VOLUME.

FIN DE LA TABLE DU TOME TROISIÈME.

ERRATA.

Page 2, ligne 12, au lieu de *regardent*, lisez *regardant*.
Page 9, ligne 21, au lieu de *le mieux*, lisez *mieux*.
Page 58, ligne 28, au lieu de *theologien*, lisez *théologiens*.
Page 252, ligne 17, au lieu de *digamie*, lisez *bigamie*.
Page 282, ligne 15, au lieu de *occurences*, lisez *occurrences*.
Page 287, ligne 10, au lieu de *heureux la mère*, lisez *heureuse la mère*.
Page 308, ligne 10, au lieu de *de Pavie*, lisez *à Pavie*.
Page 316, ligne 1, au lieu de *ça été*, lisez *c'a été*.
Page 317, ligne 20, au lieu de *parle parle*, lisez *parle*.
Page 327, ligne 22, au lieu de *demandez*, lisez *demander*.
Page 328, ligne 13, au lieu de *ambarras*, lisez *embarras*.

www.ingramcontent.com/pod-product-compliance
Lightning Source LLC
Chambersburg PA
CBHW071626270326
41928CB00010B/1793